KB242381

하곡 정제두의 사상

하곡 정제두의 사상

조선의 양명학을 대표하는 하곡 정제두는 90여 년에 걸친 한 평생을 오로지 철학적 활동에 헌신하였다. 특히 그가 당시 사회에서 금기하고 이단으로 배척하던 양명학을 연구하였던 것은 폭넓은 지적 호기심과 진리탐구에 대한 열정에서 연유한 것이라고 하겠다.

박 연 수 지음

한국학술정보[주]

오늘날 우리는 다양한 매스컴을 통해 국내는 물론 세계 각처에서 일어나고 있는 사건·사고에 대한 소식들을 신속하게 접할 수 있게 되었다. 문자 그대로 이 지구가 이제는 하나의 마을처럼, 지구 반대쪽의 일이 이웃집의 일처럼 곧바로 전해지고 있다. 소식의 전달뿐만 아니라 사상과 이념, 제도와 생활양식 등 문화 전반에 걸친 국제 간 교류가 이루어지고 있다. 이제 이 세계의 어떤 민족도, 국가와 사회도 문을 닫고 살 수 없으며, 또한 홀로 살 수도 없다. 상호의존적이며, 열려진 세계 속에서 외부로부터 자신을 단절, 고립시키는 것은 그 스스로 생존을 포기하는 것이다. 자신을 개방하고, 하나의 전체로서 이 세계에 진정으로 참여하는 것이 곧 자신의 생존은 물론 세계의 번영에 기여할 수 있는 길이다.

오늘날 우리 사회 곳곳에서 외치는 구호의 하나가 '개혁'이다. 이 세상 어느 것도 변하지 않는 것은 없으며, 개혁 없이는 생존경쟁에서 살아남을 수 없다는 것도 사실이다. 생존경쟁을 위한 개혁이라면, 우리가 추구해야 할 개혁이란 보다 많은 사람들에게 보다 더 아름다운 삶을 보장하는 개혁이어야 할 것이다. 개혁이 지향하는 가치와 목적이 정당하다고 인정될 때에만 구성원들의 동참이 이루어지게 되며, 개혁의 과정에서 생기는 개인적 희생과 사회적 혼란을 극복할 수 있을 것이다. 또한 개혁의 방법과 절차가 정당해야 한다. 그렇지 않을 경우에는 그럴 만한 충분한 이유가 있어야 할 것이다.

개방(開放)과 개혁(改革)의 시대를 맞이하여, 폐쇄적이고 보수적인 조선왕조 시대에 살면서 개방과 개혁의 의식을 지녔던 한 인물에 주목할 필요가 있다. 그는 조선(朝鮮)의 양명학(陽明學)을 대표하는 학자 하곡(霞谷) 정제두(鄭齊斗, 1649~1736)이다. 그가 살던 시기는 국내외적으로 변혁이 요구되고 또한 변혁이 이루어지고 있던 시기였다. 국외적으로 인접한 중국에서는 명(明)과 청(淸)이 교체되고, 국내에서는 왜란(倭亂)과 호란(胡亂) 등 전란(戰亂)으로 인해 사회기풍이 타락하고, 당쟁(黨爭)으로 인하여 조정(朝廷)이 분열되어 있었으며, 주자학(朱子學)과 주자학적 정치이념이 도전을 받으며, 이른바 경세치용(經世致用)·이용후생(利用厚生)·실사구시(實事求是)를 주장하는 실학(實學)이 출현하던 시대였다.

하곡에게서 진리를 향해 열린 마음, 진실성을 바탕으로 한 개혁의 정신을 엿볼 수 있다. 하곡은 다양한 분야의 학문과 여러 학설을 두루 배우고 연구하며, 진리를 탐구하기 위해 목숨을 돌보지 않고 열정과 헌신을 다하였다. 또한 그는 진실한 마음으로 이웃과 백성들을 사랑하고자 하는 열린 마음을 실현하고자 하였다. 하곡은 기존의 학설과 학풍, 사회적 규범과 제도, 정치제도와 현실 등에 대한 반성과 비판을 통해 개혁을 주장하고, 그 방안을 제시하였다. 그는 개방이든 개혁이

든 본연의 자기 자신에 충실하고 진실한 것이 그 근본이 되어야 한다
는 것을 주장하고 있다.

　하곡이 소망하던 꿈과 구상하였던 생각들이 오늘을 살아가는 우리
에게 지혜가 될 수 있기를 기원한다.

2007년 8월

저　자

| 차 례 |

주제7　하곡 정제두의 지행론 ·················· 235

하곡의 생애와 문제의식

I. 들어가는 말

철학(哲學 philosophy)이란 참다운 지식 또는 지혜를 사모하여, 이 것을 얻고자 노력하는 지적(知的) 활동 또는 사유(思惟)의 과정이라 고 할 수 있다. 다시 말해서 철학이란 일상적 삶과 믿음 그리고 지식 에 대한 반성(反省)을 통해 궁극적 가치와 보편적 원리를 모색하는 지적(知的) 모험(冒險)의 여정(旅程)이라고 할 수 있다. 따라서 철학 적 활동이란 사회적 관습과 전통, 기존의 학설이나 이론, 개인의 선입 견이나 편견 등에 대하여 성찰(省察)·회의(懷疑)·비판(批判)하는 것으로부터 출발한다. 그리하여 이 세계에 대한 피상적(皮相的)이고 부분적이며 잠정적인 이해를 넘어서서, 근본적이고 전체적이며 영원 (永遠)의 관점에서 이 세계의 진상(眞相)을 알고자 하는 부단한 노력 이 철학함(philosophieren)이다.

조선(朝鮮)의 양명학(陽明學)을 대표하는 하곡(霞谷) 정제두(鄭齊 斗, 1649~1736)는 근 90년에 걸친 한평생을 오로지 철학적 활동에 헌신하였다. 특히 그가 당시 사회에서 금기(禁忌)되고 이단(異端)으 로 배척받던 양명학을 연구하였던 것은 폭넓은 지적(知的) 호기심 (好奇心)과 진리탐구에 대한 열정에서 연유한 것이라고 하겠다.

옛말에 온고지신(溫故知新)이니 법고창신(法古創新)이라는 말이 있 듯이 이 세상에 전혀 새로운 것은 없다. 하곡의 철학사상 또한 그의 학문적 기초를 이루는 이전의 철학과 당대의 학문에 대한 그의 성찰과 비판의식이 결합하여 이루어진 것이라 하겠다.

여기서는 하곡철학의 형성과 발전에 영향을 미쳤을 가문(家門) 및 사우(師友) 관계와 기존 학설 및 세태에 대한 하곡의 문제의식을 개략적으로 고찰할 것이다.

Ⅱ. 하곡 정제두의 생애

1. 탄생과 가문(家門)

정제두(鄭齊斗)의 자(字)는 사앙(士仰), 호(號)는 하곡(霞谷), 시호(諡號)는 문강(文康)이다. 그는 고려 때 추밀원(樞密院) 지주사(知奏事)를 지낸 습명(襲明)을 시조로 하는 영일(迎日) 정씨의 가문에 속하며, 문하시중(門下侍中)을 지낸 포은(圃隱) 정몽주(鄭夢周, 1337~1392)는 그의 11대조이다. 그는 조선조(朝鮮朝) 인조(仁祖) 27년(1649년) 6월 27일 한성부(漢城府) 반석방(盤石坊)에서 성균(成均) 진사(進士) 정상징(鄭尙徵)의 장남으로 태어나, 88세 되던 영조(英祖) 12년(1736년) 8월 11일 강화(江華) 하현(霞峴)에서 운명하였다.

하곡은 서인(西人)의 명문집안 출신이다. 현종조(顯宗朝)에 우의정을 지낸 도촌(陶村) 정유성(鄭維城, 1596~1664)은 그의 조부(祖父)이며, 승문원(承文院) 박사(博士) 근(謹)은 그의 증조부(曾祖父)이다. 백종형(伯從兄) 제현(齊賢)은 영조(英祖)의 부마(駙馬) 인평위(寅平尉)이고, 17세에 맞이한 파평(坡平) 윤씨 부인은 서인(西人)의 거두

윤선거(尹宣擧)의 종질(從姪)이자 윤홍거(尹鴻擧)의 딸이요, 최명길(崔鳴吉, 1586~1647)의 형 내길(來吉)의 외손이다. 윤선거는 명재(明齋) 윤증(尹拯, 1629~1714)의 부친이며, 서계(西溪) 박세당(朴世堂, 1629~1703)의 둘째 형의 장인이기도 하다. 하곡은 5세에 일찍 부친을 여의고 할아버지의 보살핌을 받으며 자랐으며, 16세에 할아버지마저 여의는 불행을 겪었으며, 23세에 윤씨 부인과 사별하였다.

2. 학문과 생애

하곡은 10세 무렵부터 송시열(宋時烈, 1607~1689)과 송준길(宋浚吉, 1606~1672)의 문인인 이찬한(李燦漢), 이상익(李商翼) 등에게 배웠으며, 20세에 외조부(外祖父)인 이성령(李星齡)에게서 과거(科擧) 공부를 하였다고 한다.[1] 소론(少論)에 속하는 윤증과 남계(南溪 또는 玄石, 和叔) 박세채(朴世采, 1631~1695)를 스승으로 모시고, 명곡(明谷 또는 存窩) 최석정(崔錫鼎, 1646~1715), 성재(誠齋) 민이승(閔以升, 彦暉, 1649~1698), 지포(芝浦) 박심(朴鐔, 字는 大叔, ?~1707) 등을 벗으로 삼았다. 따라서 하곡의 가계는 서인과 소론으로 이어지는 계통에 속한다. 학통으로는 송시열, 이상익 등으로부터 우계(牛溪) 성혼(成渾, 1535~1598)과 율곡(栗谷) 이이(李珥, 1536~1584)의 성리학(性理學)을 배우고, 윤증으로부터는 반계(磻溪) 유형원(柳馨遠, 1622~1673)의 무실지학(務實之學)의 영향을 받았으며, 계곡(谿谷) 장유(張維, 1587~1638)의 글을 통해 양명학(陽明學)에 접하게 된 것으로 보인다.[2]

---

1) 『霞谷集』, 卷11, 遺事.

당시 조선사회는 주희(朱熹, 1130~1200)의 학설을 중심으로 하는 사변적인 성리학(性理學)이 주류를 이루고 있었다. 물론 하곡 이전에 주자의 학설에 대해 반대한 인물이 없지 않았다. 백호(白湖), 윤휴(尹鑴, 1617~1680)와 서계(西溪) 박세당(朴世堂, 1629~1703)을 대표적 인물로 들 수 있을 것이다. 백호(白湖)는 결국 우암(尤庵) 송시열(宋時烈, 1607~1689)의 학파에 의해 사문난적(斯文亂賊)으로 규정되어 처형되었다. 또한 지봉(芝峰) 이수광(李晬光, 1563~1628), 반계(磻溪) 유형원(柳馨遠, 1622~1673) 등 실사구시(實事求是)를 추구하는 학자들이 정주(程·朱)의 사변철학에 반기(反旗)를 들고 경세실용(經世實用) 실천유학(實踐儒學)의 정신을 회복하고자 하였으나 당대에 영향력을 행사하지 못하였다. 따라서 하곡은 어려서부터 자연스럽게 주자학을 익혔다. 그러나 어느 때인지는 정확하지 않으나 아주 젊은 시절 양명학을 접하고3) 그 스스로 연구한 것으로 보인다. 그는 여느 젊은

---

2) 하곡은 우계, 율곡, 남계(南溪)의 예설(禮說)을 취하고(『霞谷集』, 卷7, 雜著(拾遺), 壬戌遺敎), 입지(立志)와 무실(務實)을 강조하던 율곡의 사상을 잇고(『明齋遺稿』, 卷30, 題爲學之方圖), 반계의 실학사상을 이은(『明齋遺稿』, 卷32, 隨錄跋) 윤증의 실심(實心)·실공(實功)의 학(『明齋遺稿』, 卷19, 與閔以升. 卷18, 與柳和仲. 別集, 卷3, 擬與懷川書)의 영향을 받은 것으로 보인다. 한편 하곡이 양명학을 연구하게 된 것은 최명길의 손자 최석정과 마찬가지로 양명학에 관한 장유의 글을 접한 것이 계기가 되었다.(『霞谷集』, 卷2, 書3, 答崔汝和書(癸酉). 『明谷集』, 卷13, 與鄭士仰書(壬申) 참조)

3) 하곡이 양명의 학설을 언제부터 공부하였는지는 알 수 없으나, "내가 양명집(陽明集)을 보고서 그 도(道)가 간단하고 요긴하며 매우 정밀한 점이 있어 마음속으로 깊이 기뻐하고 좋아했는데, 신해년(辛亥年) 6월 동호(東湖)에 가서 묵을 때, 꿈속에서 홀연히 왕양명의 치양지(致良知)의 학이 매우 정밀하기는 하지만 그 폐단으로 혹 감정에 맡겨서 욕심을 따를 걱정[任情縱欲之患]이 있음을 깨달았다.(이 넉자는 양명학의 잘못을 바로 깨달은 것이다.)"(『霞谷集』, 卷9, 存言 下)라고 한 구절을 고려한다면 23세 [辛亥年] 이전에 양명학설에 대한 상당한 지식을 지니고 있었던 것으로 볼 수 있다. 물론 신해년을 양명의 나이 83세 때라고 받아들이는 사람이 있기는 하지만,

이들처럼 과거(科擧) 시험을 위한 공부를 하였으며, 24세 무렵 여러 차례 초시(初試)에 합격하였으나 대과(大科)에 들지 못하였다. 결국 그는 어머님께 허락을 얻어 학문에만 전념하게 된다. 이러한 결심의 배경에는 가문과 가정의 연속적인 불행과 자신의 질병, 그리고 정치적 상황이 작용했을 것으로 보인다.

하곡이 32세 때인 숙종(肅宗) 6년(1680년), 기득권을 굳히기 위해 서인(西人)이 남인(南人)을 몰아낸 경신대출척(庚申大黜陟) 사건이 있었으며, 뒤이어 숙종 9년에 남인의 숙청을 둘러싸고 서인은 강경파인 노론(老論)과 온건파인 소론(少論)으로 분열되었으며, 이 과정에서 소론이 정권에서 물러나게 되었다. 이 해에 하곡은 영의정 김수항(金壽恒)의 천거로 사포서별제(司圃署別提)에 임명되었으나 질병으로 인해 나가지 못했다. 이후 서울에 사는 동안 세 차례 벼슬에 임명되었으나 사양하고 나가지 않았다.

34세 때에 심한 질병으로 인해 죽음을 앞둔 상태에서, 하곡은 평소 스승처럼 따르던 남계(南溪) 또는 현석(玄石) 박세채(朴世采)에게 마지막 유언의 편지를 보냈다.

> 제가 여러 해 동안 분발하면서 생각해 두었던 것들을 선생님께 모두 보여드리고 바른 길을 구하려 하였는데 그러지 못한 것이 한입니다. 생각해 보건대 천리(天理)가 곧 성(性)이라고 하지만, 심성(心性)의 뜻에 대해서는 아마도 왕양명(王陽明)의 학설을 바꿀 수 없는 것이 아닌가 합니다.[4]

또한 그가 자손들에게 남긴 유훈(遺訓) 가운데에서 양명학을 취할

이 견해는 설득력이 떨어진다.
4) 『霞谷集』, 卷1, 書1, 擬上朴南溪書(壬戌).

것을 바라는 마음을 담은 글을 남겼다.

> 가만히 생각하건대 성인(聖人)의 가르침의 취지가 밝혀지지 못한 바가 있는데, 오직 왕씨(王氏)의 학이 주자(周子)와 정자(程子)의 뒤로는 거의 성인의 진수[眞]를 얻었기에 일찍부터 몸을 바치고 잠심(潛心)하여 부분으로는 보았으나 아직 강(講)하지 못함을 한하였다. …… 무릇 아동을 가르칠 때는 그 기운을 꺾고 눌러서 뜻[生意]을 꺾어서는 아니 된다. 오직 순순히 함으로써 이를 인도해야 할 것이니 왕문성(王文成)의 훈몽대의(訓蒙大意)가 가장 잘 이끌고 잘 기르는 것이니 반드시 법으로 삼을 수 있나. …… 심성(心性) 구인(求仁)의 학을 성현(聖賢)의 종지(宗旨)로 삼고, …… 또한 세상일을 즐기고 사공(事功)을 중심으로 삼고 힘쓰는 자는 마음이 밖으로 달리는 자이니 경계할지어다. 경계할지어다.5)

하곡은 24세 때부터 대략 10여 년간 다양한 학문을 섭렵하는 가운데 양명학을 깊이 연구한 것이며, 그 결과 양명학이 옛 성현의 가르침의 진수(眞髓)를 얻었다고 보았던 것이다. 그리하여 죽음의 위험에 직면하여 양명학에 대한 이러한 자신의 견해를 스승과 벗들에게 밝혔으며, 자손들에게 양명학에 대한 학습을 권장하였던 것이다.

사경(死境)에서 벗어난 하곡은 본격적으로 양명학을 공부하게 되었으며, 남계(南溪) 박세채(朴世采)에게 왕학(王學) 신봉을 표명한 지 3~4년 후부터 박세채(朴世采), 민이승(閔以升) 등과 양명학에 대한 논쟁을 시작하여 이들이 죽을 때, 즉 48세 무렵까지 지속되었다. 윤증(尹拯)과는 49세부터 61세 사이에 양명학에 관하여 논변하였다.

41세 되던 해, 숙종 15년(1689년)에 서인(西人)이 축출되고 남인(南人)이 정권을 장악한 기사환국(己巳換局)6) 사건이 일어나고, 성우

---

5) 『霞谷集』, 卷7, 雜著(拾遺), 壬戌遺敎.
6) 1689년 숙종이 총애하던 소의장씨(昭儀張氏)의 소생을 원자(元子)로 정하는 데 반대한 노론계가 축출되고, 희빈장씨가 왕비에 책봉되고 남인들이 정

계(成牛溪)와 이율곡(李栗谷)이 문묘(文廟)의 배향(配享)에서 쫓겨나
자 하곡은 현감벼슬을 버리고 안산(安山)으로 이사하였다. 하곡은 이
곳에서 양명학에 전념하면서 학변(學辯)과 존언(存言) 등 양명학 관
련 저서를 집필하였다. 이 기간 중 윤증을 비롯하여 박세채, 최석정,
민이승, 박심(朴鐔) 등은 모두 하곡의 양명학 신봉에 대해 심각하게
우려하면서 충고하였다. 하곡은 이들과 학문적 토론을 하면서 양명학
에 대한 옹호를 굽히지 않았다. 하곡은 안산에 거주하는 기간 중에도
여러 차례 벼슬에 임명되었으나 사양하고 나가지 않거나 곧 사직하였
다. 1694년 갑술환국(甲戌換局)으로 남인이 정계에서 물러난 이후, 그
는 여러 차례 조정에 천거되었으나, 사양하고 나가지 않았다.

하곡이 61세 되던 숙종 35년(1709년), 장손(長孫)이 요사(夭死)하는
슬픔을 당하였으며, 소론에 속하던 친구 최명곡(崔明谷)이 지은 예기류
편(禮記類篇)이 논척(論斥)되고 드디어 해판(解版)되던 때였다. 하곡
은 집안사람으로 남겨진 아들과 조카를 데리고 강화도로 이거(移居)하
였으며, 그곳에서 사는 동안 몇 차례 왕명(王命)에 못 이겨 관직에 나
갔다가도 곧 사퇴하고 돌아왔다. 그는 문하(門下)에 제자를 맞이하여
선생이 되는 것을 좋아하지 않았다. 그는 생애를 마칠 때까지 주로 독
서와 저술 활동에 전념하였다. 강화에 거주하는 동안, 하곡은 심경집의
(心經集義), 경학집록(經學集錄), 사서설(四書說) 등을 저술하면서 주
요 경전(經典)들에 대한 많은 부분을 양명학적 관점에서 정리하고 해설
하였다. 이 기간 중 조정에서는 신임사화(辛壬士禍)가 있었다. 이 사건
은 1721년[辛丑]과 1722년[壬寅] 두 해에 걸쳐 왕위계승문제를 둘러싼
노론과 소론 사이의 당파싸움으로, 각각 경종(景宗) 보호와 영조(英祖)
추대의 대의명분을 내세워 대결한 옥사이다. 경종(景宗) 보호를 내세운

권을 장악한 사건이다.

소론이 영조를 추대하고자 한 노론을 역모로 몰아 실권을 잡았다.

경종(景宗) 4년(1724년), 하곡의 나이 76세에 성균관(成均館) 좨주(祭酒)로 임명되었다. 영조(英祖) 2년(1726년) 7월에 지평(持平) 이정박(李廷樸)이 계(啓)를 올려 하곡을 빈사(賓師)로 대우할 수 없다고 비판하였다. 그 이유는 하곡이 정주(程·朱)의 학에 배치(背馳)하고 육왕(陸·王)의 학설을 답습(踏襲)하였으며, 육왕학은 숭례문(崇禮門)과 같고, 정주학은 돈의문(敦義門)과 같다고 하여, 육왕학을 정도(正道)로 삼고, 정주학을 방계(傍系)로 갈라놓았다는 것이다. 그러나 영조 임금이 계(啓)를 중지시킴으로 문제가 되지 않았다.[7]

영조 4년(1728년), 하곡이 80세에 우참찬(右參贊)에 임명되었으나 사양하고 나가지 않았다. 왕이 사람을 보내 의견을 물었을 때 탕평책(蕩平策)을 진언하였다. 86세 때(1734년) 우찬성(右贊成)에 이르고, 다음해 원자보양관(元子輔養官)에 임명되어 원자의 사부(師傅)가 되었다.

하곡은 조선의 양명학자 가운데 대종(大宗)으로서 수십 권의 방대한 저서를 남겼으며, 양명학을 집대성한 자로 평가받는다.[8] 하곡의 생애와 사상에 관한 기록으로서 10여 개 판본의 문집이 있었다고 하나, 현존하는 『하곡집(霞谷集)』은 하곡의 현손(玄孫) 정문승(鄭文升)에 의해 1856년[哲宗 7년]경에 제작된 22책본[국립중앙도서관소재, 貴重本]과 하곡의 7세손 정계섭(鄭啓爕)이 1930~1935년 사이에 정서(淨書), 교정(校訂)하여 만든 11책본[서울대학교 도서관 古書本]이 있으며, 11책본과 거의 내용이 같으며 같은 종류의 필사본(筆寫本)으로 보이는 10

---

7) 『霞谷集』, 卷10, 年譜, 英宗2년 7월條와 『朝鮮王朝實錄』, 英宗實錄, 영종2년 7월조, 『承政院日記』, 영종2년 7월 16일조 참조.

8) 심재(心齋)의 직지(直指)함이 있되 서산(緖山)의 규구(規矩)를 겸하고 용계(龍溪)의 초오(超悟)함이 있되 염암(念菴)의 검핵(檢覈)을 합하기는 하곡(霞谷)이니 …… (정인보, 『양명학연론』, 조선의 양명학파)

책본[국립중앙도서관 일반고서본], 소(疏)와 서(書)만 필사하여 초록(抄錄)한 8책본[서울대 규장각 소장본]이 있다. 이 가운데 22책본이 그 내용에 있어서 가장 풍부하다. 10책본은 22책본과 대조해 볼 때「학변(學辯)」,「심경집의(心經集義)」,「하락역상(河洛易象)」,「차록(箚錄)」,「행장(行狀)」,「유사(遺事)」,「제문(祭文)·묘표(墓表)」등과 그 밖의 일부가 결여되어 있다. 그러나 22책본에 없는「연주(筵奏)」,「헌의(獻議)」,「집록(集錄)」등이 10책본에는 있다. 윤남한 교수는 현존하는 사본들의 내용을 비교·정리하여 도표로 제시하였다.9)『하곡집』의 번역서로는 민족문화추진회에서 편역(編譯)한『국역 하곡집』1, 2권이 있다. 이 책은 22책본을 대본(臺本)으로 하여 학술적 가치가 있는 자료 및 실학과 관련된 자료를 중심으로 발췌하여 번역한 것이다.

Ⅲ. 시대적 상황과 문제의식

1. 시대적 상황

하곡(霞谷) 정제두(鄭齊斗, 1649~1736)가 살던 시대는 대외적으로 명(明)과 청(淸)이 교체되고 이 과정에서 파생된 가치관의 혼란과 새로운 정치－사회적 질서가 청조(淸朝)에 의해 안정을 얻던 때였다. 국내적으로는 왜란(倭亂, 1592~1598)과 호란(胡亂, 1627, 1637)을 겪고

---

9) 하곡집의 문헌에 대한 연구는 윤남한(尹南漢)의『조선시대의 양명학 연구』(집문당, 1982년 9월) 231－243쪽을 참고할 것.

난 이후 사회질서가 급격히 변화하던 때였다. 당시 조선사회는 사회질서를 바로 정립하기 위해 예설(禮說)과 복제설(服制說) 등으로 표현되는 정주적(程·朱的) 예교주의(禮敎主義)의 통제가 강화되고, 예학(禮學)의 발전이 두드러졌다. 17세기 전후에 활동했던 예학을 대표하는 학자들로서 정구(鄭逑, 1543~1620), 김장생(金長生, 1548~1631), 김집(金集, 1574~1656), 정경세(鄭經世, 1563~1633), 송준길(宋浚吉, 1606~1672), 이유태(李惟泰, 1607~1684), 유계(兪棨, 1607~1664), 박세채(朴世采, 1631~1695), 이재(李縡, 1680~1746) 등을 꼽을 수 있다. 또한 이 시기에 상례(喪禮)에 대한 견해차이로 시작된 논쟁들, 즉 인조(仁祖)의 계비(繼妃)인 자의대비(慈懿大妃) 조씨(趙氏)가 효종(孝宗)을 위해 몇 년 상을 입어야 하는지에 관한 논쟁인 기해(己亥) 예송(禮訟)이 있었으며, 효종의 비(妃)이고 현종의 모후(母后)인 인선왕후(仁宣王后)가 세상을 떠나자 이에 자의대비의 복을 어떻게 해야 할지에 대한 논쟁이 다시 일어나기도 하였다.

또한 당시는 주자학(朱子學) 중심의 사상적 획일화에 의한 통제를 더욱 강화하였다. 남인(南人)에 속하는 백호(白湖) 윤휴(尹鑴, 1617~1680)가 주자(朱子)의 학설에 반대하다가 사문난적(斯文亂賊)으로 낙인이 찍히고, 결국 경신대출척(庚申大黜陟, 1680년) 때에 사약을 받았다.

한편 16세기 중엽부터 전개된 당쟁(黨爭)이 동인·서인, 서인·남인, 노론·소론 등의 갈등으로 심화되더니, 18세기에 들어서 이념의 대립이 아닌 극단적 정치보복으로 드러나 신임사화(辛壬士禍, 1721~1722)가 있었으며, 그리하여 정치적으로 붕당정치의 원리가 깨어지고 일당전제(一黨專制)의 경향이 뚜렷해졌다. 또한 18세기에 들어서면서 상공업적 분위기는 지주(地主) 중심의 사회를 동요시켰고, 명분(名分)과 의리(義理)를 중시하던 성리학(性理學)의 사회적 권위도 점차 상실되어 갔다.

또한 명청(明·淸) 교체기에 직면하여, 명분과 의리를 중히 여기는 존명배청(尊明排淸)의 운동과 함께 청(淸)의 체제를 긍정하는 현실론도 나타났다.

2. 하곡의 문제의식

이제 하곡의 관찰과 문제의식을 통해 당시 사회가 어떠한 문제를 안고 있었는지 고찰하고자 한다.

이기주의의 팽배 하곡은 당시 사회에는 이기주의가 만연해 있다고 한다. 그리하여 자신의 부귀공명만을 추구하는 자들이 득세하고, 선비들로 하여금 예의와 염치를 지닐 수 없게 하고 있다고 한다.

> 부귀공명(富貴功名)에 힘쓰는 무리들은 항상 그 뜻을 얻고 예의도덕(禮義道德)의 선비는 항상 불우(不遇)한 것을 근심한다. 앞세우는 것은 자기[己]를 이롭게 하고 사사로움[私]을 행하는 일이요, 뒤로 미루는 것은 세상을 유익하게 하고 백성을 이롭게 하는 도(道)이다. 힘으로 규제하고 위엄으로 지탱하는 정치는 대를 이어서 서로 인습이 되고, 예악인의(禮樂仁義)의 다스림은 어느 시대에나 용납되지 못하였다. 권세를 잡은 자는 호활탐모(豪猾貪冒)한 자요, 불우[棲遑]에서 헤매는 자는 측은(惻隱), 충현(忠賢)의 무리이다.10)

> 선비가 선비 됨은 염치(廉恥)와 의리(義理)인데, 지금의 선비 되려는 자가 염치와 의리를 닦고자 하면 도리어 선비가 되기 어렵게 되었으니,

---

10) 『霞谷集』, 卷7, 雜著(拾遺), 雜著.

이것은 함[櫝]만 사고 보배를 돌려주는 것입니다. 나라가 선비에게서 취하는 것은 그 염치와 의리인데, 지금 선비를 취하는 것이 그들을 반드시 염치도 의리도 없게 하는 곳에 방치하고 난 후에 취하니, 이것이 통발[筌]만 취하고 고기는 잊어버리는 것입니다. …… 집안이 가난하고 어버이가 늙어서, 봉급을 받기 위해 벼슬하고 과거(科擧)시험에 응하는 것은 선현(先賢)도 허용하였는데, 과거(科擧) 마당에 들기만 하면 지킬 것을 다 잃어버리고 마침내 속습(俗習)에 빠져 들어가지 않는 사람이 없으니 슬픈 노릇입니다.[11]

하곡의 눈에 비친 당시의 사회는 염치와 의리를 도외시하고 자신의 탐욕심과 명예와 출세를 위한 이기주의자들로 가득하고, 인의(仁義)의 도덕정치는 사라지고 힘과 위세로 억압하는 정치가 고질화되었으며, 선비들은 출세를 위해서 예의염치를 버려야 하는 것이 습속이 되었다는 것이다.

또한 그는 당시 군자(君子)들의 쟁론(爭論)이 의리(義理)에 있지 않고 사욕(私欲)에 있으며, 또 시비(是非)를 따져 공론(公論)을 결정하는 것이 아니라 성세(聲勢)를 겨루고 이로써 공론을 정하고 있다고 비판하였다.

군자(君子)의 싸움은 오직 그 의리(義理)를 위한 것이요, 자기의 사욕 때문은 아닙니다. 공론(公論)의 결정은 옳고 그름에 달린 것이요, 세력의 강하고 약함으로써 정할 것은 아닙니다. 그러면 군자로서 두려워할 것은 그 의리에 어긋나는 일이 백 세 뒤까지 전할까 두려워할 따름이요, 어찌 성세(聲勢)로써 서로 겨루려 해서야 되겠습니까? 지금의 논자들은 그렇지 아니하여 우리의 시비(是非)는 돌보지 않고 힘써 분노와 분개의 모양을 지어 오직 힘으로써 이김을 기쁘게 생각합니다. 대저 이긴다 해도 천하의 의리를 공정하게 함에 무슨 도움이 되며 백 세 뒤의 시비를 바로잡는 데 무슨 관계가 있겠습니까? 대개 편당(偏黨)이 있은 뒤로 이

---

11) 『霞谷集』, 卷3, 書5, 答李伯祥書.

런 풍습이 이루어져 이름난 대신이나 큰선비들 간에도 혹 이것을 면치 못하는 이가 있고, 오늘날에 이르러서는 으레 그래야 하는 것으로 알고 있습니다. 이런 물결이 처가면 갈수록 도의(道義)가 무너지고 말 터이니 심히 개탄스러운 일입니다.12)

당시 사회의 군자의 논쟁이란 의리와 시비를 밝히기 위한 것이 아니라, 자신들의 이익과 성세(聲勢)를 위한 것이고, 그러한 악습은 편당(偏黨)에서 연유한 것이라고 한다. 하곡은 당시의 이러한 풍습이 결국 도의(道義)를 타락하게 만들 것이라고 개탄하였다.

세속적 가치의 추구　하곡은 그 자신 어려서부터 재물에 대한 욕심이 없었을 뿐만 아니라13) 자녀와 제자들에게도 부귀공명(富貴功名)과 같은 세속적 가치를 얻고자 마음 밖으로 달리는 것을 경계하였다.

> 세상일을 즐기고 사공(事功)을 중심으로 삼고 힘쓰는 자는 마음이 밖으로 달리는 자이니 경계할지어다. 경계할지어다.14)

> (과거공부를 그만두어도 좋다는 어머님의 허락을 얻고) 이에 선생[하곡]은 다시는 외물로써 마음을 다스리지 않고[不復以外物經心], 문을 닫고서 뜻[志]을 구하여 항상 그 뜻을 그만둘 수 없다는 의지[意]를 지니고 있었다.15)

> 이에 외적인 것을 바라는 것을 막고 끊고서[屛絶外慕], 마음을 전념하여 위기지학(爲己之學)을 하였다.16)

---

12)『霞谷集』, 卷1, 書1, 上朴南溪書(甲子).
13)『霞谷集』, 卷10, 行狀.
14)『霞谷集』, 卷7, 雜著(拾遺), 壬戌遺敎.
15)『霞谷集』, 卷10, 行狀.
16)『霞谷集』, 卷11, 遺事.

> 평생 뜻을 세우고[立志] 위기(爲己)와 위인(爲人)의 구별에 대해 깊
> 이 살폈다. 일찍이 외적인 것에 힘쓰고 이름을 좇는 것을 절실한 경계로
> 삼았다.[17]

하곡은 바깥세상으로부터 얻을 수 있는 부귀, 권세, 명예 등과 같은
것들을 인생과 학문의 목적적 가치로 삼고, 그것들을 소유하기 위해
마음을 다하는 것을 경계하였다. 그는 고향 친구를 떠나보내는 글에서
말하기를 "사람이 하지 않는 것이 있은 뒤에야 할 것이 있는 것이니,
성명(聲名)과 이록(利祿)의 학을 먼저 하지 아니하는 자라야 옛사람
의 말이 들어갈 수 있는 것이다."라고 경계하였다.[18]

허학(虛學)과 가학(假學) 하곡은 진리와 진실성을 멀리하고, 공허하
고 거짓된 학문이나, 가식적인 인생을 비판하였다.

> 오늘날 학문을 말하는 이는 주자(朱子)를 배우는 것이 아니라 이는
> 곧 주자를 가차(假借)함이요, 이는 주자를 빌리는 것이 아니라 이는 곧
> 주자를 부회(附會)하여 그 뜻을 이루고, 주자를 끼고 위엄을 지어서 자
> 기의 사(私)를 이루는 것이다.[19]

그는 스스로 학문을 구하기보다는 타인의 학문적 권위(權威)를 빌
리거나, 타인의 학문에 부화뇌동(附和雷同)하여 자신의 뜻과 이익을
이루고, 자신의 위엄을 세우는 자들을 비판하였다.

하곡은 남이 과장하거나 꾸밈을 부탁하면 거절하였고, 그 스스로
과장하거나 꾸미는 것 또한 싫어하였다고 한다.

---

17) 『霞谷集』, 卷11, 遺事: 平生立志深察於爲己爲人之別. 嘗以務外循名爲切戒.
18) 『霞谷集』, 卷7, 序 送李聖益歸連山序.
19) 『霞谷集』, 卷9, 存言 下.

남들이 비문(碑文) 묘지(墓誌)를 가지고 찾아와서 지어주기를 부탁하면 반드시 사양하였다. 선조의 묘(墓)에 대한 사실을 기록한 글에 관해서는 다만 그 사적(事績)이나 행적(行績) 가운데 민몰(泯沒)시킬 수 없는 것만을 기록하였고, 역시 과장하거나 보기 좋게 꾸며서 남들의 이목에 빛나게 하고자 아니 하였다.[20]

그는 진실에 반하여 사실을 부풀리거나 꾸밈으로써 남들에게 잘 보이려고 하는 거짓과 가식적인 내용을 담은 글짓기를 하지 아니 했다.

실천이 없는 학문   하곡은 참된 도덕성과 몸소 행하는 실천력이 없이 다만 화려한 글재주와 부질없는 변론, 출세를 위해 과거(科擧)만을 준비하는 것을 배척하였다.

비록 글재주가 뭇사람보다 뛰어나다고 하더라도 진실로 참된 덕(德)을 일컬을 만한 것이 없다면 또한 무엇이 귀할 것이 있겠는가?[21]

학문을 좋아한다 하더라도 부질없이 변론(辯論)만을 일삼고 만약 몸소 행하는 실(實)이 없다면 무슨 이익이 있겠는가? 문사(文詞)를 오로지 숭상하고 다음으로는 과거(科擧)에 등과하여 빨리 승진하려는 자에 이르러서는 비록 요행으로 입신(立身)한다 하더라도 이것은 뿌리도 없고 근원도 없는 인간인 것이니 어찌 말할 것이 있겠는가?[22]

오직 힘을 문자에만 썼고 몸소 절실하게 생각하지 못했기 때문입니다. 대체로 충신(忠信)은 진덕(進德)하는 까닭이요, 수사(修辭)하고 성(誠)을 세우는 것은 거업(居業)하는 까닭이다. 오늘의 유자(儒者)는 충신(忠信) 공부는 하지 않고 먼저 수사(修辭)만을 힘쓰니 이것이 옛사람에

---

20) 『霞谷集』, 卷11, 遺事.
21) 『霞谷集』, 卷11, 遺事.
22) 『霞谷集』, 卷11, 遺事.

게 미치지 못하는 까닭입니다.[23]

하곡은 알맹이 없는 학문, 행함이 없는 학문의 무용성을 말하고 있는 것이다. 그는 실심(實心)과 실행(實行)을 결여한 수사(修辭)에 대해 우려하고 이를 바로잡고자 하였다. 그는 조카[從子] 준일(俊一)에게 보낸 편지에서 글 짓는 재주나 그럴듯한 변론술, 과거(科擧) 시험을 위한 글공부 등은 겉의 화려함만을 숭상하는 것으로 학문의 근본, 참다운 학문이 아니라고 하며, 성인(聖人)의 실학(實學)을 얻도록 노력할 것을 당부하였다.[24]

규범의 형해화(形骸化)　하곡은 예의(禮儀) 및 의리(義理)의 고정화와 형식주의에 대한 우려를 표명하고 있다.

> 다만 경(經)이 있는 줄만 알고 권(權)이 있는 줄을 모른다면 비파
> 줄 기둥에 풀 바르기[膠柱調瑟]라 하지 않을 수 있겠습니까?[25]

하곡은 도덕규범을 불변하며 절대적이라고 하는 생각에서 하나의 의리만을 고집하는 데 대하여 부정적인 입장을 취한다. 왜냐하면 우리의 인생은 의무들 간의 갈등 상황의 연속이라고 할 수 있으며, 그 의무들의 경중(輕重)과 선후(先後)를 헤아려 그때 그 상황에 가장 적절한 의무와 규범을 선택하지 않으면 안 되는 상황이 있기 때문이다.

---

23) 『霞谷集』, 卷5, 筵奏, 戊申, 5월 2일.
24) 『霞谷集』, 卷3, 書6, 答從子俊一書 참조.
25) 『霞谷集』, 卷1, 書1, 上朴南溪書(庚申).

의리와 심성의 분리   하곡은 일찍이 주자학을 공부하였으나, 주자의 학설에 대한 문제점을 발견하게 되었다. 그리하여 주자의 학설이 옛 성현의 근본취지와 다른 점을 바로잡고자 하였다.

> 후세 학문은 의리(義理)와 심성(心性)을 둘로 나누어 공부를 하기 때문에, 학자들이 도(道)에 나아감에 두 갈래로 나누어짐을 면치 못하고 있으니, 성문(聖門)의 인(仁)을 구하는 학문을 봄에도 틀리지 않을 수 없습니다.[26]

이 글은 하곡이 질병으로 사경(死境)을 헤맬 때 그의 스승인 남계(南溪) 박세채(朴世采)에게 유언처럼 전한 말이다. 의리와 심성의 공부를 객관적 사물에 대한 의리의 탐구와 주관적 심성에 대한 함양공부로 나누는 주자의 공부 방법에 대해 비판을 가한 것이다.

하곡에 의하면 이러한 공부는 결국 주객의 전도(顚倒) 또는 주체의 상실을 초래한다고 보았던 것으로 보인다.

> 그러나 고금의 일에 박식하고 의리를 찾고자 하면 물(物)의 법칙(法則)을 가지고 이 마음을 규제한다는 학설이 있었던 이래로 물(物)과 이(理)가 분리되고 안과 밖이 둘이 되고 가지를 먼저 하고 뿌리를 뒤로 하게 되었다. 마음을 논하는 한 방도에 이르러서는 불도(佛徒)에게 미루어주고 심(心)에 대해서는 말하기를 피하려 하는 것은 무슨 까닭인가?[27]

---

26) 『霞谷集』, 卷1, 書1, 擬上朴南溪書(壬戌): 後世學問惟其義理心性兩用其功 故學者之於道未免二之 視聖門求仁之學不能無貳.

27) 『霞谷集』, 卷8, 學辯: 然自有夫博古今 求義理 執物則以範制此心之學以來 物理離 而內外貳 枝條先 而根本後. 至於論心一途 推與佛徒 而欲諱言於心者何哉.

하곡의 이 글은 마음과 이치, 사물과 마음의 이치를 둘로 나누고 물리에 의해 마음을 규제한다는 주자의 즉물궁리(卽物窮理)의 학설이 결국 주체를 객체와 분리시키고, 객관에 의한 주체의 규제 즉 주객의 전도 및 주체성의 상실을 야기하였다는 의미를 함축하고 있다. 이는 곧 심성을 도외시하고 외적(外的)인 물리(物理)를 구하다가 그 본원(本源)을 잃었다고 한다.28) 하곡은 사물을 명령하는 나의 마음이 오히려 사물을 좇아가는 병통, 즉 나의 주체의 상실은 이치와 마음을 둘로 나누고 주체와 의리를 둘로 나누는 데에서 연유한 것이라고 보았던 것이다.

파당의 분열 하곡은 파당의 분열을 당시 중대한 문제로 파악하였다.

> 지금 우리나라는 불행히 당론(黨論)이 있어서 갈리고 또 갈리어서 색목(色目)이 많으니 이와 같아서야 화란(禍亂)이 어찌 생기지 않겠습니까?29)

하곡이 영조(英祖)에게 파당의 분열은 곧 국가사회에 화(禍)와 난(亂)을 초래할 것이라고 하였다.

하곡에 의하면 당시 사회는 개인과 가문, 파당의 이익과 성세(聲勢)를 위한 이기주의(利己主義)가 만연하고, 비현실적인 공허한 명분(名分)과 본질을 결여한 형식적인 예의(禮儀), 가식으로 포장된 의리(義理)가 행세하고 있었다. 당시 사회를 지배하던 주자학은 우리의 삶과 행위의 푯대요 지침인 의리(義理)가 인식 및 행위의 주체인 심성(心性)과 별개라고 주장함으로써, 의리를 밖에서 구하다가 의리의 실천적 주체를 잃었다고 한다. 심성과 분리된 의리, 즉 심성의 자각에 의거하

---

28) 『霞谷集』, 卷7, 詩(拾遺), 草亭新居.
29) 『霞谷集』, 卷5, 筵奏, 戊申, 4월 24일.

지 않은 의리를 주장하는 것은 허론(虛論)이며, 참다운 학문의 자세가
아니라고 한다.

하곡 정제두의 학문관

Ⅰ. 들어가는 말

이 주제에서는 먼저 하곡(霞谷)이 유학(儒學)의 연원(淵源)을 어디에 두고 있으며, 유학의 정통성(正統性)이 누구를 통해 어떠한 내용이 전승(傳承)되어 왔다고 주장하였는지 고찰하고자 한다.

또한 하곡은 옛 성현들이 추구하였던 학문의 목표를 무엇으로 보았으며, 이러한 성학(聖學) 또는 유학(儒學)의 궁극적 목적에 이르는 데 방해가 되는 요소 또는 목적달성을 위해 버려야 할 것들을 무엇으로 보았는지 고찰하고자 한다. 뿐만 아니라 참다운 지식, 즉 진리에 도달하고자 하는 하곡의 학문적 열정과 헌신하는 태도를 살펴볼 것이다.

한편 이전의 유학사상의 발전과정에서 문제되고 논의되어 왔던 철학적 주제 또는 명제에 대하여 하곡이 어떻게 비판하거나 수용하였는지 고찰할 것이다. 예컨대 심즉리(心卽理)와 성즉리(性卽理), 지행합일(知行合一), 격물치지(格物致知), 치양지(致良知), 성의정심(誠意正心), 명명덕(明明德)과 신민(新民) 또는 친민(親民) 등 학문의 방법과 구체적 내용에 연관된 개념들에 대한 하곡의 이해가 어떠한 것인지 고찰하고자 한다.

이상과 같은 학문의 목표와 내용, 그리고 그 태도와 방법에 관한 문제를 다룸에 있어서, 하곡이 왕양명(王陽明, 1472~1528)의 학설을 어떻게 수용하고 있으며, 이를 기반으로 여타의 학설을 어떻게 비판하고 있는지 유의하여 고찰하고자 한다.

Ⅱ. 유학의 전통과 핵심

1. 유학의 기원

하곡은 「학변(學辯)」에서 학(學)의 기원과 전통의 전승과정 그리고 각각의 핵심적인 사상내용을 개괄하여 일종의 도통론(道統論)을 전개한다. 주희(朱熹, 1130~1200)가 유학(儒學)의 사상과 문화의 연원을 복희(伏羲), 신농(神農), 황제(黃帝)에로 소급하고 있는 것[1]괴 달리 하곡은 그 기원을 요(堯), 순(舜), 우(禹)로 제한하고 있다.[2] 이러한 하곡의 주장은 경전(經典)과 같은 신빙할 수 있는 문헌을 통해 실증할 수 있는 것만을 취하는 태도에 기인한 것이라고 볼 수 있다.

하곡(霞谷)은 요(堯)·순(舜)·우(禹)가 주고받은 학문의 핵심을 '중(中)을 잡는 것[執中]'이라고 한다.[3] 중(中)이란 도심(道心)을 지칭하며, 맹자가 말한 사단(四端)과 양지(良知), 양심(良心) 등을 가리키는 것이다.[4] 또한 하곡은 공자가 순(舜)을 대지자(大知者)라고 할 때의 대지(大知)란 시중(時中), 대중(大中)을 지칭한다고 한다.[5] 따라서 요(堯)·순(舜)·우(禹)가 서로 수수(授受)했다는 집중(執中)이란 시중(時中)·대중(大中)의 마음, 즉 상황에 적시적절(適時適切)하게 대처하는 지혜와 지나침과 치우침이 없는 중용(中庸)의 지혜를 가

---

1) 『大學章句』, 序.
2) 『霞谷集』, 卷9, 學辯.
3) 하곡은 학문의 요체를 논한 「學辯」의 서두에서 堯와 舜이 왕위를 주고받으며 전한, 이른바 심법(心法)을 언급하고 있다. 그것은 "人心惟危하고 道心惟微하니 惟精惟一하여 允執厥中하라."는 것이다.(『論語』 堯曰篇과 『書經』 虞書 大禹謨篇)
4) 『霞谷集』, 卷18, 心經集義 卷1, 全體道心之經.
5) 『霞谷集』, 卷12, 中庸說, 中庸雜解.

리킨다고 볼 수 있다. 다시 말해서 그것은 지극히 공평무사(公平無私)하여 상황에 적합하게 선(善)과 의(義)를 택하는 마음의 지혜라 할 수 있다. 따라서 그것은 변화하는 상황에서 창조적이며 주체적인 진리를 택하는 유연(柔軟)한 지성(flexible intellectuality) 또는 역동적 지성(力動的 知性dynamic intellectuality)이라고 할 수 있을 것이다. 또한 순(舜)이 설(契)을 사도(司徒: 교육담당 장관)로 삼아 백성들에게 오륜(五倫)을 가르치게 하였다고 한다.

한편 기자(箕子)가 무왕(武王)에게 정치의 방안으로 제시했던 홍범구주(洪範九疇) 가운데 하나로 '황극(皇極)의 도(道)'를 말하였다. 이에 대해 하곡은 "왕자(王者)의 도(道)란 다른 것이 아니라 오직 대중지정(大中至正)의 도(道)를 가지고 그 마음의 극(極: 표준)으로 삼아 백성들과 더불어 덕화(德化)에 함께 참여할 뿐이다."[6] 라고 한다. 따라서 하곡은 극(極)과 중(中)을 별개로 본 주자와 달리 소백온(邵伯溫)처럼 동일시하였다.[7] 반면 주자(朱子)는 "황(皇)이란 임금에 대한 칭호이며, 극(極)이란 지극(至極)의 뜻이요, 표준(標準)의 명칭으로 항상 사물 가운데 있어 사방 밖을 둘러보아 올바름을 취한 것이다. 그러므로 극(極)을 중(中)으로 삼는 것은 옳지 않다."[8]고 하였다.

하곡은 『시경(詩經)』의 핵심사상을 '사무사(思無邪)'[9] 즉 시(詩)를

---

6) 『霞谷集』, 卷16, 書箚錄(拾遺), 皇極正解 참고. 洪範九疇는 『書經』 周書 洪範에 보인다.
7) 『尙書』(또는 書經) 洪範篇에 '皇極'이라는 개념이 나오는데, 이에 근거하여 宋代의 邵雍(康節)은 『皇極經世書』를 짓고, 그의 아들 伯溫은 書名에 대한 해설을 가했다. 이에 따르면 "지극히 위대한 것[至大]을 皇이라 하고, 지극한 中[至中]을 極이라 하며, 지극한 바름[至正]을 經이라 하고, 지극한 변화[至變]를 世라 한다. 大中至正하며 應變無方을 道라 한다."(『性理大全』 卷8)
8) 韋政通, 『中國哲學辭典』(大林學術叢刊 9, 臺北, 1978), 皇極 항목 참조.
9) 『論語』, 爲政.

통해 우리의 생각에서 사악함을 제거하는 것이라 하고, 『역경(易經)』은 '일상의 언행을 삼가고[愼] 신의[信]가 있어야 하며, 사악함을 막고 진실함을 보존하는 것[閑邪存誠]'[10]과 '공경하여 내면을 곧게 하고, 의로써 외면을 방정하게 하는 것[敬以直內 義以方外]'[11]이라고 한다.

2. 공맹(孔 · 孟)의 사상

하곡은 공자(孔子, 551~479 B. C.)가 전힌 핵심적 가르침으로 '나를 넓히는 데 글로 하고 나를 단속함에는 예로 한다[博文約禮]'[12]는 것과 '자기의 사욕을 이기고 예로 돌아오는 것[克己復禮]이 인(仁)을 행하는 것이니, 예가 아니면 시청언동(視 · 聽 · 言 · 動)을 하지 말라,'[13] '노여움을 옮기지 않고 잘못을 반복하지 않으면[不遷怒不二過] 학문을 좋아하는 것이다.'[14] '충서(忠恕)'[15] 등을 들었다.

하곡은 『대학』을 대인지학(大人之學)으로 보고, 그것은 명덕(明德)을 밝히는 것이며, 그 도(道)가 정심(正心), 성의(誠意), 치지(致知), 격물(格物)에 있고, 그 공부는 스스로를 속이지 않는 것[毋自欺]이라고 한다. 그는 『중용』이란 천지를 질서 지우고 만물을 기르는 것이라고 하며, 그 도(道)는 희로애락(喜 · 怒 · 哀 · 樂)이 아직 발하지 않은 중[未發之中]에 근본을 두고 있을 뿐이고, 그 공부는 조심하고 두려워하는 것[戒愼 · 恐懼]이라고 한다. 그는 미발지중을 하늘이 명한 성[天

---

10) 『周易』, 乾卦, 文言.
11) 『周易』, 坤卦, 文言.
12) 『論語』, 子罕.
13) 『論語』, 顏淵.
14) 『論語』, 雍也.
15) 『論語』, 里仁.

命之性]이라고 한다.

하곡에 의하면 맹자(孟子, 372~289 B. C.)는 사람이면 누구나 요순(堯·舜)이 될 수 있다고 하고, 요순의 도(道)란 효도[孝]와 우애[弟]일 뿐이라고 하였으며,16) 본성이 선하다고 하는 말을 할 때는 반드시 요순을 일컬었다고 한다.17)

또한 하곡에 의하면 맹자(孟子)는 사람마다 모두 측은지심(惻隱之心)·수오지심(羞惡之心)·공경지심(恭敬之心)·시비지심(是非之心)을 지니고 있으니, 인의예지(仁·義·禮·智)는 밖으로부터 들어와서 나를 단련하는 것이 아니라, 내가 진실로 가지고 있되 다만 생각하지 않을 뿐이라고 하였다.18) 맹자는 사람 모두 남에게 차마 하지 못하는 마음[不忍人之心]을 가지고 있으니, 측은(惻隱)·수오(羞惡)·사양(辭讓)·시비(是非)의 마음이 없으면 사람이 아니라고 하였다.19) 또한 사람에게 이 사단(四端)이 있는 것은 사체(四體: 四肢)가 있는 것과 같은 것이니, 진실로 이것을 잘 확충하면 사해(四海)를 보전할 수 있지만 진실로 이것을 확충하지 못하면 자기 부모도 섬길 수 없다고 하였다.20) 맹자는 사람을 능히 남을 해치고자 아니하는 마음을 채운다면 인(仁)을 다 쓸 수가 없을 것이요, 사람이 담을 뚫거나 집을 뛰어넘지 않는 마음을 채운다면 의(義)는 모두를 쓸 수 없을 것이라고 하였다.21) 또한 하곡에 의하면 맹자는 '내 몸에 돌이켜 진실할 것(反身而誠)'22)을 주장하고, '배우지도 생각하지 않아도 알고 능한 것으로서

----

16) 『孟子』, 告子 下.
17) 『孟子』, 滕文公 上
18) 『孟子』, 告子 上
19) 『孟子』, 公孫丑 上
20) 『孟子』, 公孫丑 上
21) 『孟子』, 盡心 下.
22) 『孟子』, 盡心 上

양지양능(良知・良能)'[23]을 말하였다. 하곡은 이상의 맹자의 글을 인용하면서 맹자는 인간의 본성이 선함을 말하고, 인의(仁義)와 같은 본성을 가까이에서부터 멀리 확충할 것을 주장하였다고 한다.

이 밖에도 하곡은 『맹자』의 여러 구절을 인용하면서, ① 맹자는 의리(義理)란 마음으로부터 나오는 내적(內的)인 것이라고 주장하였다고 하며[24] ② 의(義)를 모으는 공부로 물정(勿正)・물망(勿忘)・물조장(勿助長),[25] 인(仁)을 구하는 공부로서 구방심(求放心)에 대해 말했으며,[26] ③ 대체(大體: 의리를 분별하는 마음)를 따르며,[27] 적자지심(赤子之心: 갓난이기의 마음)을 잃지 않는 대인(大人),[28] 그리고 성(誠)과 성(性)을 다하는 것이 인간의 도리이며 하늘을 섬기는 길이라 하였다고 한다.

하곡은 "성인(聖人)의 학은 『대학』에 있고, 성인의 전(典: 법)은 『춘추』에 있으니 두 가지 경전의 도를 밝힌 것은 진실로 『맹자』 7편과 같은 것이다."[29]라고 하여, 특히 『대학』과 『맹자』를 중시하였다.

3. 송대(宋代)의 성리학

하곡은 송대(宋代, 960~1279)에 이르러 염계(濂溪) 주돈이(周頓頤, 1017~1073)와 명도(明道) 정호(程顥, 1032~1085)가 이전의 전통을

---

23) 『孟子』, 盡心 上
24) 『孟子』, 告子 上 참조.
25) 『孟子』, 公孫丑 上
26) 『孟子』, 告子 上
27) 『孟子』, 告子 上
28) 『孟子』, 離婁 下.
29) 『霞谷集』, 卷9, 存言 下.

잇고 있다고 보았다.

> 심성(心性) 구인(求仁)의 학(學)이 성현의 종지(宗旨)인데 그 요점
> 은 『논어』의 구인(求仁) 극복(克復)과 『맹자』의 존양(存養) 집의(集
> 義), 『대학』의 명덕(明德) 지선(至善), 『중용』의 중화(中和)와 솔성(率
> 性), 주정(周·程)[30]의 무욕(無欲) 정성(定性)의 글에서 볼 수 있
> 다.[31]

염계의 학문적 핵심은 주정(主靜)과 무욕(無欲)에 있으며, 이를 통
해 인극(人極: 인간의 궁극적 가치 또는 궁극적 표준)을 세우는 도
(道)로 삼았다고 한다. 그가 사욕을 없애고 마음을 기르도록 강조한
것은 이로부터 중정(中正)과 인의(仁義), 성립(誠立)과 명통(明通)이
나온다는 견해라고 하곡은 풀이한다.[32] 하곡이 주렴계의 사상적 핵심
을 주정(主靜)과 무욕(無欲)으로 파악한 것은 인간이 마땅히 그리고
우선적으로 추구해야 할 최고의 준칙(準則)이란 이 마음에서 방일(放
逸)과 사욕(私欲)을 없애는 것이라고 본 것이다. 이때에 비로소 시중
(時中)에 이르게 되며 인의(仁義)의 마음이 나오고 진실성이 확립되
고 지혜가 두루 성취된다는 것이다.

정명도의 「정성서(定性書)」는 하곡이 가장 소중히 여겼던 글 가운
데 하나이다. 하곡은 「정성서해(定性書解)」와 3편의 「정성문(定性文)」
을 지었다.[33] 하곡에 의하면 「정성서」는 천지(天地)의 도(道)와 성인

---

30) 周濂溪는 『通書』(聖學)에서 말하기를 "無欲하면 靜虛하고 動直하다. 靜虛
하면 明하고, 明하면 通한다. 動直하면 公하고, 公하면 溥한다. 明通하고
公溥하면 거의 성인에 가깝다."고 한다. 程明道는 『定性書』에서 외물의 유
혹이나 자신의 이기심과 간교한 지혜에 흔들림이 없는 마음의 평정을 말
한다.
31) (『霞谷集』, 卷7, 雜著(拾遺), 壬戌遺敎)
32) 『霞谷集』, 卷8, 學辨, 小註.

(聖人)의 도에 내외(內外)가 없다는 것을 말한 것이다. 하곡은 성(性)은 물(物)을 떠나지 않고 물(物)은 내 성(性)이 아닌 것이 없다고 한다. 그래서 물을 떠나서 성을 구하거나 밖을 버리고서 안을 구할 수는 없다고 한다. 또한 그는 스스로 사사롭게 한다[自私]는 것을 물(物)을 떠나서 억지로 정(定)하려 함이니, 근본적으로 외물(外物)과 내심(內心)을 둘로 보는 데서 나온 것이라 한다. 물을 좇는다[逐物]는 것은 외물(外物)에 의지하여 정(定)하기를 구하는 것이니, 근본적으로 이치를 분석하고 마음을 분석하여 두 갈래로 삼기 때문이라고 한다.34) 정성(定性)이란 사심 즉 편견과 이기적 욕구로 인해 마음이 동요하지 않으며, 외물 즉 객관적 사물이나 가치에 얽매이지 않고, 본연의 심성 또는 천지의 상도(常道)에로 자신의 마음을 정향(定向)시키는 것을 의미한다. 이러한 경지가 이른바 천지(天地)와 성인(聖人)의 도는 내외가 없다고 하는 것이다.35)

4. 주왕학(朱·王學)에 대한 이해

하곡은 주자학파의 사상을 겨냥한 것으로 보이는 다음과 같은 글을 기록하고 있다.

그러나 고금(古今)의 학문을 넓히고 의리(義理)를 찾고자 하면 물(物)의 법(法)을 가지고 이 마음을 규제한다는 학설이 있었던 이래로 물(物)과 이(理)가 떨어지고, 안과 밖이 둘이 되며, 가지를 먼저 하고

---

33) 『霞谷集』, 卷16, 定性書解. 卷8, 存言 上. 定性文(3).
34) 『霞谷集』, 卷8, 學辨, 小註.
35) 『霞谷集』, 卷16, 定性書解.

뿌리를 뒤로 하는 것이다. 심(心)을 논하는 한 방도[途]에 이르러서는 이를 불도(佛徒)에게 미루어주고 심에 대해서는 말하기를 숨기려 하는 것은 무슨 까닭인가?[36]

하곡은 객관적 사물에서 의리(義理)를 구하고, 그러한 이치가 마음을 규제한다고 하는 주장은 결국 사물과 이치, 마음과 육체 또는 주체와 대상을 둘로 나누며, 지엽적인 것을 근본적인 것보다 우선시하는 경향을 초래하였다는 것이다. 또한 마음에 대해서 논하는 것을 금기시하였다고 한다.

이처럼 의리(義理)를 사물에서 구하게 된 연유에 대하여 하곡은 다음과 같이 말한다.

> "하늘이 백성을 내실 적에 물(物)이 있으면 법칙[則]이 있도다."(『시경(詩經)』 蒸民篇)라고 한 데 대하여, 그 법칙이 물에 있는 것으로 알고 이(理)를 사사물물에서 구하였던 것이며, 사사물물 위에서 각기 천연(天然)의 중(中)이 있다고 하여서 이(理)를 정(定)하고 그것을 붙들려고 하였다.[37]

하곡에 의하면 물이 있으면 법칙이 있다는 것을 물에 법칙이 있다는 말로 잘못 이해하였다고 하는 것이다. 그 결과 사사물물에서 그 일정한 이치를 구하고자 하였다는 것이다. 그래서 이목구비(耳目口鼻)에서 그 예(禮)를 구하고, 사(事)에서 의(義)를 구하려는 폐단을 낳았다고 하는 것이다.

한편 하곡에 의하면 왕양명(王陽明)은 법칙[則]이 물(物)에 있지 아니하고, 이 마음의 천리(天理)가 물에서 발(發)하면 각기 그 법이

---

36) 『霞谷集』, 卷8, 學辨.
37) 『霞谷集』, 卷8, 學辨,

있지 않을 수 없다는 것이며, 이른바 "사사물물에 천연(天然)의 중(中)이 있다."는 것은 이 마음을 지칭하는 것이라고 한다. 하곡은 맹자가 말한 인의예지(仁義禮智)가 물에 있지 않고 마음에 있으며, 복례(復禮: 예로 돌아옴)란 시청언동(視聽言動)상에서 이 마음의 예(禮)를 돌이키는 것이며, 집의(集義)란 일마다 그 위에서 이 마음의 의(義)를 모으는 것이며, 반드시 일삼을 일이 있다고 하는 것은 이 마음의 의(義)에 있을 뿐이며, 의를 일에서 모으는 것으로 생각하여 마음 밖에 일삼을 일이 있다는 것은 아니다.

또한 하곡은 누구의 학설이라고 그 이름을 구체적으로 밝히고 있지는 않지만, 실상 격물치지(格物致知)에 대한 주희(朱熹)의 학설에 대해 다음과 같이 평가한다.

> 사물의 이치를 궁구함으로써 그 마음의 지(知)를 다하는 데 있는 것이라고 하였던 것이다. 그러므로 천지 사이에 한 개의 공중에 매달린 도리[懸空道理]를 가지고 천지만물의 법칙[則]을 통괄한 것이요, 마음이란 것은 그것을 수섭(受攝)하는 처지와 운행하는 자료로 삼는 데 불과할 뿐이다.[38]

하곡에 의하면 사물의 이치에 궁극적으로 도달함으로써 마음의 지(知)를 다한다고 하는 주장은 공허한 하나의 이치가 천지만물의 이치를 총괄하는 이치가 되며, 마음이란 단지 객관적인 사물의 이치를 받아들임으로써 지식을 형성하는 수동적 역할만을 하게 된다는 것이다.

반면 하곡에 의하면 왕양명이 말하는 물(物)이란 내 마음에서 벗어난 것이 아니며, 내 마음이 매일 사용하고 볼 수 있는 곳이며 나의 지(知)가 있는 것[앎의 소재 즉 앎의 대상]이다. 그것은 조리(條理)가

---

38) 『霞谷集』, 卷8, 學辨.

있으니, 모두 마음에서 나오며, 모두 나의 성(性)이요, 이것은 물(物)이요, 이(理)요 심(心)이 아닌 것이 없고 안[內]인 것이다. 이른바 지(知)란 것은 시비지심(是非之心)이니 사람마다 모두 지니고 있는 것이다. 이 명덕(明德)은 하늘로부터 얻은 것이어서 어둡지 않은 것이다. 이 천리(天理)의 밝은 곳이 사물의 법칙이 되는 것이니, 밖에 의뢰하여 구할 수 있는 것이 아니다. 그 공부는 오직 그가 아는 것에 스스로 만족하기를 구할 뿐이니, 그 아는 것을 스스로 속이지 않을 뿐이다. 이것을 치지(致知)라 한다는 것이다. 시비(是非)에 스스로 만족하고자 한다는 것은 그 시비를 스스로 속이지 않는 것이니, 이것을 격물(格物)이라고 한다. 그 물(物)의 지(知)를 격(格: 바르게)하여 그 지(知)를 물(物)에 구현[致]한다면 피차가 두 가지 근본은 없는 것이다.

하곡은 이전의 성현(聖賢)의 말을 이끌어 양명의 격물치지설(格物致知說)을 설명하고 있다. 그는 치지(致知)란 하늘의 명(命)이 깊고 아득하여서 그치지 않는 것[忠]이요, 격물(格物)이란 건도(乾道)가 변화하여 각기 성명(性命)을 바르게 하는 것[恕]이라고 한다. 또한 치지(致知)란 곧 나에게서 발하여 스스로 다하는 것[忠]이요, 격물(格物)이란 곧 물에 따라서 어김이 없는 것[信]이라고 한다. 나로부터 말하면 충(忠)이라 이르는 것이요, 치지(致知)라 이르는 것이며, 물에서부터 말하면 이를 서(恕)라 하고 신(信)이라 하며 격물(格物)이라 한 것이니, 그 공(功)도 하나요, 충서(忠恕)도 하나요, 충신(忠信)도 하나인 것이며, 두 가지의 공(功)은 없는 것이고, 치지(致知)와 격물(格物)도 역시 하나라고 한다.

한편 하곡에 따르면, 온갖 사물을 구하여 지식을 이룬다[求衆物而致知]는 것은 시비(是非)의 이치[理]를 물(物)에 두고서 구하여 아는 것이니, 그 앎이란 (본래) 백지와 같이 허(虛)한 것이며, 용공(用功) 즉 노력해야 할 대상 또는 일은 밖에 있는 것이다. 반면 물에서 지(知)를 구현한다[致知於物]는 것은 내가 능히 시비의 지(知)를 가지고 물(物)에서 구현하는 것이니, 그 지(知)가 이미 알맹이가 있음, 즉 실(實)하고 그 용공은 나에게 있는 것이다. 그래서 하곡에 의하면 주자(朱子)는 명덕(明德)을 만 가지 일에 응하는 것으로 설명하고, 왕양명(王陽明)은 명덕을 만 가지 일이 여기서 나오는 것으로 설명하였다고 한다.

하곡은 물리(物理)를 구하는 학문으로 인해 마침내 한낱 물(物)에 있는 이(理)가 천지 사이에 있는 지극한 도리(道理)요, 성학(聖學)의 송수(宗主), 천지만물의 주(主)가 되었다고 비판한다.

하곡은 「학변(學辯)」의 끝 부분에서 양명의 이름을 거론하지는 않았지만, 고전을 들어 유학의 근본 취지를 설명하면서 실상은 양명의 학설을 옹호하고 있는 것이다. 말하자면 「학변」의 전체 내용은 주정(周·程) 이후로 왕양명이 유학사상의 도통을 잇고 있다는 것을 밝힌 것이라고 말할 수 있으며, 하곡이 34세 때 질병으로 죽음을 앞두고 그의 자녀와 스승격인 남계(南溪) 박세채(朴世采)에게 남겼던 유언을 자세하게 설명한 것처럼 보이는 글이기도 하다.

> 오직 왕씨(王氏)의 학은 주자(周子)와 정자(程子)의 뒤로는 거의 성인(聖人)의 가르침의 진수를 얻었기에 ······ 39)

> 저는 생각하기를 천리(天理)가 곧 성(性)이니 심성(心性)의 취지에 대해서는 왕양명의 학설을 바꿀 수 없다고 봅니다. 맹자의 글 전부가 분명히 이를 증명하고 있고, 『중용』과 『대학』의 여러 논지라든가 『논어』의 구인(求仁)이나 요순우(堯·舜·禹)가 주고받은 심법(心法) 등은 모두 그 취지가 같지 않음이 없다.40)

---

39) 『霞谷集』, 卷7, 雜著(拾遺), 壬戌遺敎.
40) 『霞谷集』, 卷1, 書1, 擬上朴南溪書(壬戌): 竊以爲天理卽性也 心性之旨王文

하곡은 그 스스로 유교 경전에 대한 이해를 통해 얻은 유학의 근본 취지가 양명의 학설과 다르지 않다고 이해한 데서 양명학을 옹호하고 양명학에 대한 연구를 심화시킨 것이다. 하곡은 이(理)가 사물에 있지 아니하고 마음에 있으며, 심(心)과 이(理)를 하나로 보는 양명학이 『사서(四書)』의 논지나 성현의 심법(心法)에 부합한다고 보았다.

이제 「학변(學辯)」의 끝 부분에서 하곡이 어떻게 의리(義理)가 마음에 있다고 하는 것을 설명하고 있는지 살펴보고자 한다.

하곡은 『맹자』의 양지(良知)·양능(良能), 이의(理·義), 대체(大體), 본심(本心), 인의예지(仁義禮智) 등이나, 『중용』의 솔성(率性), 치중화(致中和), 「정성서」의 정성(定性)이란 모두 내 마음의 이치를 두고 하는 말이라고 한다.

또한 그는 『대학』의 격치(格致)·성의(誠意), 『서경』(虞書)의 유정유일(惟精·惟一), 『중용』의 명선성신(明善·誠身), 택선고집(擇善固執), 존덕성도문학(尊德性·道問學), 공자의 하학상달(下學·上達)과 박문약례(博文·約禮), 맹자의 지성양성(知性·養性), 정주(程朱)의 거경궁리(居敬·窮理) 등은 그 마음을 붙잡아 행하는 방법을 제시한 것들이라고 한다. 그 밖에 그는 여러 경전에서 학(學)과 행(行)을 구별하고 있으나 핵심 취지는 하나의 길이라고 하는 것이다.

하곡은 성학(聖學)이 주로 뜻을 두는 것[主意]은 이 마음의 천리(天理)에 있다고 한다. 무수한 언설이나 주장이란 것도 실상은 그것이 지향하는 것은 하나의 이 마음이라는 것이다. 이러한 각도에서 하곡은 이전의 성현(聖賢)의 글들을 풀이하고 있다.

그는 『대학』의 격물치지(格物致知)란 성의(誠意)의 공부요, 유정

成說恐不可易也. 一部孟子書明是可證 而如庸學諸旨論語求仁 唐虞授受其旨實無不同者.

(惟精)은 곧 유일(惟一)의 공부이며, 명선(明善)은 성신(誠身)의 도
(道)요, 박문(博文)은 약례(約禮)의 공부요, 도문학(道問學)은 존덕성
(尊德性)의 공부이며, 하학(下學)하는 것은 상달(上達)하는 소이(所
以)요, 거경(居敬)은 궁리(窮理)하는 소이이며, 성(誠)과 성지(誠之)
는 두 가지가 아니라고 한다. 이 모든 것이 이 마음의 천리(天理)를
간직하고, 천리를 간직하는 일을 배우고, 천리를 다하며, 천리를 다하
는 방법을 배우는 것이라고 한다.

> 성현(聖賢)의 교훈이 비록 천 마디 만 마디의 말이라 하더라도 학문
> 하는 데에 있어서는 이 마음의 천리(天理)를 보존하고자 하는 데에 불
> 과한 것이다. 이미 마음의 천리를 보존하고자 한다면 자연 선각(先覺)에
> 게 물어서 바로잡고 옛 교훈을 상고하는 것이니, 허다하게 묻고 분변(分
> 辨)하며 생각하고 찾아내는 공부는 있지 않을 수 없으므로 이 마음의
> 천리를 다하기를 구하는 것이다. …… 사물의 천리(天理)는 바로 이 마
> 음의 천리요, 논설의 정미(精微)는 바로 이 마음의 정미한 것이니, 마음
> 이 바로 사물이요 사물이 바로 마음인 것이다.[41]

이 마음에서 천리(天理)를 구하는 것이 유학의 핵심적 취지라고 주
장하는 하곡은 분명히 왕양명의 제일명제인 〈심즉리(心卽理)〉를 옹호
하는 것이라 하겠다. 하곡은 양명의 치양지설(致良知說)이 임정종욕
(任情縱欲)에 빠질 우려가 있다고 지적하였지만,[42] 양명학을 숭례문
(崇禮門)에 주자학을 돈의문(敦義門)에 비유함으로써 양명학을 주자
학보다 우위에 두었다고 한다.[43] 양명학을 이단(異端)이라고 배척하

---

41) 『霞谷集』, 卷8, 學辨.
42) 『霞谷集』, 卷9, 存言 下. 이 부분은 하곡이 신해년(辛亥年) 6월에 기록한 것
　　으로 되어 있는데, 하곡의 나이 23세 때인지, 83세 때인지 정확하지 않다.
43) 『承政院日記』, 英祖 10년, 7월 16일條 참조.

는 주장에 대해서는, 양명의 학설이 정주(程·朱)의 학설과 같지 않은 점이 있지만 근본취지에 있어서는 다를 것이 없다고 양명학을 옹호하기도 하였다.44)

하곡이 유학의 핵심과 그 전승과정을 제시하고 있는 이상의 「학변(學辯)」은 왕양명의 학설이 유학의 정통성에 근접함을 옹호하기 위한 변론이라고 할 수 있을 것이다. 즉 성학(聖學) 또는 유학의 정통성은 심학(心學)에 주어질 수 있으며, 지금까지 열거해 온 성현들의 가르침이 이를 뒷받침한다는 것이다. 이러한 전통의 계승자로서는 주자(朱子)가 아니라 양명(陽明)이라는 것을 암시하고 있다. 그는 성현(聖賢)들의 학문의 진수를 스스로 밝힘을 그 자신의 학자적 책임으로 삼고, 양명학의 기반 위에서 자신의 이론을 「존언(存言)」을 중심으로 하여 밝히고 있다.

Ⅲ. 학문의 목표 및 방법

1. 학문의 목표

하곡은 학문이란 성인(聖人)의 뜻을 찾아서 그 실(實)을 얻고자 하는 것이라고 한다. 따라서 하곡이 말하는 학(學)이란 성학(聖學) 또는 성인지학(聖人之學)을 일컫는 것이며, 참다운 학문은 성인의 가르침

---

44) 『霞谷集』, 卷1, 書1, 答尹明齋書(壬午). 하곡은 주자학과 양명학의 차이를 공부에 있어서 우직(迂直) 완급(緩急), 그 본체에 있어서 분합(分合)의 차이가 있으나 다 같이 성인의 학이라고 한다.(『霞谷集』, 卷9, 存言 下)

또는 성인됨의 길이 무엇인지를 밝히고 실천하는 것이다. 주자학을 정통으로 삼고 양명학을 이단으로 배척하는 당시의 분위기에서, 남계(南溪) 박세채(朴世采)는 그가 아끼는 하곡이 이단에 빠지는 것을 경계하면서, 충고하였다. 이에 대해 하곡은 다음과 같이 답하였다.

> 내가 왕씨(王氏: 王陽明)의 설을 항상 생각하는 까닭이 만약 이단(異端)을 구하고 사사로움을 이루고자 하는 데 있다면 결단코 제거해 버리는 것은 어려운 바는 아닙니다. 그러나 우리가 학문을 하는 것은 무엇을 위해서입니까? 성인(聖人)의 뜻을 찾아 실지로 얻고자 할 따름입니다. 지금 성학(聖學)의 바른 길이 어디에 있는지 분별하지 않고 버려 둔다고 하면, 한평생을 헛되이 보내게 될 두려움이 마음에 절실하니, 이 석연치 않은 생각이 해결되기 전에야 어찌 버려둘 수 있겠습니까? 연래(年來)로 잊지 못하는 것은 이 때문입니다.[45]

양명학에 대한 하곡의 연구는 성현(聖賢)의 참다운 가르침이 무엇인지, 유학(儒學)에서 제시한 정도(正道)가 무엇인지, 이것을 밝히고자 한 것이었다. 양명학에 대한 하곡의 옹호는 자신의 이익이나 자신의 당파를 지키고자 하는 것이 아니라, 그 자신 속일 수 없는 진리를 향한 마음으로부터 나온 것이었다.

하곡이 「학변(學辯)」에서 성현들의 가르침과 학문의 전수(傳受) 그리고 그 내용을 정리한 것은 진정한 학문으로서 유학(儒學) 또는 성학(聖學)의 근본 취지가 무엇인지 제시하고자 한 것이었다고 하겠다. 이러한 하곡의 노력은 성학(聖學)의 본질을 밝혀 정통성의 근거를 마련하고, 이러한 정통성을 구현하고자 하였다고 할 수 있다. 하곡은 「학변(學辯)」의 결론에 해당하는 다음과 같은 말을 한다. "성현(聖賢)의 교

---

45) 『霞谷集』, 卷1, 書1, 答朴南溪書(丁卯).

훈이 비록 천 마디 만 마디의 말이 있다 하더라도 학문하는 것은 이
마음의 천리(天理)를 보존하는 데 불과한 것이다."46)

　하곡은 학문이란 보편적인 도(道)를 밝히고 의리(義理)를 위한 것
이라고 한다.

　　　이 도(道)는 어찌 한 사람의 사유(私有)이겠는가? 학문이 이렇게 되
　　풀이하여 변론되고 논란되는 까닭은 서로 이기기를 구하기 때문이 아니
　　라 유익함이 있기를 구하고자 하는 것이며, 남이 알아주기를 구하는 것
　　이 아니라 올바른 것을 구하고자 하는 것이다. 모두가 이 도(道)를 밝힘
　　으로써 내 몸에 얻고자 힘쓰기 때문인 것이지 털끝만큼이라도 남이 알아
　　주기를 구하여서 요행히 그 인정을 받고자 하는 것은 아니다.47)

　　　군자(君子)의 싸움은 오직 그 의리(義理)를 위한 것이요, 자기의 사
　　사로운 사욕 때문인 것은 아닙니다. 공론(公論)의 결정은 옳고 그름에
　　달린 것이요, 세력의 강하고 약함으로써 정할 것은 아닙니다. 그러면 군
　　자로서 두려워할 것은 그 의리에 어긋나는 일이 백 세 후까지 전할까
　　두려워할 따름이요, 어찌 성세(聲勢: 명성과 세력)로써 서로 겨루려 해
　　서야 되겠습니까?48)

　하곡은 은연중 하나의 학파가 당시 사회의 학계를 지배하고 있는
폐쇄적이고 독단적인 당시 학풍을 비판하면서 진리는 누구에게나 열
려 있다는 진리의 보편성을 주장한다. 진리에 대한 학문적 논의는 남
을 이기기 위한 것이거나 남에게 인정받기 위한 것이 아니며, 자기의
개인적인 욕심을 채우기 위한 것도 아니며, 올바른 도리와 의리(義理)

---

46) 『霞谷集』, 卷8, 學辯.
47) 『霞谷集』, 卷9, 存言 下: 此道豈一人之私乎也. 學之所以如是 反復辯難者 非
　　以求勝也. 欲以求益也. 非以求知也 欲以求正也. 無非欲以明乎斯道 而務得於
　　己之故也 非以一毫求於人知 而幸得其許與故也.
48) 『霞谷集』, 卷1, 書1, 上朴南溪書(甲子).

를 밝히기 위한 것이라고 한다. 따라서 하곡은 진정한 학문은 타인과의 논변에서 이기거나 인정받기를 구하는 것이 아니라, 도(道)를 밝혀 스스로 체득하고 실천하는 것이며, 자신의 결정과 선택이 의리(義理)에 어긋나지 않도록 하는 것이라고 한다. 따라서 학문을 하는 군자로서 두려워할 것은 명성과 세력의 약함으로 인해 타인에게 패배하는 것이 아니라, 의리에 어긋난 일이 후세에 전해지는 것이라고 한다.

하곡은 당시 과거(科擧) 시험을 목표로 하는 학문을 비판하였다. 그 이유는 당시 과거(科擧)를 위한 학문이 인심(人心)을 파괴한다는 것이다.[49]

> 선비[士]가 선비 됨은 염치(廉恥)와 의리(義理)인데, 지금 선비 되려는 사람은 염치와 의리를 닦으려 하면 도리어 선비가 되기 어렵게 되었으니, 이것이 보석을 담는 합만 사고 보석은 돌려준다는 것입니다. 나라가 선비에게서 취해 얻는 것은 그 염치와 의리인데 지금은 선비를 취한다는 것이 반드시 염치도 의리도 없이 만들어 놓고야 취하니, 이것이 통발만 취하고 고기는 잊어버린다는 것입니다.[50]

하곡은 학문하는 자가 추구해야 할 것이란 입신출세(立身出世)가 아니라, 염치(廉恥)와 의리(義理)를 지니는 것이라고 한다. 그러나 당시 국가사회는 염치와 의리를 지닌 인재를 구하여야 함에도 불구하고, 인재를 구하는 과거제도가 오히려 그러한 인재를 교육하고 선발할 수 없게 만드는 제도라는 것이다. 따라서 하곡은 "마땅히 근본[修經學]을 먼저 하고 말단[治科業: 과거공부]을 뒤로 하며 본원(本源)을 밝혀서 그 유폐(流弊)를 막기에 힘써야 한다."[51]고 하였다.

---

49) 『霞谷集』, 卷2, 書4, 答鄭景由別紙(丁酉).
50) 『霞谷集』, 卷3, 書5, 答李伯祥(徵明)書.
51) 『霞谷集』, 卷3, 答閔 書(孝昌, 乙酉).

하곡이 왕양명(王陽明)의 학설을 공부하고 옹호하는 것을 듣고, 학우(學友) 민이승(閔以升)은 하곡이 이른바 이단(異端)에 **빠져**, 다른 당파의 사람들로부터 화를 당할지도 모른다고 경고하였다. 그러나 하곡은 다음과 같이 답하였다.

> 책 끝에 주륙(誅戮)을 당하게 될 것이라는 말까지 달아놓았는데, 지금보다 더 나은 명변(明辯)이 있으시다면 지당한 일이지만, 만약 육욕(戮辱)으로 위협을 주거나 화단(禍端)을 입히는 것이라면 그것은 나의 알 바가 아닙니다. 죽이고 욕주고 하는 일은 학문을 권장하는 일이 아닙니다. 내가 아직까지 자신을 못 가지는 것은 그 도(道)가 어떠한지를 모르는 것뿐입니다. 만약 그것이 참말로 옳다는 것을 확실히 알기만 한다면 학문을 논하다가 죄를 입어도 한(恨)될 것이 없습니다. 형은 어찌 나를 이렇게 얕보십니까?[52]

위의 편지에서 구도자(求道者)로서 하곡의 열정과 진리를 지키기 위해 죽음까지도 두려워하지 않는 하곡의 용기를 엿볼 수 있다. 하곡 자신이 추구한 학문이란 목숨까지도 버리면서 도(道)를 알고자 하는 것이었다. "아침에 도(道)를 들으면 저녁에 죽어도 좋다."[53]라고 한 공자의 진리에 대한 열정을 생각하게 한다.

하곡은 말하기를 "성인(聖人)의 학은 『대학』에 있고 성인의 전(典)은 『춘추(春秋)』에 있으니 두 가지 경전의 도를 밝힌 것은 진실로 『맹자』 7편과 같은 것이다."[54]라고 한다. 다시 말해서 『대학』에는 성

---

52) 『霞谷集』, 卷1, 書2, 答閔誠齋書(2) : 末復以誅戮之說繼之 如有明辨有進於是者 則固至當 而如以戮辱威禍 則非所敢知者. 戮辱之於誘學末也. 弟之所未嘗能信者 政未知其道之爲如何耳. 如使其道果能知其眞是也 則論學而被罪 亦所不恨也. 兄何相見之薄也.
53) 『論語』, 里仁(4).
54) 『霞谷集』, 卷9, 存言 下.

인이 제시한 학의 대강(大綱)이 실려 있고, 『춘추』에는 성인이 실제적
인 본보기로 삼을 만한 것들을 제시하고 있으며, 『맹자』는 이것들을
종합하고 있다는 것이다. 이러한 하곡의 주장은 소위 관념론자로 평가
받고 있는 맹자를 하곡이 얼마나 지극히 떠받들고 있는가를 보여주는
말이기도 하다.

하곡은 성인(聖人)의 학문, 즉 성인의 가르침은 『대학』에 있다고
하여,55) 성학(聖學)이 곧 『대학』이라고 하며, 『대학』은 명덕(明德)을
밝히는 것이라고 한다.56) 그런데 명덕이란 하늘로부터 부여받은 것으
로 천리(天理)의 밝음 또는 천리가 밝게 드러나는 곳을 가리키며,57)
이것은 바로 인간의 본질적 특성이요, 마음의 본체(本體)라고 한다.58)
그래서 하곡은 명명덕(明明德)을 달리 표현하여 치양지(致良知), 명호
선(明乎善) 등으로 말하기도 한다.59)

또한 하곡은 "대학의 도는 성인(聖人)의 도이며, 성자(誠者)의 도
이다."60)라고 한다. 대학은 선(善)을 행하고 악(惡)을 버려야 할 것인
줄 알면서도 마음의 발(發)한 바가 참되지 못한 것 즉 스스로를 속임
을 지양(止揚)하고, 악취(惡臭)를 싫어하고 호색(好色)을 좋아하듯 하
여 스스로 자신에게 쾌족(快足)하게 여기고 구차하게 외적 사정이나
남의 이목에 구애되지 않는 것, 즉 자신의 본성과 본심에 충실하고자
하는 것이라고 한다.61)

한편 하곡은 "그 공부가 평천하(平天下), 지지선(止至善)에 이르고

---

55) 『霞谷集』, 卷9, 存言 下.
56) 『霞谷集』, 卷8, 學辯.
57) 『霞谷集』, 卷8, 學辯: 卷9, 存言 中, 全體一性.
58) 『霞谷集』, 卷15, 孟子說.
59) 『霞谷集』, 卷9, 存言 下, 聖人之學心學: 卷1, 書2, 答閔彦暉書.
60) 『霞谷集』, 卷13, 大學說, 大學[4].
61) 『霞谷集』, 卷2, 書4, 答李君輔問目.

보면 『대학』의 도(道)는 바로 『주역』에서 말하는 '더불어 그 덕(德)을 합한다.'는 것이다."[62]라고 한다. 따라서 하곡은 대학 또는 성인의 학은 내재적인 명덕(明德)을 지극하게 밝히고 이를 사회 속에서 구현하여 궁극적으로 천지와 더불어 일체(一體)를 이루고자 하는 것이다. 이러한 하곡의 주장은 양명이 명명덕(明明德)이란 천지만물과의 일체(一體)인 본체(體)를 확립하는 것이며, 친민(親民)이란 천지만물과의 일체를 구현하는 것[用]이라고 한 점과 일치하다.[63]

하곡은 성인(聖人)의 학을 심학(心學)이라고 일컫기도 하고, 성학(性學)이라고도 칭한다.[64] 그는 성(性)은 심(心)의 본체(本體)이며 이른바 천리(天理)라고 한다. 또한 도심(道心)을 마음의 본체(本體)로서 중(中)이며, 천리(天理)라고 한다. 그리고 이러한 마음의 천리를 '대공지정(大公至正)'이라는 말로 표현한다.[65]

하곡은 『대학』의 도(道), 성인(聖人)의 도를 성(誠)이라고 하고,[66] 도심(道心)을 중(中), 마음의 천리(天理)를 대공지정(大公至正),[67] 왕자(王者)의 도를 대중지정(大中至正)이라고 한다.[68] 또한 성학(聖學)의 목적을 인(仁)으로 규정하기도 한다.[69]

하곡은 맹자의 글을 풀이하는 가운데, 마음의 이(理)가 온갖 사물의 이치의 근원이 된다고 한다.

---

62) 『霞谷集』, 卷2, 書4, 答朴大叔大學陽明說疑義問目.
63) 『王文成公全書』, 卷26, 大學問.
64) 『霞谷集』, 卷9, 存言 下, 聖人之學心學.
65) 『霞谷集』, 卷9, 存言 下: 聖人之學心學也 心者人皆有之. 何爲則爲聖人. 曰 聖人之學性學也. 性者心之本體也 所謂天理也. 聖人之學存其心之天理者也 本體天理人皆有之.
66) 『霞谷集』, 卷13, 大學(4).
67) 『霞谷集』, 卷9, 存言 下, 聖人之學心學.
68) 『霞谷集』, 卷8, 學辯.
69) 『霞谷集』, 卷1, 書1, 擬上朴南溪書(壬戌).

　　나의 한 마음의 이치[吾一心之理]가 물(物)에 있어서 만 가지로 다르게 쓰이어[用萬殊於物] 각기 그 마땅함이 있지 아니함이 없으니, 물의 형태는 천만 가지로 다르지만, 그 이치가 마음에서 나온 것인즉 한 근본이면서 만 가지의 다름이 있다[一本而有萬殊].[70]

　결국 하곡은 학문의 목적을 자기완성[爲己], 즉 나의 마음의 천리(天理)를 보존하고 구현하는 것으로 삼았다고 하겠다. 그것은 달리 표현하자면 도심(道心)을 지키는 것이며, 명덕(明德)을 밝히는 것이요, 양지(良知)를 지극히 다하는 것이라고 하겠다.

2. 학문하는 자세

　학문의 목표에 도달하기 위해서는 배움에 임하는 자세가 무엇보다도 올바르지 않으면 안 된다. 그것은 마치 자그마한 출발의 차이가 결국은 엄청난 결과의 차이를 가져오는 것과 같다.

　하곡은 학문의 논쟁이란 그 목적이 의리(義理)가 무엇인지를 밝히기 위한 것이기 때문에, 학문적 논쟁을 자신의 개인적 욕구를 달성하는 수단으로 삼거나, 명성과 세력의 다툼과 혼동해서도 안 된다고 한다.[71]

　하곡은 오로지 참다운 지(知) 즉 진리를 향한 열정과 순수한 마음, 그리고 순교자와 같은 단호한 태도를 요구하였고 그 자신 그러한 태도로 학문을 하였다.[72] 그는 조카에게 보내는 글에서 학문에 들어가는 절실한 길이란 부지런히 강습(講習)하는 것과 "바른 학문은 이루

---

70) 『霞谷集』, 卷15, 孟子說.
70) 『霞谷集』, 卷1, 書1, 上朴南溪書 甲子.
72) 『霞谷集』, 卷1, 書2, 答閔誠齋書.

기 어렵고 지극한 도는 듣기 어렵다."라는 것을 마음에 새기도록 당부하였다.73)

하곡은 "성인(聖人)의 실학(實學)을 얻지 못하고 한갓 허울 좋은 겉 문화(文華)만 숭상하는 것은 학문하는 소이(所以)가 아니다."74)라고 하여, 학문하는 자들이 문장을 짓거나 외우는 일에 전념하거나 문의(文義)에 얽매이는 태도를 비판한다.75) 또한 그는 "학문을 좋아한다 하더라도 부질없이 변론만을 일삼고 만약 몸소 행하는 실(實)이 없다면 무슨 이익이 되겠는가?"76)라고 한다. 변론을 통해 의리의 정당함을 취하고 나아가 반드시 이를 몸소 실천하지 않으면 안 된다는 것이다. 하곡은 『대학』의 도(道)를 성자(誠者)의 도라고 하여77) 학문이 바로 진실, 성실을 위한 것임을 밝히고 있다. 그의 문인 노술(盧述)은 하곡에 대해 실심(實心)으로 실리(實理)를 실천(實踐)했던 인물로 평가하였다.78) 하곡은 진실성과 성실성을 학문하는 자들이 지녀야 할 기본적 태도로 보았다고 하겠다.

또한 하곡은 타인의 권위(權威)를 빌어 자신의 주장을 정당화하거나 자기의 사의(私意)를 성취하고 위엄을 짓는 행위에 대해 비판을 가한다. 특히 그는 당시의 학자들이 주자(朱子)를 올바르게 알지도 못하고 단지 주자의 이름을 억지로 이끌어대어 자신의 계교(計巧)를 성취하고자 하는 폐단을 지적하고 있다.79) 말하자면 주자의 권위를 빌어 자신의 주장과 사계(私計)를 성취하고자 하는 자들은 실상 주자의

---

73) 『霞谷集』, 卷3, 書6, 答從子俊一書.

74) 『霞谷集』, 卷3, 書6, 答從子俊一書.

75) 『霞谷集』, 卷11, 遺事: 同, 祭文, 李震炳의 祭文.

76) 『霞谷集』, 卷13, 大學說, 大學[4].

76) 『霞谷集』, 卷11, 祭文, 盧述의 祭文.

77) 『霞谷集』, 卷11, 祭文, 盧述의 祭文.

78) 『霞谷集』, 卷9, 存言 下.

학설을 올바로 알지도 못하면서 그 이름만을 빌려 쓰는 이른바 호가호위(狐假虎威)하는 자들이라는 것이다. 뿐만 아니라 당시의 주자 학도들은 남의 의사(意思)를 충분히 이해하지도 않고 오직 주자의 주장과 비교하여, 같지 않으면 틀어 막아버리니 이것은 지언(知言)의 뜻에 어긋난다고 한다.[80] 하곡은 말하기를 "변론(辨論)이란 부언하기를 잘하는데 만약 그 본령(本領)을 먼저 찾지 않고 뜻 해석에 급급하면 이치의 전체가 가리어서 혹 알아보지 못하는 경우도 많으니 어찌 말을 아는 것이 되겠는가?"[81]라고 하여 문의(文義)에 얽매여 전체의 참뜻을 잃어버리는 일이 없도록 해야 한다는 것이다. 결국 하곡은 권위에 대한 맹목적 추종이나 자신의 주장을 정당화하기 위해 권위를 억지로 이끌어대는 이른바 '권위(權威)에의 호소'를 불합리한 논증의 방법으로 배척하고 있는 것이다.

하곡은 본원(本源)에 충실한 학문적 자세를 강조하였으며, 그 자신 또한 근본에 충실하였다. 본원의 학문이란 위기지학(爲己之學), 즉 인간본연의 도덕성을 깨달아 그것을 실현해가는 학문이다.

진실로 성문(聖門)에서 근본을 구하려 한다면 『논어』 첫머리에 있는 학이(學而) 장(章) 한 장으로 다 되는 것이다. 배워서 때때로 익히는 것이 기쁘고, 친구가 찾아오는 것이 반갑고, 남이 알아주지 않아도 섭섭하게 생각하지 않는 것이 바로 성명(性命)의 학문이 되고 덕행(德行)의 일이 되는 것이다. 예를 들자면 안연(顔淵)이 배우기를 좋아한 것[雍也], 증자(曾子)가 날마다 세 번씩 반성한 것[學而] 같은 것이 다 이런 일들이다.[82]

---

79) 『霞谷集』, 卷2, 書4, 答鄭景由書. 知言이란 『孟子』(公孫丑 上)에 나옴.
80) 『霞谷集』, 卷2, 書3, 答崔汝和書 癸酉.
82) 『霞谷集』, 卷3, 書6, 答沈斗俊書(壬子).

하곡은 학문하는 올바른 자세란 비본질적 학문을 과감히 생략하고, 학문의 근본에 집중하는 것이라고 보았으며, 학문의 본원, 본령(本領), 근본이란 천명(天命)으로서의 내적 도덕성을 돌이켜, 자각하고 실현하는 것이라고 한다.

하곡은 참다운 지식, 즉 진리를 얻기 위해서는 선입견과 편견, 그리고 집착 등을 버려야 한다고 한다. 그는 공자(孔子)가 말한 절사(絶四)[83]에 대해 다음과 같이 말한다.

> 만약 사사로운 것을 말하는 것이라면 무의(毋意) 두 글자만으로 이미 다 되었는데 왜 반드시 무고(毋固), 무필(毋必)이라고 했겠는가? 아마도 이것은 비록 그것이 정당한 것이라 할지라도 고집하고 기필하는 뜻이 있다면 이미 그것은 사사로운 것이 되기 때문일 것이다. 그리고 '선(善)을 택하여 꼭 붙들어라.'라고 하는 고집(固執)은 그 지키는 바가 독실함을 말하는 것이요, 의식적으로 고집하는 것은 아니다.[84]

공자가 말한 사무(四毋)란 마음과 뜻에 있어서 사사로움이 없어야 함은 물론 기필(期必)함이나, 외물에 대한 집체(執滯)가 없어야 한다는 의미이다. 하곡은 사물을 처리함에 있어서 항상 선(善)과 의(義)를 지향하고자 하는 순수의식을 독실하게 간직하되 미리 그 사물을 처리하는 원칙을 세우거나 어떤 의도된 원칙의 적용을 기필해서도 안 된다는 것이다. 즉 미리 마음에 정해놓은 기준에 집착해서는 안 된다는 것이다.

하곡은 행위의 선택과 결단에 있어서 경(經)과 권(權)을 아울러 헤아리고 참작하여야 한다고 주장한다.

---

83) 『論語』, 子罕.
84) 『霞谷集』, 卷1, 書1, 上宋尤齋問目(丙辰).

진대(陳代)가 맹자(孟子)에게 제후를 먼저 찾아보라고 권한 것은 성현(聖賢)의 시대 구제를 위한 사업 때문이요, 우계(牛溪) 성혼(成渾)이 강화(講和)에 찬성한 것은 국가의 존망에 관계되기 때문입니다. 이 두 가지 의리(義理)는 지극히 중(重)하고 큰 것으로서 먹을 것을 얻는 것이나 아내를 얻는 것보다 더 중대한 것이니 아마도 이(利)를 따르고 의(義)를 폐한다고 비난할 수는 없을 것입니다. …… 만약 경(經)이 있는 줄만 알고 권(權)이 있는 줄을 모른다면 비파 기둥에 풀 바르기[膠柱調瑟]라 하지 않을 수 없을 것입니다. 그런데 세상에서는 사세(事勢) 형편에 잘 맞춰서 경과 권을 가늠하려는 자가 있으면 자를 굽히는[枉尺] 사람으로 의심하니 무슨 까닭인지 모르겠습니다.[85]

하곡은 이익을 위해 의리를 포기하는 왕척직심(枉尺直尋)에 대해서 반대하면서, 하나의 의리만을 고집하여 권도(權道)를 쓰지 않는 교주조슬(膠柱調瑟)에 대해서도 반대한다. 경(經)이란 불변적인 보편적 행위규범 또는 행동준칙을 가리킨다. 반면 권(權)이란 긴급사태의 경우나 보편적 행위규범들이 상호모순을 일으켜 정상적인 행위규범을 유보하거나 규범들의 경중(輕重)과 선후(先後)를 분별, 결정하는 것을 의미한다. 따라서 권(權)이란 이(利)를 위해 의(義)를 포기하는 왕척(枉尺)과 달리, 보다 크고 중요한 의(義)를 실현하기 위해 작은 의(義)를 버리거나 굽히는 것 즉 의리의 변통(變通)을 의미한다.[86] 따라서 그는 의리(義理)의 불변적(不變的) 규범성을 인정하면서도 더욱 강조하고 있는 것은 의리들 상호 간 또는 의(義)와 이(利) 사이에 상충(相衝)하는 경우가 있을 수 있으며, 이러한 상충을 해소하는 또 다른 불변의 규범도 일정하게 미리 규정할 수 없다는 것이다. 다시 말해서 동일한 유형의 하나의 사건에 있어서 당위적(當爲的) 의무(義務)

---

85) 『霞谷集』, 卷1, 書1, 上朴南溪書(庚申).
86) 『霞谷集』, 卷15, 孟子說 下, 諸章雜解.

로서 부과되는 의리(義理) 또는 규범(規範)이 절대적이고 불변하는 것일 수 없으며, 보다 중요한 의리나 규범에 의해 그것이 대치될 수 있다는 것이다. 영국의 철학자 로쓰(Ross)의 용어를 빌려 표현하자면, 모든 도덕적 의무가 다 절대적 의무가 아니라 조건부 의무라는 것이다.[87] 하곡이 이처럼 권(權)을 강조하고 있는 것은 경(經)을 맹목적으로 묵수(墨守)하는 것을 지양(止揚)하고 상황과 시의(時宜)에 적합한 실리(實理)를 분별할 것을 강조하고 있는 것으로 보인다.

이러한 하곡의 학적 태도는 의리(義理)의 판단에 있어서 이의 적용의 융통성(融通性)을 강조한 것이다. 그러한 의리(義理)의 변통능력(變通能力)이란 바로 의리(義理) 또는 행위규칙 간의 균형(均衡)에 대한 판단력이며, 상황에 적절히 대응(對應)하는 지적(知的) 유연성(柔軟性)이라 할 수 있다. 이것은 사의(私意)를 배제하고 또 기필(期必)함도 없어야 하며, 어떤 대상이란 원칙에 대한 집착을 없애고 단지 선(善)을 택하고자 하는 순수의식 즉 오로지 선(善)이기 때문에 택하지 않을 수 없다는 의무감에 충실하고자 하는 노력을 통해 달성될 수 있는 것이다.

3. 학문의 방법

천리(天理)를 보존하고 이를 구현하는 것을 학문의 궁극적 목적이라고 본 하곡은 이단사설(異端邪說)을 배척한다. 그는 『논어』의 '공호이단(攻乎異端)'이라는 구절에 대한 풀이에서 방술(方術)과 사소한 기술로

---

87) W. K, Frankena(황경식 역), 『윤리학』(종로서적, 1984), pp.47~50. 잠정적인 의무, 즉 조건부 의무를 prima facie duty라고 한다.

서 의술이나 무당, 점치기 등을 이단(異端)이라고 한다.[88] 또한 그는 양주(楊朱), 묵적(墨翟), 노자(老子), 석가(釋迦)나 공리(功利)를 추구하는 패자(覇者) 등에 대하여 정도(正道)를 어지럽히고 사설(邪說)을 퍼뜨린 자들이라고 규정한다. 이들은 한쪽만을 주장하고 한쪽을 폐(廢)하는 편파성을 띠고 있어 정도(正道)의 전체(全體)에 배반한다는 것이다.

한편 백이(伯夷)와 유하혜(柳下惠)[89]는 그 자질이 한정되어 전체에 두루 통하지 못하였으므로 정도를 벗어난 것은 아니나 완전함에 미치지 못하고 있다고 한다. 이단(異端)과 사설(邪說) 그리고 그 밖의 학설에 대한 하곡의 비판에서 그의 학문적 목표와 방법 등을 엿볼 수 있다. 그는 학문의 정도(正道)와 완전성을 추구한 것이다.

석씨(釋氏)와 패자(覇者) 그리고 주자(朱子)의 학설에 대한 하곡의 비판은 다음과 같다.

> 석씨(釋氏)는 심(心)을 위주하여 윤리를 버리고(이것은 이(理)를 도외시하고 폐기하는 것이니 마음 또한 그 마음이 아니다.) 패자(覇者)는 사공(事功)을 위주하여 마음을 버리니(이것은 이(理)를 엄습하여 빌려온 것이니 이 이치는 참된 이치가 아니다.) 이 둘은 모두 하나만 주장하고 하나는 폐기하는 것이다. 이들은 다 마음과 이치를 둘로 삼는 것이다. '물(物)에 즉(卽)하여 이치[理]를 궁구(窮究)한다'는 주장은 둘을 겸해서 하나로 하는 것이나, 그 본체에 있어서 분리함을 면치 못하니 역시 둘로 하는 것이다. '양지(良知)를 치(致)한다'는 것은 그 본체가 본래 하나요, 둘이 아니기 때문이다. 심(心)과 이(理)가 하나임을 말하고, 기품(氣稟)과 물욕(物欲)의 사(私)를 살피지 않는다는 말은 이 역시 마침내 둘로 삼아 하나로 하지 못하는 결과가 되고 마는 것이다.[90]

---

88) 『霞谷集』, 卷14, 論語說·孟子說上, 論語.

89) 『맹자』, 萬章 下. 孟子는 伯夷를 聖之淸者, 伊尹을 聖之任者, 柳下惠를 聖之和者, 孔子를 聖之時者로 평가하고, 이 가운데 孔子를 集大成者라 하여 가장 높이 숭상하고 있다.

90) 『霞谷集』, 卷1, 書2, 答閔彦暉書.

하곡이 불교를 배척, 비판하는 이유란 불교가 단지 개개인의 마음의 수양을 강조할 뿐 인륜의 보편성을 외면하고 버림으로써, 그 마음은 준거해야 할 보편적 이치[理]에서 일탈(逸脫)하고 방종에 흘러 주관주위에 빠지게 된다는 것이다. 따라서 불교는 이치[理] 없는 마음, 공허한 마음공부에 힘써 실제 구체적인 사건에 접했을 때, 판단이 준거해야 할 원칙이 없으므로 그 공부는 헛것이 되고 만다는 것이다. 이 것은 마치 칸트가 "개념(槪念) 없는 직관은 맹목(盲目)이다."[91]라고 한 말을 상기시킨다. 즉 개념화 작용의 준거(準據)가 되는 이치[理]가 마음에 없다면 실제 인식과 판단이 불가하며, 설령 인식이 이루어진다 하더라도 그것은 보편성을 결여한 것이다.

한편 패자(覇者)는 주체적인 마음을 멀리하고 단지 외적 사물로부터 이(理)를 빌려온 것이니 그 이치는 실심(實心)이 없는 허리(虛理)에 불과한 것이다. 주체적 자각이 없이 외물(外物)을 좇아 얻어진 이치[理]에 관한 지식은 공자가 "학이불사즉망(學而不思則罔)"[92]이라고 한 것처럼 맹목적 지식이요, 불확실한 지식이다.

보편성을 지닌 천리(天理)를 마음에서 전적으로 배제하였던 석가(釋迦)와 그것을 주체적 자각 없이 단지 밖으로부터 빌려오는 패자(覇者)에 대하여 하곡은 비판하였다.

한편 정이천(程伊川, 1033~1108)과 주희(朱熹, 1130~1200)의 '물(物)에 나아가 그 이(理)를 궁구(窮究)한다'는 주장은 심(心)과 이(理)에 대한 공부를 함께 하는 것이며, 궁극적으로 하나로 합하고자 하는 것이나, 이는 명백히 마음과 이치를 본체상 둘로 가르고 있는 것이다. 또한 그 공부도 현실적으로 나누어 선후(先後)와 본말(本末),

---

91) I. Kant, 『純粹理性批判』, B75 참조.
92) 『論語』, 爲政.

경중(輕重)의 차이를 두고 있는 것이다.

이제 주자의 격물치지설(格物致知說)에 대한 평가를 통해 하곡이 어떻게 왕양명(王陽明, 1472~1528)의 학설을 취하여 자신의 학문 방법으로 삼고 있는지 고찰하기로 한다.

> 주자의 학설이 좋지 아니함이 아니다. 다만 치지(致知)의 학[陽明學]과 비교함에 있어 그 공부가 우직(迂直), 완급(緩急)의 분변(分辨)이 있고, 그 체(體)에는 분합(分合)의 간격이 있을 뿐이지 그 실은 다 같이 성인의 학을 하는 것이니 어찌 좋지 않다고 하겠는가? 그러나 뒤에 와서 배우는 이는 허다하게 그 근본을 잃고 오늘날의 학설에 이르렀다.[93]

> 주자는 뭇사람들이 일체(一體)를 못 가지는 데로부터 길을 잡았으므로 그 학설이 먼저 만수처(萬殊處)로부터 들어갔고, 양명은 성인의 근본인 일체처(一體處)로부터 길을 잡았으므로 그 학문이 일본처(一本處)로부터 들어간 것이다. 혹은 말(末)로부터 본(本)으로 가고 혹은 뿌리로부터 끝으로 간 것이니, 이것이 서로 갈라지는 연유이다. 그 하나를 위주하고 하나를 폐함이 아님은 둘 다 마찬가지이다. 잘 배우지 못하면 이 두 가지는 각각 다 폐단이 없을 수 없고, 만약 두 파의 학문을 잘 활용하면 같은 한 가지 길로 서로 크게 멀어지지 않을 수도 있는 것이다.[94]

하곡은 주자나 양명이 궁극적으로 추구하는 것은 성인(聖人)의 학으로서 동일하나 그 방법과 출발점에 있어서 차이가 있다고 한다. 주자는 현실의 다양성과 차별성에 대한 인식으로부터 보편적이며 통일적인 원리에 대한 인식으로 나아갔다고 할 수 있다. 그래서 그 학문 방법이 분석적이며, 박학(博學)을 추구하고, 다소 지루하며 진보가 더디다. 반면

---

93) 『霞谷集』, 卷9, 存言 下.
94) 『霞谷集』, 卷1, 書2, 答閔彦暉書.

양명의 학설은 근원적이며 통일적인 본체의 확립을 토대로 하여 이것을 자신이 대하는 다양한 현실에 적용할 것을 가르쳤다. 따라서 그의 학문 방법은 종합적이며 직관적이고, 간이직절(簡易直截)하다는 것이다.

하곡은 양자의 학설을 잘 활용하게 되면 궁극적으로 본말(本末)을 함께 갖추게 될 것이라는 점을 시사하고 있으며, 학문의 근본취지를 잃지 않고 각각의 방법을 따라 학문을 한다 하더라도 상호 큰 차이는 없을 것이라고 한다.

그러나 실제로 주자학설은 많은 문제점을 안고 있음을 하곡은 지적하고 있다. 우선 주자의 방법론, 즉 격물치지설(格物致知說)을 하곡이 어떻게 이해하고 있으며, 그것이 지니고 있는 문제점과 이 학설의 영향이 남긴 폐단을 검토해 보자. 하곡은 주자의 학문 방법에 대해 다음과 같이 말한다.

> 주자(朱子)는 심(心)을 신(身)의 주재(主宰)로 삼고, 성(性)을 이(理)로 삼았는가 하면, 이치[理]가 일마다 사물마다 있다고 한다. 사물 각각에 당연한 법칙이 있으니 모두 그 당연한 법칙을 다하기를 구하라는 것이다. 이런 까닭에 마음은 그 성경(誠·敬)을 다하고 사물에서는 그 이치를 궁구하는 까닭에 그 마음을 간직하여 만물의 이치를 궁구하고 만 가지 일의 법칙에 응한다는 것이다. 그러므로 그 당연한 이치를 궁구하는 것을 지(知)라 하고, 그 당연한 법칙을 지키는 것을 행(行)이라고 하는 것이며, 또한 물(物)에 있는 것이 이치[理]가 되고, 물(物)에 대처하는 것이 의(義)가 된다는 것이다.[95]

하곡에 의하면 주자의 이론 가운데 문제되는 첫째의 것은 '이치[理]가 물(物)에 있다'는 것이며, 따라서 이치를 밖의 사물에서 구한다는 것이다. 주자는 '치지(致知)는 격물(格物)에 있다'라는 것을 "나의 지

---

95) 『霞谷集』, 卷9, 存言 下, 朱王學東儒.

(知)를 이루고자 하면 물(物)에 즉(卽)하여 그 이치[理]를 궁구하는 데 있다."고 풀이하였다. 또한 그는 "인심(人心)의 영명(靈明)함은 지(知)를 갖고 있지 않음이 없고, 천하의 사물은 이치가 있지 않음이 없다."고 한다. 따라서 주자는 이치가 마음과 상대하여 객관적으로 실재하는 사물에 내재한다고 본 것이다. 따라서 이치를 구하는 것은 외물과의 접촉을 통해서 가능하다.

그러나 하곡은 "물(物)이란 사(事)이다. 즉 의(意)가 있는 바의 일이다."라고 하고, 또한 "몸의 주인은 마음이요, 마음의 발(發)한 것이 의(意)이니, 지(知)란 의(意)의 본체[體]요, 물(物)은 의(意)의 쓰임[用]이다."라고 한다.96) 따라서 하곡은 물(物)을 객관적 실재로 보지 않고 의(意)의 지향성(志向性)에 의해 오히려 구성되는 것으로 본다. 따라서 이(理)는 밖으로부터 획득(獲得)되는 것이 아니다. 그래서 하곡은 "이치를 밖에서 구하면 망연하기 끝이 없으니, 이야말로 외물(外物)을 쫓아다니는 병통에 걸리는 것이다."97) 라고 비판하는 것이다.

둘째로 주자는 앞에서 보았듯이 심(心)에는 지(知)가 있고 물(物)에는 이(理)가 실재한다고 하였으며, 주관적인 지(知)의 완성은 객관적 사물의 이치를 궁구함으로써 가능하다고 보았다. 또한 인심의 영명한 앎은 '이지(已知)'로서 이치[理]에 대한 선험적(先驗的) 앎을 의미한다. 따라서 주자는 심과 물, 앎과 이치를 이분화하고 있으며, 이에 따라 학문에 있어서도 마음에 관해서는 성경(誠敬)과 궁리(窮理)가 별개의 공부로 나눠지게 되었다.

하곡은 이 점에 대해 비판하기를 "후세 학문은 오직 의리(義理)와 심성(心性) 두 가지로 공부를 하기 때문에 학자들이 도(道)에 대하여

---

96) 『霞谷集』, 卷13, 大學說, 大學[2].
97) 『霞谷集』, 卷1, 書2, 與閔彦暉辨言正術書.

두 갈래로 생각하고 있으니 성문(聖門)에서 인(仁)을 구하는 학문과 다르지 않을 수 없다."98)고 한다.

또한 주자는 궁리를 통해 내 마음의 앎을 완성한다고 하였다. 이에 대해 하곡은 비판하기를 "고금의 학문을 넓히고 의리를 찾고자 하면 물(物)의 법(法)을 가지고 이 마음을 규제한다는 학설이 있었던 이래로 물(物)과 이치[理]가 떨어지고, 안과 밖이 둘로 되며, 가지를 먼저 하고 뿌리를 뒤로 하게 되었다."99)고 한다. 또 주자의 이론은 외적 사물에 대한 궁리를 통해 마음의 지(知)를 다하고자 함으로써 사물의 이치[理]와 행위의 의(義)를 갈라서 구하는 것이요, 지(知)와 행(行)을 선후(先後)로 분리하게 되었다는 것이다. 하곡에 의하면 "주자는 격물치지(格物致知)란 물(物)의 이(理)를 궁구하여서 그 심(心)의 지(知)를 다하는 데 있는 것이라고 하였다. 그러므로 천지 사이에 한 개의 매달린 도리(道理)를 가지고 천지만물의 법(法)을 통괄(統括)한 것이요, 마음이란 것은 이를 수섭(受攝)하는 처지와 운행(運行)하는 자료로 삼는 데 불과할 뿐이다."100)라고 한다.

그렇다면 하곡 자신은 격물치지(格物致知)에 대해 어떻게 주장하고 있는가? 하곡의 주장은 심즉리설(心卽理說)의 토대 위에서 전개되고 있다. 하곡의 심즉리설은 물론 양명의 사상을 계승한 것이다. 즉 이(理)가 사물에 객관적으로 실재하여, 외부로부터 획득되는 것이 아니라 바로 나의 마음속에 있다는 것이다.

양명은 "(마음은) 허령불매(虛靈不昧)하여 여기에 온갖 이(理)가 갖추어져 있고, 여기서 온갖 사(事)가 나온다. 심(心)을 떠난 이(理)

---

98) 『霞谷集』, 卷1, 書1, 擬上朴南溪書 壬戌.
99) 『霞谷集』, 卷8, 學辯.
100) 『霞谷集』, 卷8, 學辯.

는 없으며 심을 떠난 사(事)는 없다."[101]고 하며 또한 "심(心)이 바로 이(理)이다. 이 마음이 사욕에 가려지지 않으면 바로 이것이 천리(天理)이다."[102]라고 한다. 양명은 영명한 마음에 이(理)가 갖추어져 있으며, 사욕이 없는 마음 그 자체를 이(理)라 한다.

하곡은 왕양명의 심즉리(心卽理) 사상을 다음과 같이 이해하고 있다.

> 양명은 다만 심체(心體)가 밝으면 만 가지 이(理)가 밝아지며, 만 가지 이치가 모두 이것으로부터 나가서 부족함이 없고 다함이 없다고 생각할 뿐이요, 만 가지 이치가 미리 내 마음속에 나열되어 있다고 말한 것은 아니다. 양명의 심즉리(心卽理)에서 이치는 마음에서 발(發)하는 것이요, 마음의 조리(條理)가 곧 이(理)라는 것을 말함이다. 마음과 이치를 두 물건으로 보고 그것을 합치면 하나가 될 수 있다고 말하는 것은 아니다.[103]

하곡은 '마음에 온갖 이(理)가 있다.'는 말을 문자 그대로 만 가지 이치[理]가 마음에 나열되어 있다고 보지 않고, 심체(心體)가 밝아짐으로써 마음이 이치[理]를 온전히 구현할 수 있다는 의미로 해석하고 있다. 그래서 이(理)를 마음의 조리(條理)라고 한다.

하곡은 '이(理)가 마음에서 나온다.'는 것이나 '마음이 이(理)를 안다.'는 것에 관해 다음과 같이 말한다.

> 왕씨가 생각하기를 이 마음에서 나오며 물(物)에 있지 않은 것이니 이 마음의 천리(天理)가 물(物)에서 발(發)하면 각기 그 법(法)이 있지 않을 수 없다는 것이며, '이른바 사사물물(事事物物)에 천연(天然)의 중(中)이 있다.'는 것은 이 마음인 것이다.[104]

---

101) 『王文成公全書』, 卷1(傳習錄 上), 面8.
102) 『王文成公全書』, 卷1(傳習錄 上), 面1.
103) 『霞谷集』, 卷1, 書2, 與閔彦暉論辨言正術書.
104) 『霞谷集』, 卷8, 學辯.

> 마음이 의리(義理)를 안다는 것은 입이 맛을 알고, 눈이 빛을 보고, 귀가 소리를 듣는 총명과 같은 것이다.[105]

> 의(義)가 비록 물(物)에 따라 다르다고 하더라도 그 이치는 모두 안에서 나온 것이니 음식을 즐기는 것도 마음에서 나온 것과 다를 바 없다.[106]

하곡에 의하면 이(理)가 물(物)에 있지 않고 마음에 있어 그 이(理)를 아는 것은 마치 입이 맛을 아는 것과 같이 마음의 본질적 기능이며, 이러한 마음의 사물에 대한 지향작용에 의해 사물에 따라 그 이치[理]를 구성한다고 보는 것이다. 그래서 하곡은 "양명이 심즉리라고 한 것은 마음이 물(物)에 있는 것이 이(理)가 된다는 것이니, 그것은 안과 밖이 없이 오직 하나일 뿐이다."[107]라고 한다. 즉 마음이 물(物)에 지향된 것이 곧 이(理)라는 의미이다. 그래서 심(心)과 이(理)는 하나이다.

하곡은 도(道)란 자신 안에서 구할 수 있으며, 밖의 사물이나 타인으로부터 구할 수 있는 것이 아니라고 한다.

> 우리 학문은 이[道]를 안에서 구할 뿐이고, 밖에서 구하지 않는 것이다. 이른바 안에서 이를 구한다는 것은 돌이켜 보아 안으로 살피고[反觀內省] 밖의 사물을 끊는다는 것은 아니다. 오직 안에서 스스로 만족할 것을 찾는 것이고 다시 밖의 득실을 일삼지 않는 것이다. 오직 그 마음의 시비(是非)를 다하고, 남의 시비에 따르지 않는 것이다. 사물의 근본에서 그 참됨[實]을 이루고[致] 다시는 일과 행위의 자취[迹]에 구애(拘碍)하지 않는다. 나의 안에 있을 뿐이니 어찌 남에게 관여하겠는가?[108]

---

105) 『霞谷集』, 卷8, 學辯.
106) 『霞谷集』, 卷8, 學辯.
107) 『霞谷集』, 卷1, 書2, 答閔彦暉書.
108) 『霞谷集』, 卷9, 存言 下: 吾學求諸內而不求諸外. 所謂求諸內者 非反觀內

하곡은 진리란 나 자신 안에서 구하는 것이지 밖으로부터 구할 수 있는 것이 아니라고 한다. 안에서 구한다고 하는 것은 외적 사물을 단절한다는 의미가 아니며, 외물에 구애되지 않는다는 것이다. 나의 주체가 외물에 종속함이 없이 사물과의 관계에서 나의 마음의 시비(是非)에 비추어 사물의 이치를 구현한다는 것이다.

하곡은 도(道)가 객관적으로 실재하거나 사람들의 여론으로 결정되는 것으로 보지 않았다. 그것은 각자의 마음에 보편적으로 내재해 있다는 것이다. 따라서 보편타당한 도리를 얻는 길은 사물을 떠나지 않으면서 자신의 마음이 만족해하고, 옳다고 여기는 것을 택하는 것이다. 지극한 인간의 도리는 초월적이며 절대적인 것이 아니라 각 주체의 덕성(德性)을 지극하게 함으로써 성취될 수 있는 것이다. 그래서 그는 그의 저서 여러 곳에서 "진실로 지극한 덕(德)이 아니면 지극한 도(道)는 이룰 수 없다."[109]라는 『중용(中庸)』의 구절을 인용하고 있다.

결국 하곡은 마음의 이(理)를 보존하고 이를 구현하는 방법이란 양심(養心), 정심(正心), 진성(盡性)이고 치지(致知, 致良知)라는 것이다. 학문의 방법으로서 양심(養心), 즉 마음을 기르는 것은 실제적 행위를 통해서 이루어진다는 것이다.

> 학문이란 양심(養心)하는 방법 아닌 것이 없으니 문의(文義)에 치우치거나 빠져서는 안 될 것이다. 예악사어서수(禮·樂·射·御·書·數)와 같은 것은 참된 학문이니 음악으로 마음을 다스려 방심(放心)하여 버리지 않게 하고, 또 간혹 활쏘기를 익혀 덕(德)을 바르게 하며, 간혹 말타기를 하되 그 뜻을 펴며, 간혹 예(禮)를 배움으로써 위의(威儀)

省 而絶外物也. 惟求其自慊於內 不復事於外之得失. 惟盡其心之是非 不復徇於人之是非. 致其實於事物之本 不復拘於事爲之迹也. 在於吾之內而已 豈與於人哉

109) 『中庸』, 27장.

를 바로잡고, 간혹 서수(書數)로 그 마음가짐을 바르게 하며 그 심수(心數)를 정밀하게 할 것이니, 이것 모두가 서로 힘입고 서로 도와서 이로 하여금 한 가지의 일에도 게으름이 없게 하는 것이다. 이를 여러 곳에 시험하되 한 시각이라도 혹 방심하지 않게 하는 것은 마음을 기르는 것이 아님이 없고, 학을 함이 아님이 없고, 기예를 익히는 것이 아님이 없을 것이니, 이렇게 한다면 땔나무를 지고 오거나 물을 기르는 것도 심학(心學)의 방법이 아닌 것이 없다.[110]

하곡은 일상적 행위 가운데 그 행위가 마음을 함양하는 것이라면 땔나무를 지는 행위도 마음을 닦고 기르는 배움의 한 방법이 된다는 것이다. 따라서 언제 어디서나, 글을 읽든지 일상사를 행하든지 그 일을 통해 마음이 방종하거나 나태하지 않게 단속하고 덕성을 밝히고 바르게 하는 것이 곧 학문의 방법이라고 한다. 따라서 하곡에 의하면 인간사 모두가 마음을 닦는 공부가 된다고 한다.

또한 하곡은 천리(天理)를 밝히는 방법으로서 정심(正心), 신독(愼獨)에 대해 다음과 같이 말한다.

모든 일의 그 근본은 마음을 바르게 하는[正心] 데 있으며, 마음을 바르게 하는 근본은 또한 신독(愼獨)에 있으니, 천리(天理)와 사의(私意)를 팔자타개(八字打開)하듯이 밝히는 것이 이 신독(愼獨)의 공부에 있고, 천덕(天德)과 정도(王道)의 공효(功効)가 넓어지는 것도 신독(愼獨) 공부에 말미암을 것이니 『대학』의 성정(誠·正), 『중용』의 계신(戒愼) 공부도 신독(愼獨)의 뜻이 아님이 없다.[111]

---

110) 『霞谷集』, 卷9, 存言 下: 學問者無非養心之方 不可 溺文義 如禮樂射御書數是實學問 樂以理心 不放舍 又間以射以正其德 間以御以舒其志 間以習禮以整其儀 間以書數正其心畵精其心數 此皆相資相輔 使之無怠於一事 試之於各處 無一時之或間 無一時之或放 無非養心 無非所以爲學 非所以習藝也 如此則般柴運水 無非爲心學之方
111) 『霞谷集』, 卷6, 筵奏, 戊申 4月 3日 未時.

하곡에 의하면 모든 일의 근본은 마음을 바르게 함[正心]에 있지만, 마음을 바르게 하는 근본은 사욕(私欲)으로부터 천리(天理)를 분명히 구별하고 밝히는 신독(愼獨)에 달려 있다고 한다. 신독이란 남이 보든 말든, 남이 듣건 말건 자신의 언행을 경계하고 삼가서, 그 본연의 마음을 잃지 않도록 하는 것이다. 하곡은 말하기를 "오직 신독(愼獨)한다면 중화(中和)를 이룰 것이요, 중화(中和)를 이룬다면 천지의 질서(秩序)가 있게 되고 만물이 발전할 것이다."[112]라고 한다.

그런데 하곡은 치중화(致中和)에 대해 다음과 같이 말한다.

치중화(致中和)란 그 성(性)을 다하고 도(道)의 지극함에 이르는 것이다. 대개 천지만물은 본래 나와 일체(一體)이니 나의 성(性)을 다하면 천지의 성(性)을 얻는 것이요, 나의 도(道)가 이르면 만물의 도가 완수되는 것이다. 성명(性命)이 비록 하나이나 높고 낮음이 다르므로 천지가 실로 이로 인하여 그 위(位)를 편안히 하고, 성기(性·氣)가 비록 같으나 편(偏)과 전(全)함이 다르므로 만물이 반드시 이를 얻어 그 생(生)을 이룰 수 있다. 이것은 성인(聖人)의 진성(盡性)하는 일이요, 수도(修道)의 극공(極功)이다.[113]

하곡에 의하면 정심(正心)이란 신독(愼獨) 즉 성(誠)을 간단없이 유지하는 것이며, 이것은 진성(盡性)이기도 하다. 그리하면 궁극적으로 치중화(致中和)에 이르게 된다.

한편 유교에서는 『대학』에서 학문의 방법을 제시하고 있으며, 가장 핵심적인 개념이 격물치지(格物致知)이다. 하곡이 격물치지를 어떻게 받아들이고 있는지 고찰해 보자.

우선 하곡은 물(物)을 사(事)로 본다. 즉 물이란 인간 행위와 관련

---

112) 『霞谷集』, 卷6, 筵奏, 戊申, 5月 2日.
113) 『霞谷集』, 卷12, 中庸說, 中庸雜解.

된 일 즉 인사(人事)를 지칭하는 것이다.114) 그래서 부모에게 온청봉양(溫·淸·奉·養)하는 일들이 곧 물이라는 것이다. 따라서 물이란 객관적 실재를 지칭하는 것이 아니라, 마음의 발동으로서의 의(意)가 있는 곳, 즉 지향적(志向的) 대상을 지니게 마련인 의(意)가 지향하는 것, 그것이 곧 물이라는 것이다. 따라서 인간이 의식(意識)을 지니고 있는 한 그는 어느 때 어느 곳에서나 사(事)와 분리될 수 없다. 격(格)이란 바로잡음 또는 바르게 함을 의미한다.115) 따라서 격물(格物)이란 사람의 뜻이 가 있는 일에 나아가 그것을 바르게 하는 것이다. 격물이란 '물(物)에 직면하여 그 이치를 궁구한다[卽物而窮其理]'라고 풀이하여, 객관적 사물에 대한 경험적 탐구를 주장하는 주자와 달리, 하곡은 격물이란 자신의 의식(意識)이 지향하고 있는 일을 바르게 하는 것이라고 이해함으로써, 내면적 심성의 수양을 지향하는 것이다.

치지(致知)에 관해, 하곡은 '앎의 지극함에 이르는 것'으로 풀이한다. 그런데 그 지(知)란 마음의 본체(本體), 즉 지선(至善)의 발현(發見)이요, 의(意)의 본체(本體)라고 한다.116) 이 지(知)에 대하여, 하곡이나 주자가 함께 인심의 영(靈)이 소유하는 것으로 파악하고 있어, 선험적(先驗的)인 지(知)로 이해하였다고 하겠다.117) 그러나 양자의 근본적인 차이란 주자는 "이(理)에 있어서 궁구하지 못함이 있어서 그 지(知)에 다하지 못함이 있다"고 한 반면, 하곡은 "그 지(知)를 다하지 못함이 있어 그 이(理)를 궁구하지 못함이 있다."는 것이다. 따라서 선후(先後)와 경중(輕重)의 차이가 있는 것이다.

하곡에 있어 지(知)란 바로 선험적(先驗的)으로 인간이 소유하고

---

114) 『霞谷集』, 卷2, 書4, 答朴大叔大學陽明說疑義問目.
115) 『霞谷集』, 卷13, 大學說, 大學(2).
116) 『霞谷集』, 卷13, 大學說, 大學(2).
117) 『霞谷集』, 卷13, 大學說, 大學說.

있는 것으로 그것은 양지(良知)이요, 시비지심(是非之心)이다. 그것을 가치론적으로 말하면 지선(至善)이요,[118] 중화(中和)라 할 수 있다.[119] 따라서 치지(致知)란 본래적으로 선(善)이며 중화(中和)인 양지(良知)를 온전히, 그리고 지극히 다하는 것을 의미한다. 결국 "치지재격물(致知在格物)"에 대해 하곡은 다음과 같이 풀이한다.

> 내 마음이 발(發)한 바의 물(物)에 지(知)를 다하여 바로 그 지(知)의 실(實)을 극진하게 하지 않음이 없은즉 사물의 이(理)가 바름을 얻게 되며 내 마음의 지(知)가 지극하지 않음이 없게 된다.[120]

그런데 구체적으로 치지(致知)란 심(心)과 의(意)에 집착이나 기필함이 없어야 달성될 수 있다. 하곡은 말하기를 "의(意)가 유위(有爲)함이 있으면 진실하지 못함이 있고, 심(心)에 부착함이 있으면 바르지 못함이 있다. 그러므로 의(意)는 성(誠)과 불성(不誠)이 있고, 심(心)은 정(正)과 부정(不正)이 있다. 그러나 본체의 지(知)는 지선(至善)으로 불선함이 없다. 오직 지극함에 이르게 할 뿐이다."[121] 그러므로 하곡은 "치양지(致良知)를 하면 이것이 곧 성의(誠意)요, 치양지(致良知)하여 일호(一毫)의 의필고아(意·必·固·我)도 없으면 이것이 곧 정심(正心)이다."[122]라는 양명의 주장에 동감한다.

또한 하곡은 치지(致知)란 나쁜 냄새를 싫어하듯 하고, 좋은 색을 좋아하듯 함이니, 이것은 바로 스스로 쾌족(快足)하는 것이고, 진실함

---

118) 『霞谷集』, 卷13, 大學說, 大學(5).
119) 『霞谷集』, 卷12, 中庸說, 中庸雜解: 卷2, 書4, 答朴大叔大學陽明說疑義問目
　　　참조.
120) 『霞谷集』, 卷13, 大學說, 大學說.
121) 『霞谷集』, 卷13, 大學說, 大學(5).
122) 『王文成公全書』, 卷2(傳習錄中), 答聶文蔚.

에 이른 것을 말하는 것이라고 보았다.[123] 따라서 신독(愼獨), 즉 그 홀로 있음을 삼가고 경계하는 공부가 바로 치양지(致良知)의 공부이며, 자기를 속이지 않고 스스로 쾌족(快足)하는 성의(誠意)의 공부가 또한 치지(致知)의 공부인 것이다.

결론적으로 격물치지는 생생(生生)하는 내면적 천리(天理)인 심체(心體)의 양지(良知)[124]를 심(心)의 작용인 의(意)가 부단히 지향하는 사(事)에 나아가 온전하고도 지극하게 구현하여 그 사(事)를 바르게 하는 것이다. 이러한 격물치지의 공부는 동정(動靜)이나 내외(內外), 현미(顯微) 가운데 일관되게 부단히 스스로를 반성하며 의필고아(意·必·固·我)를 배제하고 진실함을 통해 지선(至善), 시중(時中)의 진리에 이르는 것이며, 바로 천리(天理)를 온전히 구현하는 공부라 할 수 있다.

Ⅳ. 맺는 말

하곡은 자신의 학문적 기반을 집중(執中)을 강조한 요(堯)로부터, 마음에서 한사존성(閑邪存誠)하고 구인(求仁)하고자 한 공자(孔子), 양지양능(良知·良能)과 성선(性善)을 말하며 구방심(求放心)·양호연지기(養浩然之氣) 등을 주장한 맹자(孟子), 무욕(無欲)과 주정(主靜)을 주장한 주렴계(周濂溪), 정성(定性)을 말한 정명도(程明道)에

---

123) 『霞谷集』, 卷13, 大學說, 大學(2).
124) 『霞谷集』, 卷1, 書2, 與閔彦暉論辨言正術書.

두고 있으며, 치양지(致良知)를 역설한 왕양명(王陽明)이 이들의 도통(道統)을 잇고 있다고 보았다. 이러한 하곡의 주장은 이들이 하나같이 마음에서 궁극적 가치와 행위의 준칙을 찾고자 하는 데 있다고 보았기 때문이다.

그는 이상의 성현들이 추구해 온 학문적 목표를 마음에 내재하는 도덕성을 온전히 구현함으로써 일체의 존재자와 일체(一體)가 되는 것이라고 한다. 그것은 다시 말하자면 대공지중(大公至中)한 마음의 본체, 즉 천리(天理)를 보존하고 이를 사회에서 구현하는 것이다.

이를 위해 우선 우리의 마음에서 일체의 편견과 집착, 사욕 등을 없애야 한다는 것이다. 즉 권위(權威)에 대한 맹목적 추종이나 권위를 옹호하는 태도를 버려야 한다. 또한 이기적 욕구 충족을 위해 예의(禮儀)와 염치(廉恥)를 멀리하고, 명성(名聲)과 세력(勢力)을 이용하여 남에게 이기려 하거나, 과거(科擧)공부에 집착하는 것 등을 배제해야 한다.

학문이란 글 뜻에 얽매이거나 문장을 암송하고 짓는 일에 전념하거나, 변론만을 일삼아 실천하는 실질(實質)이 없어서는 안 된다고 한다. 또한 학문이란 형해화(形骸化)된 원칙을 고수하는 데 있는 것이 아니라 의리(義理)의 경중(輕重)을 헤아릴 줄 아는 지적(知的) 유연성(柔軟性)을 얻는 것이라고 한다.

하곡에 있어서 학문이란 어떻게 하면 마음에서 인륜의 보편적 원리를 밝히고 구현할 수 있느냐 하는 것이다. 그는 특히 정이천(程伊川)과 주자의 즉물궁리(卽物窮理)의 방법을 비판하면서 왕양명의 심즉리설(心卽理說)과 치양지론(致良知論)을 취하고 있다.

하곡이 형이상학적 전제로서 취하고 있는 심즉리(心卽理)란 이(理)가 심(心)에 내재하며 심(心)에 의해 이(理)가 구현된다는 말이다. 따라서 마음의 이(理)를 보존하고 구현하는 방법이란 이러한 마음을 함양하고 바르게 하여 그 본체를 확립(確立)·구현하는 데 있다. 그것은 마음이 지향하는 일[事]에서 부단히 방심하지 않도록 하고 언제, 어느 곳에서나 자신의 언행을 경계하고 삼가는 신독(愼獨), 즉 스스로 그 자신을 속이지 않고 스스로 쾌족(快足)하여 변함없이 진실하도록 노력하는 것이다. 그러므로 하곡은 격물치지란 선천적이며 보편적인 양지(良知) 즉 선천적인 도덕 판단 및 감정으로서의 지(知)를 온전히 구현하는 것이며, 그것은 의(意)가 지향하는 사물에 나아가서 그 이치[理]를 바르게 하는 것이요, 따라서 의를 참되게 하는 것[誠意]이 치지(致知)의 핵심이 된다. 이상과 같은 하곡의 주장은 대체적으로 유학의 정통적인 핵심을 지적한 것으로 평가되고 있다.

그가 비판하면서 제시하고 있는 학적 태도나 방법은 편견과 개인적 욕구를 배제하고 공평하고도 시중(時中)하는 진리를 획득(獲得)하는 데 많은 시사를 하고 있으며, 한 걸음 더 나아가 성실 혹은 진실[誠]을 바탕으로 한 주체적 진리를 고양하고 실심(實心)과 실행(實行)에 힘쓰는 실학적 기풍을 고양하는 데 공헌했다.

한편 그가 옹호하고 있는 심즉리설(心卽理說)은 윤리도덕의 가치 및 규범이 누구의 마음에나 보편적으로 내재하며, 그로부터 발현된다는 보편적 내재론(universal immanent theory)이라고 칭(稱)할 수 있다. 하곡에 있어서 궁극적인 당위(當爲)의 이(理)로서 천리(天理)란 절대적 불변의 원리가 아니라, 대공지중(大公至中)하면서 무수한 개별적 사물들의 당연한 이치를 끊임없이 구현하는 창조적 이치[理]이다. 그것은 가변적(可變的)인 상황에 따라 가장 적절하게 대응하는 이치, 즉 시중(時中)의 이치이다.

격물치지란 유가에서 제시하고 있는 일종의 보편적인 학문방법론이라 할 수 있다. 하곡은 이것을 내면의 도덕성 함양의 방법 또는 윤리 인식의 방법으로 받아들이고 있다. 그는 격물치지를 외적인 규범인식을 통해 내적인 덕성과 지성을 함양하는 것으로 보지 않고, 오히려 선험적인 도덕적 지(知)를 본체로 삼고 의식이 지향하는 사물에 나아가서 그에 당연한 이치를 구성하는, 이른바 지향적 대상에 선험적 지(知)를 본체로 삼는 의(意)가 그 일에 이(理)를 구현하는 것으로 이해한다. 따라서 격물치지설은 하곡에 있어서는 칸트와 같이 인식론상 구성설(構成說)에 가깝다고 볼 수 있다. 즉 인식에 있어서 주관의 수동성보다는 능동적 역할을 강조하여, 주관이 선험적인 형식(形式), 즉 주관의 선천적인 이(理)에 의거하여 사물을 인식한다는 것이다. 이러한 주관의 구성작용은 선천적이며 보편적이다. 그렇다면 하곡은 이 선험적인 천리(天理) 또는 양지(良知)란 어떠한 것이라고 하는가? 하곡은 이에 대해 일정한 규정을 하고 있지 않다. 바로 이 점이 장점이면서 동시에 단점이 될 수 있다. 왜냐하면 선천적인 형식이 한정적인 것이라고 한다면 무수한 삼라만상을 포괄할 수 없으며, 반면 그 형식이 규정될 수 없으므로 제각기 임의로 주장할 수 있다는 것이다.

또한 하곡은 격물치지(格物致知)를 성의(誠意), 계신(戒愼), 공구(恐懼) 등으로 말하는데 이것은 오늘날 가식(假飾)과 기만(欺瞞) 그리고 개인적 욕구에 따라 행동하고, 설령 행위의 의(義)와 가치의 선(善)을 알고 있다 하더라도 참으로 행동하지 못하고 선택하지 못하는 시대에 경종(警鐘)을 울려주는 것이기도 하다.

하곡 정제두의 세계관

I. 들어가는 말

우리는 생성·소멸하며 부단히 다양한 모습으로 변화하는 사물과 어떠한 형태로든 관계하며 살아간다. 그러나 우리들 대부분은 그러한 존재자들에 대하여 무관심하게 지나쳐 버리거나, 개체에 대한 피상적 (皮相的) 경험 자체를 소박하게 받아들이는 것으로 만족해 버린다. 따라서 이들에게는 무지(無知)의 자각으로부터 비롯되는 경이감(驚異感)이나 감동적 경험은 발생하지 않는다.

그러나 지적(知的) 호기심과 열망에 가득찬 사람들은 전변(轉變)하는 감각적 현상이나 일상적 생활에 대한 단편적 지식이나 일반적 상식에 만족하지 않으며, 그러한 사건 하나하나에 대해 깊은 관심을 기울이며 사건들 간의 관계를 종합적이고 체계적으로 이해하고자 한다. 그리하여 하나의 사건 또는 그 이상의 사물이나 사건들의 발생과 변화의 추이(推移)를 궁극적이고 전체적인 관점에서 조망(眺望)함으로써 그것들을 보편적 원리로 설명하려고 한다. 나아가 이러한 세계에 대한 포괄적 이해를 바탕으로 궁극적으로 바람직한 삶을 살아갈 수 있는 전망(展望)을 갖고자 하며, 자신의 행위 하나하나가 이러한 목표를 실현하기 위한 적절한 과정으로서 자타(自他)로부터 정당성을 부여받게 되기를 바란다. 이러한 의미에서 한 사람의 인생관 및 가치관은 대개 그 나름의 세계관 위에서 형성된다고 할 수 있다.

대체로 세계에 대한 철학자들의 관심이란 첫째로 이 세계의 궁극적 실재(實在 reality), 또는 근원적이며 독립적인 실체(實體 substance)가 어떠한 것이며, 그것은 개체와 어떤 관계에 있느냐 하는 것이다. 둘째로 현상(現象)의 다양한 개체가 생성·소멸하며 운동·변화하는 데 있어서 그 유형(類型)이 어떠한 것인지에 대한 관심이다. 특히 후자는 실천적 문제와 깊이 관련되어 있으며 행위의 지표(指標)를 제공하기도 한다.

이제 저자는 대개의 철학자들이 취하는 세계에 대한 이상의 두 가지 관심을 논자의 관심으로 원용(援用)하여, 한국 양명학(陽明學)의 태두(泰斗)로 일컬어지는 하곡(霞谷) 정제두(鄭齊斗, 1649~1736)가 그의 삶의 세계를 어떻게 이해하였는지 고찰하고자 한다.

Ⅱ. 유기체로서 세계

우리가 시간의 흐름과 공간적 경계를 통해 체험하는 이 세계는 무수하고도 다양성을 지닌 개체들의 집합체이며 그러한 개체들의 운동·변화의 장소이다. 과연 하나의 전체로서 이 세계는 단순히 연장성(延長性 extension)을 지닌 개체들의 복합체(複合體)에 불과한 것인가? 또한 우리가 경험하는 자연에서의 객체들의 운동과 변화란 것은 일정한 방향과 목표를 지향하는 개체들의 독자적인 자아실현의 과정인가? 개체와 이 세계의 관계는 부분과 전체의 관계인가? 개체와 개체 간에는 아무런 상호연관성은 없는가? 있다면 그 관계는 무엇인가?

1. 유기체적(有機體的) 세계관

하곡(霞谷)은 이 세계를 하나의 거대한 유기체(有機體)로 이해하였음이 확실하다. 유기체적 세계관은 방동미(方東美)가 지적하였듯이,[1] 중국인들의 전통적 세계관이기도 한데, 우리 민족 역시 통시대적(通時代的)으로 유기체적 세계관을 지니고 있었다. 유기체적 세계관이란 이 세계를 하나의 거대한 유기체로 보았다는 것을 의미한다. 유기체란 천지(天地)와 인간을 포함하는 만물(萬物)의 세계가 각각 분리 또는 단절되어 있는 것이 아니라 열려 있어서 상호 감응(感應)과 교류(交流)가 가능하며, 하나의 생명체처럼 부단히 생성·변화·운동한다는 것이다. 하곡은 이 세계를 상호 폐쇄적인 개체의 군집(群集)이나 불변하는 실체들의 구성물로 보지 않으며, 그것들이 일정한 방향 없이 혼돈의 상태로 이루어졌다고 보지 않는다. 그는 개체 상호 간의 유기적 유대 관계와 통일적 정향(定向)을 확신하고 있었으며, 개체들은 부단히 생성, 변화한다는 것이다. 민성재(閔誠齋)가 보내온 양지도(良知圖)를 수정해서 작성한 하곡의 「양지도」에 따르면, 천지만물이 하나의 원[一圓] 안에서 한몸[一體]이 됨을 나타내 보이고 있으며, 그 일원의 중심에는 마음의 본성[心之性], 즉 양지의 본체[良知之體]요, 마음의 본래적인 것[心之本然]이 자리하고 있다. 바로 그 주변에는 마음의 작용[心之用] 즉 양지(良知)의 작용[用]이 둘러싸고 있다. 따라서 천지만물은 마음의 양지를 중심으로 한몸[一體]이 되며, 또한 양지를 구현하고 있다고 볼 수 있다.[2] 결국 하곡은 이 세계를 부단히 전변(轉變)하

---

1) Thome H. Fang, The Essence of Wang Yang-ming's Philosophy in a historical respective, *Philosophy East and West*, vol.23, Hawaii Univ. Press, 1973.
2) 『霞谷集』, 卷1, 書2, 答閔誠齋書.

는 개체들이 상호 감응(感應)과 변통(變通)을 하면서 하나의 통일체
를 이루는 장(場)으로 파악하였다고 하겠다.

2. 일체적(一體的) 세계관

하곡은 개체로서의 인간과 여타의 존재가 일체(一體)임을 주장한다.
하곡은 이러한 일체(一體)의 근거를 개체의 생성근원의 일원성(一源
性)에시 구하고 있나. 다시 말해서 현존하는 무수한 사람이나 사물의
시원(始原)을 소급해 보면 동일한 근원에서 연유하고 있다는 것이다.
하곡은 개체로서 사람과 사물의 성(性)·기(氣)·도(道)·리(理)가
하늘[天]에 근원을 두고 있다고 한다.

> ······ 우리의 심성(心性)에서 벗어나지 않으면 하늘[天]과 사람은 원
> 래 하나의 근원인데 어찌하여 사물의 이치만을 구하다가 도리어 근원을
> 잃을 것인가![3]

> 인물(人·物)이 생성함에 동일한 성(性)이요, 동일한 기(氣)이니 그
> 본원은 하나이다.[4]

이상의 하곡의 주장은 개체로서 인간 및 만물들은 감각적 경험을
통해 볼 때 분명히 상이한 형체와 성질을 지니고 있음에도 불구하고
이들의 존재근거인 성(性)과 기(氣)가 그 본원에서 각각 동일하다는
것이다. 이 점에서 본다면 하곡은 존재론적으로 인간과 만물의 성(性)
과 기(氣)를 동질적(同質的) 연속체(連續體)로 보았다고 할 수 있으

───────────────

3) 『霞谷集』, 卷12, 中庸說, 中庸雜解.
4) 『霞谷集』, 卷15, 孟子說 下, 生之謂性章解.

며, 인간과 만물을 동일한 뿌리의 산물이라고 보았다고 하겠다.

> 대개 천지만물은 본래 나와 일체(一體)이다. 나의 본성[性]을 다하면 하늘[天]의 본성[性]이 얻어진다. 나의 도(道)가 지극하면 만물의 도(道)가 완수된다.[5]

> 하늘의 도(道)는 모든 것을 포괄하는 일(一)이며 모든 것의 으뜸이요 시원으로 만물을 낳는다고 한다. 또한 그것은 "생생(生生)하여 쉬지 않는다."고 한다.[6]

하곡은 주체로서 자아와 객체로서 천지만물의 관계를 대립적인 것으로 보지 않으며 또한 완전한 단절의 관계로 보지 않는다. 적어도 그는 양자를 성(性)과 도(道)에 있어서 동질성(同質性)과 연속성(連續性)이 있는 것으로 보았다고 할 수 있다. 즉 자아와 모든 존재는 그 본성과 그 유행(流行)에 있어서 일체(一體)를 이루고 있다는 것이다.

또한 하곡은 개체들의 일체성(一體性)을 그것들의 생성과 변화 가운데 실재하는 보편적 이치[理]에서 찾고 있다. 다시 말해서 다양한 개체들이 형성되고 또한 여러 모습으로 변화 성장하는 가운데 일관된 통일적 이치[理]가 작용한다는 것이다.

> 제극(帝極)과 의상(儀象)과 중생(衆生)은 한 가지 이(理)요, 한 가지로 꿰뚫는 것이니, 곧 중(中)과 일(一)이 만화(萬化)를 생(生)하는 것이다.[7]

여기서 하곡이 하나로 꿰뚫는 것, 만화(萬化)를 생성하는 것, 만물

---

5) 『霞谷集』, 卷12, 中庸說, 中庸雜解.
6) 『霞谷集』, 卷9, 存言 中, 良知性體說.
7) 『霞谷集』, 卷9, 存言 中, 一理一貫道

의 근원이라고 하는 것은 모두 궁극의 원리요, 보편적 실재를 지칭하는 것으로 이해할 수 있다. 이것이 개체의 다양성을 통일하는 원리가 된다. 그는 개체의 부단한 생성과 변화의 보편적 원리에 대해 여러 곳에서 언급하고 있다.

> 이 이치는 원래 누리에 가득차서 밝고 맑아서 일찍이 천고(千古)에 쉼이 없었네.8)

하곡은 이 세계에 보편적이며 영구적인 이치[理]가 편만(遍滿)해 있음을 시(詩)로 읊은 것이다.

결론적으로 하곡은 궁극의 원리인 제극(帝極) 또는 황극(皇極)으로부터 의상(儀象; 陰陽과 四象 즉 태양, 소양, 태음, 소음)과 그리고 만물에 이르기까지 이것들을 일관하고 있는 것은 동일한 이치[理]이며, 개체들의 온갖 생성·변화는 중(中)과 대일(大一)의 이치[理]에 의해 이루어진다는 것이다. 모든 개체의 근원적 존재의 동일성(同一性)과 생성·변화 원리의 일관성(一貫性)은 바로 이 세계의 일체성(一體性) 또는 통일성(統一性)을 말해주며 동시에 개체 간의 상호 교섭의 가능 근거를 제시해 주는 것이라 하겠다.

3. 역동적(力動的) 세계관

하곡은 궁극의 실재를 고정된 실체로 보거나 그것의 원리를 하나의 틀로 고정화할 수 있는 것으로 보지 않으며, 더욱이 무수한 개체들을

---

8) 『霞谷集』, 卷7, 詩(拾遺), 次姨兄金汝和韻

정태적(靜態的)인 것으로 보지 않는다. 그는 궁극의 실재로서 하늘[天] 또는 태극(太極)을 부단한 창조적 실재로 파악하고 있으며, 개체의 생성 원리에 대한 부단한 지속성을 주장하고 있다. 하곡은 다음과 같이 주장한다.

> 주자(周子)와 정자(程子)가 이르기를 "태극(太極)과 음양(陰陽)의 동정(動靜)은 서로 생(生)하는 것이니, 음양에는 처음이 없고 동정에는 끝이 없다."고 하였으니, 이것은 천도(天道)가 생생(生生)하여 쉬지 않는 것이다.[9]

하곡은 현상의 개체들의 부단한 생성과 변화를 궁극적이며 근원적인 실재인 천(天)의 중단 없는 창조적 활동으로 설명하고 있는 것이다.

> 생생(生生)하는 일리(一理)가 깊고 멀면서 유행하는 것은 성(性)의 한 근원이요, 나에게 부여된 것으로 온전하게 갖추어져 다 같이 흐르며 간단이 없는 것은 성(性)의 명(命)[天命]인 것이다.[10]

하곡은 근원적 실재의 창조적 활동의 원리에 의해 주어진 인간과 개체의 본성 또한 부단히 활동한다는 것이다. 말하자면 개체로서 인간이나 사물은 생성·소멸의 과정에서 벗어날 수 없지만 전체로서 이 세계는 부단히 창조적 활동을 지속하면서 영원히 존재한다는 것이다. 즉 하나의 전체로서 이 세계는 스스로 생성하며 스스로 변화하는 존재이다. 반면 개체는 부분들로서 세계의 지속적인 창조적 활동에 참여하는 것이다. 유한한 개체들은 전체로서 무한한 세계를 이루는 연속체라고 할 수 있을 것이다.

---

9) 『霞谷集』, 卷9, 存言 中, 良知性體說.
10) 『霞谷集』, 卷9, 存言 下, 性之體用.

이상에서 살펴본 바에 따르면 하곡은 전체로서 이 세계를 하나의 거대한 유기체로 파악하였다고 말할 수 있다. 한편 인간을 포함하여 무수한 개체들은 동일한 이치[理]와 동일한 기(氣)의 구현으로 그 근원에 있어서 일체(一體)이다. 또한 전체로서 이 세계는 부단히 생성·변화하는 하나의 생명체이다. 따라서 이 세계는 하나의 전체로서 부단히 생성·변화하는 유기적 통일체이며, 개체는 이러한 유기체의 부분들로서 상호 교섭을 하면서 단절 없는 연속체를 이룬다고 볼 수 있다.

그런데 하곡은 이러한 세계의 통일과 생성의 주체로서 인간의 지위를 강조하고 있다.

> 사람과 만물의 삶[生]이 일용(日用) 사이에서 양양(洋洋)하게 가득 차 있는 것으로서는 천명(天命)의 유행(流行)이 아닌 것이 없지만 오직 사람만이 이것을 잘 미루어 나아갈 수 있는 것이다.[11]

하곡은 이 세계에 충만한 사람과 사물의 삶[生]이란 천명(天命)의 유행(流行)이며, 그것을 잘 미루어 성취할 수 있는 것은 오직 사람일 뿐이라고 한다.

하곡은 존재의 이해와 의미의 구성체로서 인간의 마음에 대해 다음과 같이 주장한다.

> 사람의 마음[人心]이란 천지만물의 영(靈)이며, 천지만물을 모두 모으는 것[總會者]이 된다.(인심의 본체는 천지만물에 있으며, 천지만물의 작용은 인심에 있다.) 그러므로 무리[衆]를 합하여 총괄해서 인심에서 구멍을 여는 것이다. 대저 천지의 밝음은 해와 달에서 발(發)하고, 만물의 영(靈)은 그 마음에서 발한다. …… 인심이란 것은 감응하는 주체이고 만 가지 이치[理]의 본체[體]인 때문이니, 크도다. 마음이여![12]

---

11) 『霞谷集』, 卷9, 存言 下, 性之體用.
12) 『霞谷集』, 卷9, 存言 中, 人心者萬理之體.

이상과 같은 하곡의 주장은 인간이야말로 모든 만물 가운데 가장 영명(靈明)한 존재로서 천지만물을 통일체로서 이해하고 또한 천지의 부단한 창조적 활동에 주체적으로 참여하여 이를 구현할 수 있다는 것을 강조한 것으로 볼 수 있다. 이 점에서 존재이해의 통로로서 인간존재를 분석하여 설명하였던 하이데거의 기초적 존재론과 같은 맥락에서 하곡의 인간관을 이해할 수 있다.[13) 왜냐하면 하곡은 모든 존재의 보편적 이치[理]를 인간에게서 구하고 있기 때문이다.

결론적으로 하곡은 이 세계를 단지 물리적 대상세계로 보지 않고, 부단히 생기(生起)하는 개체들이 상호 교섭하며, 특히 개인과 역동적(力動的 dynamic) 관계를 맺으면서 경험되는 전체적인 생활세계로 이해하였다고 말할 수 있다.

Ⅲ. 궁극적 실재로서 천 또는 태극

주지하는 바와 같이 한(韓)·중(中) 성리학자(性理學者)들은 우주 및 심성론의 전거(典據)로서 『역경(易經)』과 주렴계(周濂溪)의 「태극도설(太極圖說)」을 존중해왔다. 이 고전들은 만물의 궁극적이며 근원적인 실재로서 태극에 대하여 다음과 같이 설명하고 있다.

---

13) 하이데거는 존재론의 입문으로서 또 필수적인 토대로서 인간존재의 선천적 구조를 해명하고자 하였으며, 이것을 기초적 존재론(fundamental Ontologie)이라 칭하였다.

    역(易)에는 태극(太極)이 있는데 이것이 양의(兩儀)를 낳고, 그 양
의가 사상(四象)을 낳는다.[14]

    무극(無極)이면서 태극이다. 태극이 동(動)하여 양(陽)을 낳는다. 동
(動)이 극(極)하여 정(靜)하게 되고, 정(靜)하여 음(陰)을 낳는다. 정
이 극하여 다시 동하게 된다. 한 번 동하고 한 번 정하여 상호 그 근거
가 되며, 음으로 나뉘고 양으로 나뉘어 양의가 성립한다.[15]

천지만물의 생성과 변화에는 원래 태극이 있으며, 이러한 연유로
변화 가운데 최초로 음양(陰·陽)의 생성·분화 작용이 이루어진다는
것이다. 음양의 양극화(兩極化)의 원인은 태극이라고 할 수 있다. 여
기서 특히 태극이란 무수한 개체의 생성 및 변화의 궁극적 원인 또는
근원적 실재로 파악되고 있다.

1. 근원적 실재로서 태극

하곡은 '낳는다[生]'라는 개념을 '화생(化生)'의 의미로 보지 않고
'생출(生出)'의 의미로 파악하고 있다.[16] '화생'이란 변화 즉 '변형'의
의미를 지니며, '생출'이란 '발생'을 지칭하는 것으로 볼 수 있다. 따라
서 하곡은 태극을 개체들의 변화의 원리로 보았을 뿐만 아니라, 발생
또는 생성의 근원이 되는 실재를 지칭하는 것으로 파악했다고 볼 수
있다. 하곡은 태극, 음양, 동정(動靜)에 관해 다음과 같이 말한다.

---

14) 『周易』, 繫辭 上, 11장.
15) 周濂溪, 「太極圖說」.
16) 『霞谷集』, 卷20, 河洛易象, 先後天圖說.

> 주자(周子)가 그 위에 나아가서 태극을 말한 것은 또한 이 음양오행
> (陰陽五行)의 성명(性命)이요 추축(樞軸)인 것이니, 그가 말한 것은 태
> 극과 성명(性命)에 동(動)하고 정(靜)한 것이 있어서 서로 뿌리박게 한
> 것이다. 그러므로 그 위에 나아가서 음과 양을 나누어서 이르기를 양의
> (兩儀)라고 한 것이지 태극이 갖추어진 뒤에 양의가 비로소 성립되어서
> 태극을 먼저 하고 음양과 천지를 뒤로 하는 것은 아니다.17)

이상에서 하곡은 태극으로부터 음양, 오행 그리고 천지에 이르는
과정을 존재의 생성의 시간적 선후(先後)로 설명한 것이 아니라, 만물
생성의 이치를 지칭하는 것으로 풀이하고 있다. 다시 말해서 태극이란
음양이나 천지에 시간적으로 선행하는 실재가 아니라 우주의 생성 변
화의 초시간적 원인적 실재라는 것이다. 따라서 그것은 우주 내의 생
성, 변화하는 개체에 내재하는 원리이다. 이 점에서 하곡은 주자(朱
子)와 다른 입장을 견지하고 있다. 주자는 태극을 만물의 이치[理]로
서 개체에 내재함과 동시에 천지에 선행(先行)하는 실재로 설명한다.

> 태극은 다만 천지만물의 이치[理]이다. 천지에 있어서 말하면 천지
> 안에 태극이 있고, 만물에 있어서 말하면 만물 안에 각각 태극이 있다.
> 천지가 있기 전에 필경 먼저 이 이치[理]가 있으니, 동(動)하여 양(陽)
> 을 생(生)하는 것은 단지 이 이치이며, 정(靜)하여 음(陰)을 생(生)하
> 는 것 또한 이 이치[理]이다.18)

결국 주자(朱子)는 태극이란 형상을 초월하는 이법적(理法的) 존재
이며, 그것은 개체에 내재함과 동시에 개체에 선행하는 보편적 실재라
고 보았다. 그러나 하곡은 태극을 개체의 생성, 변화의 내재적 실재로

---

17) 『霞谷集』, 卷9, 存言 中, 五行運行.
18) 『朱子語類』, 卷1.

보았다고 말할 수 있다.

2. 궁극적 실재로서 하늘[天]

하곡은 궁극적 실재를 지칭하는 용어로 '하늘[天]'이라는 개념을 사용하고 있다. 『중용(中庸)』의 서두에 나오는 "하늘이 명(命)한 것을 성(性)이라 하며, 성(性)을 따르는 것을 도(道)라 하며, 도를 닦는 것을 교(敎)라 한다."라는 구절에 대해 하곡은 다음과 같이 풀이하였다.

> 하늘[天]이란 것은 일원(一元)의 전체(全體)로서 도(道)의 큰 근원이다. 명(命)한다는 것은 부여하는 것이다. 성(性)이란 것은 사람의 마음에 품부된 하늘이니 사람의 주체이다(하늘의 주체이다). 솔(率)한다는 것은 따르는 것이 자연에 말미암는 것이다. 도(道)란 것은 인심(人心)의 본연(本然)한 이치[理]이니 성(性)의 본체(本體)이다(性의 實事다). 수(修)한다는 것은 닦는 것이니 사람에게 있어서의 일이다. 교(敎)란 것은 본받아서 한다는 뜻이니 도(道)가 회복하는 바이다. 대개 하늘에 일원(一元)이 있어서 유행하여 부여하는 것이 명(命)이다. 하늘이 가지게 하였으므로 명이라 한다. 명이 나에게 있는 것을 성(性)이라 하고, 성의 본체[體]됨을 도(道)라 이르고, 도를 닦는 것을 교라 이르나니, 교(敎)가 곧 도(道)요 곧 성(性)이니, 성(性)이 하늘이다.[19]

하늘이란 무한자이며 궁극의 일자요, 포괄자로서 무수한 개체를 생성한다. 하늘의 유행으로 인해 각 개체가 부여받은 것이 성(性)이다. 따라서 하늘은 보편적 존재인 동시에 내재적 원리라고 할 수 있다. 다시 말해서 그것이 보편적 특성을 지니는 이유는 그것이 개체와 같이

______

19) 『霞谷集』, 卷12, 中庸說, 中庸3.

유한한 것이 아니라 무한한 포괄적 존재이며, 모든 존재의 특성을 부여하는 근원자이기 때문이다. 반면 그것이 내재적 원리라고 하는 것은 천명(天命) 또는 천도(天道)란 바로 인심의 본연한 이치[理]요 인간 본성으로서 주어지는 것이기 때문이다. 『중용』첫 장의 주석에서 하곡은 하늘을 인간본성 특히 도덕성의 선험적(先驗的) 근거 또는 원리로 파악하였음을 알 수 있다. 다시 말해서 인간의 도덕성은 경험을 통해 형성되는 것이 아니라, 하늘로부터 주어진 것이기 때문에 다양한 도덕적 현상을 구성할 수 있으며, 다양한 도덕적 체험이 가능하다는 것이다. 그래서 하곡은 천리(天理)를 말할 때, 그것을 개별적 사물 자체의 이치로 보지 않고 "양지(良知)가 천리(天理)이다."[20]라고 한다. 이러한 주장은 천리가 사물들로부터 추상화(抽象化)한 물리가 아니라, 인심의 본연의 이치[理]라고 하여, 이치[理]의 선험성을 명백히 강조한 것이다.

또한 하곡이 말하는 하늘은 궁극적 실재이긴 하나 인간과 분리할 수 없는 일체(一體)이다. 그는 다음과 같이 말한다.

> 자사(子思)가 이르기를 "하늘이 명(命)한 것을 성(性)이라 한다."고 하였으니 사람의 성(性)이 곧 하늘[天]이요, 맹자가 이르기를 "마음을 다하는 자는 그 성(性)을 알고, 성(性)을 아는 자는 곧 하늘을 알며, 그 마음을 간직하고 그 성(性)을 기르는 것이 하늘을 섬기는 것이다."라고 하였으니 마음과 성(性)과 하늘이 하나인 것이다. 이미 마음이라고 하면 곧 하늘이 거기에 들어 있으니 하늘과 사람이 어찌 둘이 되겠는가? …… 이 마음을 천도(天道)에 세우는 것이 참으로 우리 인생의 명(命)을 세우는 것이다.[21]

---

20) 『霞谷集』, 卷1, 書2, 與閔彦暉論辨言正術書.
21) 『霞谷集』, 卷12, 中庸說, 中庸3.

하곡은 하나의 전체로서 세계를 포괄하였으며, 개체를 생성하고 또한 인간의 당위와 의무의 근거요, 보편적 입법자로서 하늘을 이해하였다고 말할 수 있다.

한편 하곡은 하늘을 '선천(先天)'과 '후천(後天)'으로 구분해서 설명하고 있다.

> 무릇 선천이란 것은 천지(天地)의 자생(自生)이요, 후천이란 것은 천지의 화도(化道)이다. 그러므로 한 번 음(陰)하고 한 번 양(陽)하는 것을 노(道)라고 한 것은 신선이다. 성(誠)이라는 것은 스스로를 이루는 것이요, 또한 이를 계승하는 것은 선(善)이요, 이루어진 것을 성(性)이라고 한 것은 후천이다. 도(道)는 스스로 운행되는 것이라고 한 것은 또한 태극도 중에서 선천 속에 유행되는 것이 있고, 질(質)과 체(體)가 되는 것이 있다. 또 선천이 있게 되면 후천이 있는 것이니, 후천 중에는 조화(造化)가 있고 생류(生類)와 형성(形成)이 있는 것이다.[22]

선천이란 천지 즉 자연의 자생으로 이것은 말하자면 스피노자의 '능산적(能産的) 자연(自然)'에 해당하는 것이라 할 수 있다. 즉 창조적 실재로서의 자연을 의미한다. 반면 후천은 천지의 변화의 도(道)로서 '소산적(所産的) 자연'이라 할 수 있다. 즉 개체의 생성 변화가 이루어지는 자연을 의미한다. 그런데 창조적 실재로서 선천은 구체적인 형태와 조화(造化)의 장(場)으로서 후천과 분리할 수 없는 것이다. 선천과 후천 개념은 서구의 형이상학적 용어로 표현하자면 본체(本體)와 현상(現象)에 해당하는 것으로 볼 수 있다. 그런데 자생하는 본체계와 생성 변화하는 현상계는 별개의 세계가 아니라 현상계에 의해 본체계가 실현되며 본체계에 의해 현상이 존재하는 상호 의존관계

---

22) 『霞谷集』, 卷20, 河洛易象, 先後天圖說.

(interdependency)를 지닌다고 할 수 있다.

3. 궁극적 실재의 성질

이제는 하늘[天] 또는 태극(太極)이 어떠한 성질의 실재인지 고찰해 보자. 주지하는 바와 같이 성리학의 거두인 주자(朱子)는 태극을 물질적 실재로 보지 않고 관념적, 이법적 존재로 파악한다.

> 모든 사물마다 다 하나의 극(極)을 가지고 있는데 이것이 궁극적인 이치[理]이다. 천지만물의 이치[理]를 총괄하는 것은 바로 태극이다.[23]

> 무극(無極)은 다만 극지(極至)이므로 다시 갈 곳이 없다. 지고(至高), 지묘(至妙), 지정(至精), 지신(至神)으로서 이는 갈 곳이 없다. 염계(濂溪)는 사람들이 태극에 형상(形象)이 있음을 말할까 두려워하여 '무극이태극(無極而太極)'이라고 말한 것이다. 이 무(無) 안에 이 극지의 이치[理]가 있는 것이다.[24]

주자는 궁극적 실재로서 태극을 형상이 없는 이치로 규정하고 있다. 특히 태극은 천지만물의 무수한 이치를 포괄하는 궁극적 이치로 설명한다. 따라서 개체의 물리는 태극의 분수(分殊)의 이치이며, 태극은 다양한 물리를 포괄하는 통체(統體)의 이치라고 일컬어진다. 실재에 대한 질적 규정의 관점에서 볼 때, 주자의 태극 이론은 일종의 관념론(觀念論)에 속한다고 볼 수 있다. 왜냐하면 그는 궁극적 실재를 이념적 또는 이법적 존재로 보고 있기 때문이다. 그러나 그것이 사물에 보

---

23) 『朱子語類』, 卷94.
24) 『朱子語類』, 卷94.

편적으로 내재하며, 동시에 초월해서 객관적으로 실재한다고 보기 때문에 보편론(普遍論)의 관점에서는 보편실재론 또는 실재론에 가깝다고 볼 수 있다.

하곡은 말하기를 "태극은 하도(河圖)의 정중(正中)에 소재한 허(虛) 1점을 말하고 …… "25)라고 하여, 태극이 공간적 제약을 넘어서는 것임을 주장한다.

또한 그는 "하도(河圖)의 5와 10은 음(陰)과 양(陽)의 양의(兩儀)를 포함하고 사상(四象)과 팔괘(八卦)가 갖춰진 것이다."라고 하고, "천지 사이에는 하나의 기운이 있을 뿐이다. 나누어 둘로 만들면 음양(陰·陽)이 되고 오행(五行)의 조화(造化)와 만물의 종시(終始)가 여기에 관련되지 않음이 없다."고 한다.26) 따라서 하곡은 태극을 일기(一氣)로 보았다고 말할 수 있을 것이다. 그는 말하기를 "태극의 이면(裏面)에는 음양을 포함하고 있어서 강유(剛柔)와 기우(奇偶)가 갖추어지지 않음이 없다."고 한다.27)

한편 하곡은 태극을 이치[理]로 설명하기도 한다.

> 양(陽)이 변(變)하고 음(陰)이 합(合)한다고 하는 아래의 문장은 음양에 있어서 이치를 따르는 것을 말하며 변화하는 것을 말함이니 오로지 기(氣)에 대해서 말한 것이요, 용(用)에 대해서 말한 것이다. 그러나 그 이치는 태극의 본체가 아님이 없으므로 끝에 가서 다시 하나의 태극으로 했다.28)

따라서 하곡은 태극의 본체를 음양 즉 기(氣)의 생생(生生)하는 이

---

25) 『霞谷集』, 卷20, 河洛易象, 後天圖, 伏羲則河圖.
26) 『霞谷集』, 卷20, 河洛易象, 後天圖.
27) 『霞谷集』, 卷20, 河洛易象, 後天圖 小註.
28) 『霞谷集』, 卷20, 河洛易象, 先後天圖說.

치로 보았다고 할 수 있다.

결국 하곡은 태극을 이(理)와 기(氣)의 양면성으로 설명하고 있다고 할 수 있다. 하곡이 선천(先天)을 설명할 때 "한 번 음이 되고 한 번 양이 되는 것을 도(道)라고 한 것은 선천이며 …… 선천 속에 유행(流行)하는 것이 있고 질(質)과 체(體)가 되는 것이 있으며 ……"[29]라고 하였는데, 선천은 바로 음양의 교호작용(交互作用)의 원리라 할 수 있다. 또한 선천을 유행과 질·체로서 말한 것은 선천이란 기(氣)의 유행과 기(氣)의 형질 및 기(氣)의 본체를 지칭하는 것으로 볼 수 있다.

하곡은 말하기를 "하늘과 땅에 이 기체(氣體)가 있다면 진실로 이것은 수화(水火)와 만물 등의 이치를 낳을 것이니, 이것이 선천의 이(理)와 원기(元氣)의 체(體)가 되는 것이니, 이것을 하늘의 이치[理]에 귀속시키는 것은 옳다."[30]고 한다. 또한 그는 이 "싹이 아직 있지 않고 이 물이 있기 전에는 다만 천지의 기(氣)일 뿐이다. 천지의 기는 어느 물엔들 있지 않겠는가? 또한 어찌 일찍이 한 가지 물을 보유하고 그것을 지적하였다고 이(理)라고 할 수 있겠는가? 만약에 천지가 있기 전에 있어서는 다만 마땅히 그 생물의 조화(造化)하는 이(理)를 논할 뿐이며 이것을 어떤 물의 이치라고 이를 수는 없을 것이다."[31]라고 하여 궁극의 실재로서 태극(太極)이나 천(天)을 이(理)와 기(氣)를 병행하여 설명하고 있는 것이다. 따라서 궁극적 실재에 대한 하곡의 형이상학적 이론을 이분법적(二分法的) 명칭으로서 관념론이나 유물론, 어느 하나의 것으로 지칭하는 것은 부적절하다고 볼 수 있다.

---

29) 『霞谷集』, 卷20, 河洛易象, 先後天圖說.
30) 『霞谷集』, 卷9, 存言 中, 說理.
31) 『霞谷集』, 卷9, 存言 中, 說理.

Ⅳ. 근원적 실재의 속성

이기(理氣)라는 개념은 태극(太極), 도(道), 성명(性命), 음양(陰陽) 등과 함께 성리학(性理學)의 우주론, 심성론, 윤리설 등의 골간을 이루는 핵심적인 용어이다. 이제 하곡의 이기론을 통해 그의 세계관을 조명해 보고자 한다.

이미 앞에서 보았듯이 주자(朱子)는 이치[理]가 각각의 사물에 내재해 있다고 한다. 또한 그는 그 이치는 사물에 선행(先行)하여 실재한다고 한다. 즉 그에 의하면 인공물이건 자연 속에 있는 무생물이나 생명을 지닌 것이나 그것들이 이 세상에 존재하자마자 그 속에 이치[理]가 내재한다는 것이다. 뿐만 아니라 개체로서 사물이 아직 존재하기 전 즉 천지가 개벽(開闢)하기 전에 오직 이(理)만이 존재하였다는 것이다.

1. 다양한 종류의 이치[理]

하곡은 이(理)가 기(氣)에 선행한다는 주장이나, 개물(個物)의 실재에 앞서 존재한다는 것에 대해 거부한다. 그는 개체를 떠난 이(理)를 허리(虛理)라 하고, 기(氣)를 떠난 이(理) 역시 허리(虛理)라고 비판한다.[32] 하곡이 구체적인 사물과 기(氣)를 떠난 이(理)를 공허한 이치라고 배척한 이유는 무엇인가? 그것은 현실성과 활동성을 결여한

---

32) 『霞谷集』, 卷9, 存言 中, 說理.

추상적, 관념적 이치를 배척한 것이다. 허리(虛理)에 대한 비판은 현실을 도외시하고 형식적이며 고정화된 의리(義理)와 명분(名分)을 주장하는 자들을 비판하는 이론적 근거가 되었다고 하겠다.

하곡은 이(理)를 허리(虛理), 물리(物理), 생리(生理), 진리(眞理) 등으로 구분하였다. 그가 추구한 것은 허리(虛理), 물리(物理)가 아니라, 생리(生理), 실리(實理), 진리(眞理)이다.

하곡은 이(理) 자체를 도외시한다고 불교(佛敎)를 비판할 뿐만 아니라, 오로지 겉으로 드러나는 행위나 공적(功績)을 위주로 하는 패자(覇者)는 그 사물이나 일의 평가기준으로서 이치[理]를 밖으로부터 빌려온 것이기 때문에 그 이(理)는 실심(實心)의 실리(實理)가 아닌 허리(虛理)에 불과하다는 것이다.[33]

한편 하곡에 의하면 주자(朱子)가 추구하는 이(理)란 물리(物理)라고 한다. 다시 말해서 주자가 주장한 '즉물궁리(卽物窮理)'에 따르면 우리가 궁구해야 할 이치란 곧 물리(物理)라고 하는 것이다. 이러한 물리는 모든 존재의 원인 및 당위(當爲)의 법칙이 될 수 없다고 한다.[34]

> 물리(物理)는 영통(靈通)함이 없이 단지 물(物)마다 조리(條理) 있게 관통시킬 뿐이며 통체(統體)와 본령(本領)의 종주(宗主)가 되는 소이(所以)는 아닌 것이다.[35]

하곡은 물리란 한갓 허조(虛條), 공도(空道)에 지나지 않으며 사물의 형세(形勢)에 대해 부여한 명칭에 지나지 않는다고 한다.

---

33) 『霞谷集』, 卷1, 書2, 答閔彦暉書.
34) 『霞谷集』, 卷9, 存言 中, 忠孝之理與心: 卽物之說 以其所以然所當然之理 爲各在於物 是則無本領也.
35) 『霞谷集』, 卷8, 存言 上, 睿照明睿說.

하곡은 개별적 사물의 이치인 물리(物理)와 구별해서 만물을 낳는 근원으로서의 이치, 즉 생리(生理)를 주장한다.

> 하늘과 땅에 이 기체(氣體)가 있다면 진실로 이것은 수화(水·火)와 만물 등의 이치[理]를 낳을 것이다. 이것이 선천(先天)의 이(理)와 원기(元氣)의 체(體)가 되는 것이다. 만약 천지가 있기 전에 있어서는 다만 마땅히 그 생물(生物)의 조화(造化)하는 이(理)를 논할 뿐이며 이것을 어떤 물의 이치[理]라고 이를 수는 없는 것이다.[36]

하곡은 개체의 물리(物理)와 만물을 낳는 생리(生理)를 명백하게 구별한 것이다. 반면 주자(朱子)는 당위의 법칙과 존재의 원인으로서 이(理)를 통체지리(統體之理)와 분수지리(分殊之理)로 구분해서, 통체의 이치를 태극(太極)으로 분수의 이치를 물리(物理)로 설명한다.[37]

하곡은 천지만물을 부단히 낳는 생명의 원리를 생리(生理)라고 한다.

> 영소(靈昭)한 정(精)과 생기(生氣)의 원(元)이 한 몸의 생리(生理)이다. 그것은 마음에 집을 짓고 중극(中極)에 둥글게 뭉친 것이다. ······ 한 몸에 가득차고 천지에 가득하다. 그것의 영통(靈通)함은 헤아릴 수 없고 묘용(妙用)은 끝이 없어 만 가지 이치[理]를 주재(主宰)하며 육허(六虛)에 두루 유행하고 변동하여 머무름이 없다. 이것은 한 몸을 낳아준 생명의 근원이며 이른바 천생(天生)이다. 새나 짐승도 이러한 천성을 얻어 그 일단(一端)을 지니고 있다.[38]

> 생생(生生)하는 일리(一理)가 깊고 멀면서 유행하는 것은 본성[性]의 근원이요, 나에게 부여된 것으로 온전하게 갖추어져서 다 같이 흐르며 간단이 없는 것은 본성[性]의 명(命)인 것이다.[39]

---

36) 『霞谷集』, 卷8, 存言 上, 睿照明睿說.
37) 『朱子語類』, 卷1과 『大學或問』 참고.
38) 『霞谷集』, 卷8, 存言 上, 一點生理說.
39) 『霞谷集』, 卷9, 存言 下, 性之體用.

하곡에 의하면 생명의 원리로서 생리(生理)란 천지만물의 보편적 이치이면서 동시에 각 개체에 내재하며, 그러한 이치가 우리 인간의 심성에 부여된 것을 성(性)이라고 하는 것이다. 따라서 하곡에 의하면 우리의 성(性)은 역동적이며, 부단히 생명을 창조하는 기능을 한다.

> 일반적으로 이(理)니 성(性)이니 하는 것들은 생리(生理)일 뿐이다.[40]

하곡이 주장하는 이(理)란 생리(生理)를 지칭하는 것으로 그 이치는 만물의 생성근원인 천(天)의 부단한 생생(生生)의 이치[理]라고 하는 것이다. 그래서 하곡은 이치를 생리(生理), 생생(生生)하는 일리(一理), 생지리(生之理), 생생저도리(生生底道理)로 이해하였다.

그런데 하곡은 여기서 한 걸음 나아가 진리(眞理)를 말하였다.

> 모든 이(理) 가운데서 생리(生理)를 주도하고 생리 가운데서 진리(眞理)를 택하면 이것이 바로 이(理)이다.[41]

> 비록 그러하지만 또 그 속에 들어 있는 한결같이 활발(活潑)한 생리(生理)가 전체적으로 살아 움직이는 까닭은 곧 반드시 진실한 이치[眞實之理](體)와 무극(無極)의 극(極)이 있기 때문이니, 아득히 멀어 잘 드러나지 않지만 지극히 순수하고 가장 한결같은 모습이 바로 이(理)의 참다운 본체[理之眞體]이다.[42]

> 다만 그 생리(生理)를 가지고 말한다면 '타고난 그대로를 본성이라고 하는 것'이니, 이른바 '하늘과 땅의 큰 덕(德)을 생(生)이라고 하는 것'

---

40) 『霞谷集』, 卷8, 存言 上, 生理虛勢說.
41) 『霞谷集』, 卷8, 存言 上, 生理虛勢說: 於凡理之中 主生理 生理之中 擇其眞
　　理是乃可以爲理矣.
42) 『霞谷集』, 卷9, 存言 中, 生理性體說.

이다. 하지만 오직 그 속에 본래부터 가지고 있는 알맹이[本有之衷]가 있기 때문에 본성이 선하다고 하는 것[性善]이니, 하늘이 명(命)한 것을 성(性)이라 하고, 도(道)라고 하는 것이 실은 같은 것이다.[43]

하곡은 생리(生理) 가운데에서 그것의 주장이 되고, 진실하며, 무극의 극이 되며, 지순지일(至純至一)하며, 생리(生理)의 참다운 본체, 생리의 지선한 알맹이를 진리(眞理)라고 하는 것이다.

그렇다면 진리란 어떠한 것인가?

> 한 덩어리의 생기(生氣)의 원(元)과 한 점의 영소(靈昭)한 정(精)은 하나의 생리(生理)이니(精神과 生氣가 한 몸의 生理가 된다) 마음에 집을 짓고 중극(中極)에 뭉쳤다. …… 그 영통(靈通)함은 헤아릴 수 없고 묘용(妙用)은 다함이 없으니 만 가지 이치[萬理]를 주재(主宰)할 수 있다. 진실로 우주에 두루 퍼지고 변동하여 한 군데에 머물지 않는다.[44]

하곡은 온갖 생명을 가능하게 하는 생리(生理) 가운데, 나의 마음에 있는 생리(生理)의 영통묘용(靈通妙用)과 생명력의 근원[命元][45]을 진리(眞理)라고 하는 것이다.

> 만물을 통솔하는 본체로서 조로(條路)의 주인노릇을 하는 존재가 진리(眞理)이다. 내 마음속에 들어 있는 밝은 덕[明德]이 바로 이것일 뿐이다. 그러므로 밝은 덕이 비추어주는 밝음을 가지고 가려진 하나의 막을 연다는 것은 다만 내 본성에 들어 있는 신성한 앎[聖知]을 닦아서 열어 통할 수 있게 하는 것일 뿐, 내 밖에 있는 사물들의 조리 있는 궤적[條路]에서 진리를 구하여 열어 통하게 하는 것이 아니다.[46]

---

43) 『霞谷集』, 卷8, 存言 上, 一點生理說.
44) 『霞谷集』, 卷8, 存言 上, 一點生理說.
45) 『霞谷集』, 卷8, 存言 上, 一點生理說.
46) 『霞谷集』, 卷8, 存言 上, 睿照明睿說: 其所以統體 而爲其條路之主者 卽其眞

하곡은 진리란 만물을 통솔하고 주재하는 것으로 인간의 마음의 영명(靈明)한 본체[體]요, 명덕(明德)이라고 하는 것이다.

따라서 하곡이 말하는 이(理)란 모든 생명의 보편적 본체요, 근원으로 무한한 생명체로 하여금 상호 교통하게 하고 그것들을 포괄하는 원리요, 무한한 힘을 지닌 실재로 파악하고 있다. 또한 그러한 생리는 바로 나의 한 몸에 가득한 것이다. 이러한 생리는 바로 천성(天性)의 이(理) 즉 천리(天理)요, 마음의 본체로서 마음의 신명(神明)이라는 것이다. 이러한 형이상학적 기반 위에 그의 '심즉리(心卽理)' 사상이 구축된 것이라고 하겠다.

2. 이기일체론(理氣一體論)

하곡은 이기(理·氣)는 선후(先後)가 없으며 분리가 불가한 것이라고 한다. 양자의 관계에 대한 설명에 앞서, 하곡이 기(氣)에 대하여 어떻게 설명하고 있는지 살펴보자.

그는 매우 다양한 차원에서 기(氣)를 설명하고 있다. 우선 하곡은 이 세계의 근원적 기운으로서 원기(元氣) 또는 대기(大氣)를 말한다. 이것은 활발하여 생명으로 온전하며, 충만함이 무궁하고 신묘함은 헤아릴 수 없으며, 유동·변화가 생생(生生)하여 그침이 없다고 한다. 그것은 천(天)의 체(體)요, 명(命)의 근원이라고 한다.47) 따라서 원기란 생명의 근원적 힘이다. 기(氣)는 형체가 있은 후에 공간적 제한이 있게 된다. 형체가 있지 않을 때는 원기가 되는 것이며, 원기란 국한

理之所在者 則卽吾心明德是已.

47) 『霞谷集』, 卷9, 存言 中, 生理性體說.

(局限)이 없는 것이다. 이것은 본래 하나의 이체(理體)이다. 이것이 형(形) 이후 비로소 기(氣)이며, 기(器)라고 한다.[48] 따라서 원기란 형상화, 개체화 이전의 기(氣)를 일컫는 것이라고 할 수 있다. 하곡이 호연지기(浩然之氣)를 바로 원기로 보았는데 이것은 본래 한량이 없고 굽히거나 꺾일 수 없는 것이며, 이러한 천지의 기운을 인간이 태어나면서 얻어 지니고 있다고 보았던 것이다.[49]

하곡은 음(陰)과 양(陽)을 기(氣)로 보았으며, 이때의 음양이란 일기(一氣)의 굴신(屈伸)을 지칭한다. 구워적 일기의 굴(屈) 즉 응축이 음이요, 신(伸) 즉 확장이 양이다. 따라서 음양은 일기의 두 속성 또는 기능을 지칭하는 것으로 볼 수 있다.[50] 그래서 그는 일기가 확장하며 유행하는 것을 양의 생(生)이라 하고, 응축하면서 합하는 것을 음의 생(生)으로 보았다. 결국 음양의 기(氣)란 일기(一氣)의 유행에 있어서의 두 측면에 대한 지칭으로 양자는 상호 의존하면서 순환작용을 한다는 것이다. 즉 음 가운데 양이 있고 양 가운데 음이 있으며, 양자는 상호 번갈아 교호작용(交互作用)을 한다는 것이다.[51] 음양은 서로 근원이 되면서 상호 순환이 있는데 때에 있어서 제약을 받으며, 형체의 구분도 때에 따라 제약을 받는다는 것이다.[52]

다음으로 하곡은 형기(形氣 또는 形質), 혈기(血氣), 기품(氣稟) 등으로 기(氣)를 설명하는데, 이것은 기(氣)가 구체적 사물로 형상화된 이후의 기(氣)를 지칭하는 것이다. 그것은 이른바 그릇[器]이다. 그것은 공간적 제약을 받는 생기(生氣)를 의미한다고 할 수 있다. 이때의

---

48) 『霞谷集』, 卷9, 存言 中, 生理性體說 小註.
49) 『霞谷集』, 卷14, 論語說·孟子說上, 孟子 浩然章中解.
50) 『霞谷集』, 卷20, 河洛易象, 先後天圖說: 卷9, 存言 中, 心理本虛寂.
51) 『霞谷集』, 卷8, 存言 上, 動靜體用理氣解.
52) 『霞谷集』, 卷20, 河洛易象, 先後天圖說.

기(氣)는 형질의 질료(質料)로서 기(氣)를 의미하며, 그것은 종래의
성리학자들의 주장처럼 맑음과 흐림, 순수함과 잡박(雜駁)함의 차이가
있다. 하곡은 그것을 기(氣)의 조(粗), 기의 질(質)이라고 일컫고 있
으며,53) 이처럼 기(氣)가 동일하지 않음[不齊]으로 인해 현상의 다양
한 차별성과 보편성의 개폐(開蔽)가 있게 된다는 것이다.54)

　이상에서 설명한 이(理)와 기(氣)가 어떠한 상황에서 어떠한 관계
를 맺고 있는지 하곡의 견해를 통해 살펴보자.

　　음양(陰陽), 동정(動靜)의 순환 가운데 이기(理氣)가 갖추어져 있지
　않음이 없다.55)

　위에서 음양이라고 하는 것은 기(氣) 작용의 굴신(屈伸: 확장과 응
축)과 합벽(合闢: 합하고 열림)의 측면을 지칭하는 것이며, 동정(動
靜)이란 이(理)의 드러남과 감추어짐[顯隱]을 의미하는 것이다. 기
(氣)의 유행(流行) 가운데 이(理)가 없지 않으며, 이(理)의 은현(隱
顯) 가운데 기(氣)가 없지 않다는 것이다. 따라서 음양의 유행과 이치
의 동정에는 양자가 동시에 갖추어져 있다는 의미이다. 그렇다면 양자
는 어떤 관계인가? 하곡은 다음과 같이 설명한다.

　　기(氣)는 이(理)의 운용이다. 운용이 없으면 조리를 볼 수 없다. 이
　(理)는 기(氣)의 조리이다. 조리가 없으면 운용할 수 없다.56)

　말하자면 발(發)하는 것은 기(氣)요, 발하게 하는 것은 이(理)이

<hr>

53) 『霞谷集』, 卷8, 存言 上, 睿照明睿說.
54) 『霞谷集』, 卷9, 存言 中, 天命性氣.
55) 『霞谷集』, 卷8, 存言 上, 動靜體用理氣解.
56) 『霞谷集』, 卷9, 存言 中, 心理本虛寂.

다.57) 운용의 묘리(妙理)로서 이(理)가 없다면 운용의 구체적 현실은 없으며, 구체적인 운용자가 없다면 그것의 조리를 우리가 인식할 수 없다는 것이다.

또한 하곡은 이(理)의 체용(體用) 어떠한 경우에서도 이기(理氣)가 분리될 수 없음을 다음과 같이 설명한다.

> 이(理)의 상체(常體)를 체(體)라 하고 이(理)의 묘용(妙用)을 용(用)이라 한다. 체용은 일원(一源)으로 상호 분리할 수 없으며 서로를 갖추고 있다. 그러나 이(理)의 상체에도 이기(理氣)는 분리할 수 없으며 용(用)에도 이기(理氣)는 분리할 수 없다.58)

하곡은 체용일원(體用一源)의 입장에서 이(理)의 체용에 이기(理氣)가 함께 병존함을 주장하고 있는 것이다. 또한 그에 따르면 이(理)의 묘용(妙用)이 그침이 없는[不息] 것을 양동(陽動)이라 하고 상체(常體)가 변하지 않는[不易] 것을 음정(陰靜)이라고 함으로써, 묘용 속에 이기(理氣)가 있고 상체에도 이기(理氣)가 있음을 말하고 있다.

한편 하곡은 이기(理氣)가 분리될 수 없다는 주장을 심성론(心性論)을 통해 설명하고 있다.

> 심(心)은 이(理)이요, 성(性)도 또한 이(理)이다. 마음과 본성을 나눌 수 없다. 본성은 마음의 본체요, 마음은 본성의 주재이다. 모두 이치일 뿐이므로 마음을 기운[氣]으로 말하거나 본성을 허(虛)라고 하여 이치와 기운을 나눌 수 없다. …… 심성(心性)을 가지고 이기(理氣)를 말하는 것은 본성에는 선악이 있고 마음에는 사정(邪正)이 있는 까닭에 이것을 선(善)이라고 하는 것은 이치가 되는 것이요, 사악하다고 하는

---

57) 『霞谷集』, 卷8, 存言 上, 生理虛勢說.
58) 『霞谷集』, 卷8, 存言 上, 動靜體用理氣解.

것은 기운이 된다고 하여 드디어 그 본성을 이치라 하며 마음을 기운이라고 하는 것이며, 이치는 선하고 기운은 악하다고 하여 드디어 이것들을 나누어 보는 것이 이와 같았던 것이다. 그러나 그 실은 하나의 이치인 것이요, 다만 하나의 기운인 것이니 둘로 나눌 수 없는 것이다. 그 본성의 악한 것과 마음의 사특한 것은 모두 그 이치가 본체를 얻지 못하였기 때문이다. 그 이치를 잃어버린다면 이것은 기운이라고 이르는 것이니 이제야 바야흐로 기운이라고 할 수 있을 것이다. 만약 그 이치를 잃어버리지 않는다면 원래 이기(理氣)는 나눌 수 없는 것이다. 이치를 잃어버린다는 것은 어떤 것일까? 곧 이치가 지나치거나 미치지 못한다는 것은 그것이 비뚤어지고 희미한 것이 기운에 동하여서 망령되고 둘로 갈려서 거짓되기 때문인 것이니 그 본체를 잃어버릴 뿐인 것이지 이치가 아닌 것은 아니다.59)

하곡의 주장에 따르면 심성을 가지고 각각 기(氣)와 이(理)에 분속시켜 마음을 기(氣)로 본성을 이(理)라고 하고, 또 본성의 선(善)을 이(理)로 마음의 사악(邪惡)을 기(氣)로 나누어 보는 것은 잘못이라고 한다. 그는 장횡거(張橫渠)의 말을 인용하여 성(性)이란 태극(太極)과 기화(氣化)를 합하여 일컫는 것이므로 성(性)을 전적으로 이(理)라 할 수 없으며, 이기(理氣)는 나눌 수 없는 것이라고 한다. 또한 심(心)이란 성(性)의 주재요, 역으로는 성(性)을 심(心)의 본체라고 하는 것이므로, 심(心)을 오로지 기(氣)라고 할 수 없다는 것이다. 다만 심성에서 이(理)의 본체를 잃어 사악함에 빠지는 것을 기(氣)라고 할 수 있으나, 이것 또한 다만 이 이(理)가 그 본체[體]를 잃을 뿐이요, 별도로 기(氣)가 되는 것이 아니라는 것이다.

한편 하곡이 이기(理氣)를 말할 때 그것은 동일한 실체의 양면을 지적하고 있는 것으로 보인다. 그것은 마치 동전의 양면과 같이 분리

---

59) 『霞谷集』, 卷9, 存言 中, 理氣不可分言說.

할 수 없으며 상호 의존적 관계라고 할 수 있다.

> 기(氣)의 조(粗), 기(氣)의 질(質)을 기(氣)라 하고, 기(氣)의 영통
> 처(靈通處)(氣의 明處, 精處)를 이(理)라 한다.[60]

> 이(理)란 것은 기(氣)의 영통한 곳이니 신(神)이 이것이며, 기(氣)
> 란 것은 기(氣)의 충실(充實)한 곳이니 질(質)이 이것이다. 한 개의 기
> (氣)이면서 영통할 수 있는 것은 이(理)가 되고 무릇 그 충실한 곳은
> 기(氣)가 된다.[61]

이상의 하곡의 주장을 통해 볼 때 그는 이(理)와 기(氣)를 기(氣)
로써 설명하고 있음을 알 수 있다. 따라서 하곡은 실체에 관해서는 기
일원론자(氣一元論者)라고 칭할 수 있다. 물론 이때의 기(氣)는 영통
성을 지닌 근원적 생명력을 의미하는 것이다. 그러나 무수한 개체들의
유행의 차원에서 본다면 각각의 역할을 달리하는 이기(理·氣)가 분
리될 수 없는 한 몸을 이루고 있다는 점에서 이기일체론(理氣一體論)
을 주장하고 있는 셈이다. 이기를 병칭할 때의 기란 구체적인 운동자
요, 형태를 갖는 개체의 질료적 원리이다. 이(理)는 근원적 생명력으
로서의 기(氣)의 명성(明性)과 감통(感通)의 원리이다.

이기론을 통해 본 하곡의 세계관을 요약한다면 첫째로 궁극의 실재
는 무한한 생명력과 생명의 조직력 및 조직 원리로 설명될 수 있다.
둘째로 현상의 무수한 개체는 바로 이러한 두 원리의 불가분적 상호
의존적 작용의 산물이라는 것이다. 셋째 천리(天理)로서 생리(生理)는
보편적 생명의 원리이지 인위적 추상화의 산물이 아니다. 특히 인심
(人心)에 주어진 생리(生理), 즉 인간만이 자각할 수 있는 진리(眞理)

---

60) 『霞谷集』, 卷8, 存言 上. 睿照明睿說.
61) 『霞谷集』, 卷8, 存言 上. 睿照明睿說.

는 개개인의 마음에 충만한 무형의 신통력이다. 따라서 무수한 다양한 이치는 내 마음의 보편적 진리(眞理)에 의해 구성된다고 볼 수 있다. 결국 이 세계는 단순한 물리적 세계가 아니라 우리 자신에 의해 의미가 주어지는 세계라고 볼 수 있다.

V. 궁극적 실재의 원리

하곡은 궁극적 실재로서 태극(太極) 또는 천(天)을 온갖 생명현상의 가능근거라고 보았을 뿐만 아니라 이법적(理法的) 존재로 보았다. 그렇다면 그러한 천 또는 태극에 의한 생성 변화의 유행이 어떠한 원리에 의해 이루어지고 있다는 것인가? 다시 말해서 천 또는 태극의 작용원리[理]란 무엇인가?

하곡은 천도(天道)란 그 자체로서 사물에 감응되건 감응되기 이전이건 무관하게 항상 활발발(活潑潑)하다. 즉 그 중단 없이 유행하고 변화하는 것이 지극히 신묘하여 헤아릴 수 없다는 것이다.[62]

1. 불이(不貳) · 불이(不己)의 성(誠)

하곡은 그 천도(天道)가 만물을 생성하고 변화하게 하는 것은 그것

---

62) 『霞谷集』, 卷9, 存言 中, 良知性體說.

이 성(誠)하기 때문이라고 한다.

> 천도(天道)는 일원(一元)이다. 전체(全體)는 무극(無極)하나 극히
> 진실하고 심원하니[至誠於穆] 이것이 만물을 낳는다. 음양(陰陽)이 유
> 행하여 각기 품부함이 있으므로 명(命)이라 이르고, 품부하여 낳은 것이
> 각기 그 부여함을 얻어서 바르니[正] 그것을 성(性)이라 한다.[63]

> 천지의 도(道)는 성(誠)일 뿐이다. 불이(不貳)인 것이 그 본체(體)
> 이다. 둘이 아닌 까닭에 쉬지 아니하며, 물(物)을 생(生)함이 많아 그
> 소이연(所以然)을 알 수 없다.[64]

하곡에 의하면 천도(天道)는 바로 성(誠)으로 특징지어진다. 성(誠)
이란 불이(不貳) 즉 순일(純一)을 의미한다. 그는 하늘[天]이 불이(不
貳)한 까닭에 낳고 낳는[生生] 작용이 그치지 아니한다[不已]고 한다.
이것은 하늘의 영속적이고 부단한 운행이 그 법칙의 참됨, 일관성, 순
수성에 기인한다고 하는 것이다.

또한 하곡은 『중용』의 "성(誠)으로 말미암아 명(明)한 것을 성(性)
이라 한다."는 구절을 천도(天道)에 해당하는 것으로 이해하여, "성
(誠)으로부터 명(明)하여 성(性)대로 하는 것이 천도(天道)이다."라고
풀이한다. 따라서 진실성(誠)으로서 천도는 명성(明性)을 지닌 것으로
보아야 한다. 결국 천도는 순수하고 진실하며 일관성을 지니고 있어
그 작용이 부단하고 밝아 온갖 생명을 생성하고 변하게 한다.

하곡은 성(誠)을 감통(感通)의 원리로 설명한다.

> 대개 성(誠)이란 것은 둘이 되지 아니하고[不貳], 그치지도 않는 것

---

63) 『霞谷集』, 卷12, 中庸說, 中庸雜解.
64) 『霞谷集』, 卷12, 中庸說, 中庸(1) 小註.

이며[不己], 가릴 수도 없는 것[不可揜]이다. 그 감응하여 통하게 하는 도(道)라는 것은 이광(李廣)이 화살로 돌을 쏘았던 것과 같은 것이다. 그의 마음이 지극히 전일(專一)하였으며, 그 성(誠)이 흔들려서 둘로 되지 않은 까닭에 그것을 꿰뚫었던 것이다. 만약 한 터럭만큼이라도 우선 시험삼아 하는 식으로 한만(閑漫)하게 하여 능히 전일하지 못한 뜻이 있었다든가 또는 의심과 믿음이 반반씩 되어서 기필할 수 없다는 생각이 있었다면 마침내 꿰뚫을 도리가 없었을 것이다.

양명(陽明)이 이르기를 "고양이가 쥐를 잡을 때처럼 하고, 수탉이 암탉을 굴복시킬 때처럼 한다면 거의 성(誠)에 가까울 것이다."라고 하였다. 대개 점을 쳐서 반응을 이루는 것[致應]과 제사를 지내서 신(神)을 감격시키는 것[格神]도 역시 이와 같은 것이며, 음덕(陰德)이 보은을 하게 하는 것과 지극한 효도가 물(物)을 감동시키는 것도 역시 이와 같은 것이니, 정성된 마음[誠心]과 참된 도[實道]가 전일(專一)한 것이 이와 같다면 비록 지극히 은미한 일일지라도 능히 신(神)을 통하고 하늘을 감격시킬 것이지만, 조금이라도 이 마음에 결함이 있다면 비록 천 가지 형상과 만 가지 형상이 높거나 크다고 하더라도 그 일은 저절로 천지와는 막혀서 끊어질 것이다.

감열(感悅)하는 것이 있다는 것은 곧 생물의 암컷과 수컷이 서로 느끼고 사랑하며, 초목도 역시 암수가 있다는 것이요, 기상(氣相)에 느끼는 것이 있다는 것은 자석이 바늘을 끌어당기는 것과 모난 것이 물을 받는[方諸取水] 따위와 같은 것이며, 정성(精誠)에 감동하는 것이 있다는 것은 실심(實心)과 진정(眞情)으로 서로 감동하는 것이 이것이니, 무릇 실덕(實德)과 화기(和氣)가 감응하는 것과 음덕으로 도움을 받는 것과 지성(至誠)으로 신령[靈]에 통하는 것과 길흉(吉凶)을 신명(神明)께 점치는 것이 모두 이것이다.[65]

성(誠)이란 진정과 정성으로 하나에 오로지 집중하고 전념하기를 중단 없이 하는 것을 의미한다. 또한 성이란 가식과 거짓이 없이 순수하고 진실한 것, 중단함이 없이 한결같은 성실함을 의미한다. 이러한

---

65) 『霞谷集』, 卷9, 存言 中, 誠者不貳.

것이 곧 천도(天道)이며, 이처럼 성(誠)을 다할 때, 자신과 다른 존재의 간격과 대립을 해소하고 상대를 감응·감동하게 하고 나의 마음이 그에게 통하고 그의 심장을 꿰뚫어 변화시키게 된다는 것이다.

2. 공평과 화합의 중(中)

하곡은 궁극적 실재의 작용원리로서 천도(天道) 또는 천리(天理)의 특징을 중(中), 중절(中節), 시중(時中), 중정(中正), 중화(中和) 등으로 설명한다.

> 천지만물을 통하여 근원이 하나이다. 이것이 이(理)이다. 이것은 완전하고, 유행하며, 감응하고, 관통하며, 중절(中節)하고, 부박(溥博)하고, 시중(時中)하지 아니함이 없다.[66]

> 성(性)이 정(靜)한 것을 중(中)이라 이르며, 중(中)이 전일(專一)한 것을 화(和)라 이르는 것이니, 중(中)이란 것은 천하의 큰 근본이요, 화(和)라는 것은 천하의 달도(達道)이다.[67]

> 중정(中正)과 인의(仁義)에 정(定)하고 정(靜)을 주(主)하고 극(極)을 주(主)하는 것이 바로 무극(無極)의 체(體)라고 하는 것이다.[68]

궁극적 실재로서 태극(太極) 또는 천(天)의 도(道)란 중정(中正)과 인의(仁義)에로 정향(定向)되어 있다고 하는 것이다. 중정이란 과불급이 없으며, 편당함도 없는 상태이다. 그것은 사의(私意)가 전혀 개입

---

66) 『霞谷集』, 卷9, 存言 中, 全體一性.
67) 『霞谷集』, 卷12, 中庸說, 中庸(3).
68) 『霞谷集』, 卷8, 存言 上, 太極主靜中庸未發說.

되어 있지 않은 상태이다. 이것은 궁극적 표준이요, 당위적 가치로서 일정한 불변의 원리는 아니다.

그리고 이러한 이(理)는 또한 조화(調和)를 통해 그 자체의 생명의 원리를 완수할 수 있는 것이다. 하곡은 말하기를 "능히 전일(專一)하여 중(中)을 잡고 신명(神命)을 세우며 화육(化育)을 알아서 그 천리(天理)의 근본된 것을 다함에 이르러서 천하의 이(理)가 얻어지는 것이다."[69]라고 한다. 따라서 천리(天理)는 중정(中正)을 지키면서 화육(化育)을 실현하는 원리라고 할 수 있다. 또한 이것은 인간본성의 토대요, 구현해야 할 궁극적 가치이다.

하곡은 인심에 주어진 생리(生理) 또는 인심의 천리(天理)를 진리(眞理)라고 하는 것이며, 그것을 명덕(明德)으로 표현하기도 한다.

> 사람의 생리(生理)란 능히 밝게 깨닫는 바 있어 스스로 능히 주류통달(周流通達)하여 불매(不昧)하며, 능히 측은(惻隱), 수오(羞惡), 사양(辭讓), 시비(是非) 어느 것이나 능히 못하는 것이 없으니, 이것이 그 고유한 덕(德)으로서 이른바 양지(良知)인 것이며 또한 인(仁)이라고 하는 것이다.[70]

하곡은 궁극적 실재의 원리가 인심에 내재한 것을 인(仁)과 양지(良知)로 설명한 것이다. 하곡은 "그 전체(全體)의 덕(德)으로 말하면 인(仁)이라 하고, 그 본체(本體)의 밝음으로 말할 때는 양지(良知)라고 하나니 …… 명칭은 다르나 실상은 일물(一物)이다."[71]라고 하여, 인심의 인(仁)을 궁극적 실재의 온전한 원리라고 하고, 양지란 그것에 대한 밝은 자각능력이라고 한 것이다.

---

69) 『霞谷集』, 卷8, 存言 上, 太極主靜中庸未發說.
70) 『霞谷集』, 卷1, 書2, 與閔彦暉論辨言正術書.
71) 『霞谷集』, 卷1, 書2, 與閔彦暉論辨言正術書.

VI. 개체의 공통성과 차별성

하곡은 무수한 개체들의 다양성과 차별성을 인정한다. 그럼에도 불구하고 그러한 차별성 가운데에 공통성이 있음을 주목하고 있다. 그렇다면 개체들의 차별성과 공통성의 근거는 무엇인가?

주자(朱子)는 개체를 한 가지 근원에서 논할 때, 이(理)는 동일하나 기(氣)는 상이하다고 하며, 만물의 상이한 체(體)를 관찰할 때 기(氣)는 오히려 서로 가깝고 이(理)는 절대로 같지 아니하다고 하였다. 주자에 의하면 무수한 개체들을 그 생성의 기원에서 본다면 이동기이(理同氣異)요, 경험적 현상에서 본다면 기근이부동(氣近理不同)이라는 것이다.[72]

1. 개체의 공통성과 차별성

하곡은 사물의 공통성과 차별성에 대해 다음과 같이 주장한다.

> 하늘[天]로부터 품부(稟賦)한 것은 이(理) 또한 하나이며 기(氣) 또한 근본이 하나이다. 생질상(生質上)으로는 성(性) 또한 다르고 모양[姿] 역시 다르다.[73]

하곡이 현상의 근원을 설명할 때와 현상을 설명할 때 사용하는 용어가 각각 다르다는 것을 유의할 필요가 있다. 전자를 설명할 때는 이

---

72) 『朱子大全』, 卷46, 答黃商伯.
73) 『霞谷集』, 卷8, 存言 上 理一說.

기(理氣)로, 후자를 설명할 때는 성(性)과 자(姿)라는 개념을 사용한다. 그에 의하면 사람과 만물의 생성기원을 거슬러 올라가면 동일한 성(性)이요, 동일한 기(氣)라는 것이다.[74] 여기서 동일한 성이라고 한 것은 "천명(天命)을 성(性)이라 한다."고 한 성(性)을 의미하는 것으로, 천품(天禀)의 성(性)을 지칭하며, "이(理) 또한 하나이다."라고 하는 이(理)와 동일시되고 있다. 그 성(性)은 생질의 성(性)과 구별된다. 또한 기(氣)의 동일성을 말할 때의 기(氣)란 혈기의 기를 의미하는 것이 아니라 생리(生理)의 순수한 기(氣), 즉 원기(元氣), 대기(大氣)를 지칭하는 것이다.[75]

그러나 사람과 사물의 타고난 성질을 볼 때 본성도 다르고 그 모양도 다르다. 즉 생품(生禀)의 성질과 그 자태가 매우 다양하다. 그 이유는 무엇인가? 하곡은 다음과 같이 주장한다.

> 천명(天命)으로 말하자면 성(性)이라고 한다. 기품(氣禀)으로 말하자면 질(質)이라고 한다. 질(質)이라는 것은 성(性)의 기(氣)이며 본원을 일컫는 것이 아니다. 다만 기품이 고르지 못함으로 인해 성(性)에 개폐(開蔽)가 있게 된다. …… 그 성(性)이 기(氣)를 떠나지 못하므로 이를 둘로 할 수 없는 것이다. 그 실상은 기질이 어찌하여 곧 하나의 성(性)이 될 수 있겠는가? 성(性)에는 이(理)를 가리켜 말하는 것이 있으니 인의(仁義)의 선(善)이 이것이며 기(氣)를 가리켜 말하는 것이 있으니 강유청탁(剛柔淸濁)의 질(質)이 이것이다.[76]

근원적이며 궁극적인 실재인 하늘[天]의 명(命)을 성(性)이라 하는데 그것은 바로 이(理)를 지칭한다. 이는 대공지정(大公至正)하므로 성(性) 또한 마땅히 보편적이며 동일하다. 우리가 통상 성질이라고 할

---

74) 『霞谷集』, 卷15, 孟子說下, 生之謂性章解.
75) 『霞谷集』, 卷8, 存言 上, 理一說.
76) 『霞谷集』, 卷9, 存言 中, 天命性氣.

때의 성(性)은 공통성을 의미한다. 따라서 개체의 성질에는 공통성이 내재한다는 것을 알 수 있다.

그러나 기질의 질(質)은 성(性)의 기(氣)이로되 본원을 의미하는 것이 아니라 현상의 기질을 의미하며, 개체가 구체화되는 과정에서 기(氣)의 품부가 균일하지 않아서 다양한 기질의 개체가 생성케 된다는 것이다. 따라서 우리가 흔히 성질이라고 할 때의 질(質)은 기질(氣質)을 의미하며 개체의 차별성을 지칭하는 것이라고 할 수 있다. 결국 개체의 성질을 말할 때는 개체의 공통성과 차별성이 동시에 거론되는 것이다. 다시 말해서 개체에는 모든 존재가 공유하는 공통성이 내재하며 동시에 고유의 차별성이 함께 있다고 할 수 있다.

하곡에 의하면 결국 개체를 그 근원에서 말하자면 오로지 동일한 이(理)와 동일한 기(氣)로 말할 수 있을 뿐이다. 그러나 현상의 개체의 성질을 논할 때는 동일성과 차별성이 함께 거론되어야 한다.

하곡에 따르면 현상의 성(性)은 균일하지 못한 기(氣)의 품부에 의한 본연의 성(性)의 개폐(開蔽)의 결과로 다양하게 형성된다는 것이다. 따라서 성(性)과 기(氣)는 분리할 수 없으며, 그렇다고 해서 성(性)을 전적으로 기(氣)라고 할 수 없는 것이다. 이처럼 성과 기가 분리할 수 없는 가운데 본연의 성이 강유청탁의 기질에 의해 현상의 차별적 성으로 구체화된다는 것이다. 하곡의 주장을 직접 인용하면 다음과 같다.

> 기(氣)를 받은 것이 다른 곳에 이르러서는 생품(生稟)이 같지 아니하고, 그런 뒤에 비로소 성명(性命)이 각각 다르며, 형기(形氣)가 고르지 않음이 있다. 이에 사람과 물이 각각 다르다.[77]

결국 개체들의 공통성은 성(性)의 본원에서 찾을 수 있으며, 상이성

---

77) 『霞谷集』, 卷8, 存言 上, 理一說.

은 기(氣)의 현상화 과정의 산물이라고 할 수 있다는 것이다.[78] 동일한 생리(生理)의 체(體)가 각기 형기를 따라서 타고난 바가 같지 아니함이 있으니 이것이 기품이 되는 까닭이고 또 성(性)이 각기 다른 까닭이다. 그래서 생성 이후의 성(性)인 생품의 성(性)에 있어서 개체가 각각 다르다는 것이다. 그러나 진성(眞性) 즉 천명지성(天命之性)의 영명통달(靈明通達)함은 본래 있지 아니함이 없어 모든 것이 그것으로 된 것이 아님이 없다고 한다. 다만 형기의 대소(大小), 편전(偏全) 등이 각기 다르므로 그 사실상 통색(通塞), 개폐(開蔽)가 같지 아니할 뿐이다.[79]

2. 인물(人 · 物)의 차이

하곡은 사람과 물(物)의 차이에 대해 다음과 같이 말한다. 즉 사람은 천지의 온전한 성(性)을 얻어 성(性)을 성취할 수 있으나 사물은 온전한 성(性)을 얻어 가지고 있지 못하다는 것이다. 금수(禽獸)라 하더라도 천성(天性)의 일단(一端)을 지니고 있으나 그 형기[器]가 치우쳐 본연의 성(性)을 가리고 틀어막아 이것을 명각(明覺), 통달(通達)하지 못한다는 것이다. 그래서 하곡은 다음과 같이 사람과 물의 차이를 말한다.

> 초목, 짐승도 다 생기(生氣)가 충만하여 측은(惻隱)히 여기는 마음이 없는 것이 아니며 생생(生生)의 도리가 없는 것이 아니다. 그러나 영명(靈明)의 본체[體]가 없고 밝은 덕(德)이 없기 때문에 출척측은(怵惕惻隱)의 마음을 어린이에게 발(發)하지 못한다.[80]

---

78) 『霞谷集』, 卷9, 存言 下, 學問者養心之方.
79) 『霞谷集』, 卷15, 孟子說下, 生之謂性章解.
80) 『霞谷集』, 卷1, 書2, 答閔彦暉書.

결국 천명으로서 성(性)이나 생리(生理)가 사람과 물(物)에 공통적으로 부여되어 있긴 하지만 양자의 차이는 그러한 천성에 대한 명각(明覺)과 통달(通達) 여부에 좌우된다고 볼 수 있다. 그는 사람에게 부여된 생리는 능히 명각하는 바가 있으며 스스로 능히 주류통달(周流通達)하여 불매(不昧)한 것이며, 심체(心體)가 능히 지(知)를 가지고 있는 것 전체를 양지(良知)라고 한다는 것이다.[81] 이러한 양지를 마음의 본체로 삼는 점에서 사람과 물의 구별이 있다고 본 것이다.

Ⅶ. 맺는 말

하곡 정제두는 전체로서 이 세계를 부단히 생성, 변화하는 유기적 통일체(有機的 統一體 organic unit)로 이해하였다고 할 수 있다. 다시 말해서 이 세계의 무수한 개체들은 상호의존(interdependence)의 관계를 유지하면서 상호 교섭을 통해 보편적이며 통일적인 창조의 원리를 실현하고 있다는 것이다. 이 세계의 각 개체들은 그 구조에 있어서 동질적 연속체(同質的 連續體)이며 그 작용에 있어서 상호 개방적이고 역동적(力動的 dynamic)인 특성을 지닌다.

하곡은 만물의 궁극적 원리요, 근원적 실재로서 천(天)과 태극(太極)을 말한다. 그것은 우주 내에서 끊임없이 작용하는 창조적 원리요, 영원한 실재이며, 형이상학적인 유일의 포괄적 원리이다. 또한 그것은 현상을 초월한 실재도 아니요, 개물로부터 경험적으로 추상한 보편적

---

81) 『霞谷集』, 卷1, 書2, 與閔彦暉論辨言正術書.

원리도 아니다.

이러한 실재는 이기(理氣)를 포괄한다. 하곡에 의하면 이(理)란 만물을 생성하는 부단한 조화(造化)의 생리(生理)로서 시공에 무제약적이며 그 작용의 묘용(妙用)은 심원(unfathomable)하다. 이러한 생리는 내 마음에 선험적(先驗的)으로 주어진 천리(天理)이다. 기(氣)란 이러한 생리(生理)를 구체화하는 질료(質料)이다. 그러나 근원적 기(氣)는 역시 무한하며, 기(氣)의 응축과 확장의 작용에 의해 형상을 지니는 무수한 개체를 산출한다. 이(理)와 기(氣)는 상호 의존적이며, 보완적 실재로서 나눌 수 없는 일체(一體)이다.

하곡은 천도(天道) 또는 천리(天理)를 성(誠)과 중(中), 인(仁) 등으로 파악한다. 성(誠)이나 중(中)은 존재론적 특성을 지니며, 만물은 이러한 내재적 원리를 당위(當爲)로 깨닫고 실천할 때, 궁극적 실재의 무한한 창조적 작업에 동참할 수 있는 것이다. 성(誠)이란 불이(不貳) 즉 전일(專一)함을 의미하며, 중(中)이란 공정성과 시중(時中), 그리고 조화(調和 harmony)를 의미한다.

한편 개체의 차별성과 공통성에 대해 하곡은 개체란 그 근원에 있어서 이(理)와 기(氣)가 동일하며, 현상에 있어서 그 성질과 모양은 다양하다고 한다. 따라서 다양한 현상의 개체에는 공통성과 차별성이 공존한다고 보았다. 그러나 실상 차별성이라는 것도 본질적 차이라기보다는 정도의 차이라고 보았다고 할 수 있다.

하곡은 주관과 객관적 실재를 엄격히 단절, 양분하는 이분법(二分法 dichotomy)을 배제하며 오히려 주·객의 본질적인 일체적(一體的) 특성을 강조하였다. 그리고 그는 주객의 기계적이며 정태적(靜態的)인 관계를 배제하고 생동적인 상호의존성(interdependency)을 강조했다고 말할 수 있다. 이상과 같은 하곡의 유기체적 세계관은 현대과학이 충분히 입증해주고 있는 사실이기도 하다.

또한 그는 전체로서 이 세계를 포괄적이며 근원적인 원리의 무한한 구현이며, 각 개체는 이러한 원리를 내재적으로 부여받아 각각의 한계 내에서 이를 실현하고 있다고 믿는다. 특히 인간은 이러한 궁극의 원리를 온전히 부여받고 있으며 이것을 분명하게 깨달아 구현할 수 있다는 것이다. 보편적이며 동시에 내재적인 궁극의 원리는 바로 성(誠)과 중(中)으로 이것은 고정된 것이나 한정된 것이 아니라 창조적인 유연성의 원리이며 지극히 공평하고 바른 원리이다. 이상과 같은 실재에 대한 하곡의 설명은 이 세계의 변화와 생성의 법칙이란 경험을 통한 추상화로 규정, 제약될 수 없다는 주장으로 보인다. 더 나아가서는 창조적 원리의 이해자로서 인간만이 이 세계의 법칙과 의미를 온전히 이해하고 실현할 수 있다는 주장으로 이해된다. 따라서 세계를 이해하는 데는 내적 천리에 대한 철저한 개인적 체험 없이는 불가하며, 인간의 선험적 구조에 대한 실존적 해명을 통해서만 가능한 것이다. 다시 말해서 세계는 인간의 탐구를 통해서만 온전히 이해될 수 있는 그런 세계이다. 이러한 의미에서 하곡이 말하는 세계는 물리적 세계가 아니라 인간의 삶의 터전이다. 따라서 그의 세계관의 핵심은 세계의 중심자로서 인간탐구에 있다고 말할 수 있다. 이런 점에서 하곡 철학이 그 주제에 있어서 한계를 지니고 있다고 할 수 있다.

주 제

4

하곡 정제두의 인간관

I. 들어가는 말

나 자신의 삶을 돌이켜 볼 때, 참으로 육체적 안일과 쾌락을 좇고 부귀공명을 위해 혈안이 되었으며 세상의 유행과 타인의 평가에 촉각을 곤두세웠던 것을 알게 된다. 자신의 욕구가 좌절되었을 때 자책하며 후회하기도 하였고 때로는 타인과 사회를 비난하며 절망하기도 하였던 것들이 떠오른다. 한편 우리의 삶의 과정은 선택의 연속이었던 것을 알 수 있다. 감각적 욕구와 이기적 계산에 따를 것인가, 양심의 소리에 귀 기울일 것인가? 비굴하게 생존할 것인가, 떳떳하게 죽을 것인가? 자존심을 지키며 살 것인가, 불의와 적절히 타협하며 살 것인가? 세속의 유행과 여론에 따라 살 것인가, 스스로 옳다고 생각하는 것을 지킬 것인가? 나 자신을 돌이켜 보면 선택적 상황에서 내렸던 결단들 가운데 바람직하지 못했던 선택, 그릇된 선택들이 적지 않았음을 알게 된다. 나 자신을 포함한 인간은 내적 필연성이나 외적인 우연적 조건에 의해 극복할 수 없는 장애와 절망, 그리고 피할 수 없는 오류에 빠질 수밖에 없는 존재인가?

동서고금의 사회현실을 돌이켜 볼 때, 악화(惡貨)가 양화(良貨)를 몰아낸다는 말이 진리처럼 보인다. 하곡(霞谷) 정제두(鄭齊斗, 1649~1736)는 당시 사회 현실을 다음과 같이 묘사하고 있다.

　　대체로 이(理)는 헤아릴 수 없으며 천도(天道)도 역시 알기 어려운 것이다. 내가 보건대 날개를 가지고 나는 것에는 봉황(鳳凰)은 적고 까마귀나 솔개는 많으며 …… 어찌 착한 자는 적고 악한 자는 많은가? …… 어찌하여 어진 이는 드물고 불초(不肖)한 것은 불어나는가? …… 부귀공명(富貴功名)에 힘쓰는 무리는 항상 그 뜻을 얻고 예의도덕(禮義道德)의 선비는 항상 불우(不遇)한 것을 근심하며, 앞세우는 것은 내 몸을 이롭게 하고 사욕(私欲)을 행하는 일이요, 뒤로 미루는 것은 세상을 유익하게 하고 백성을 이롭게 하는 도(道)이다. 힘과 위엄을 가지고 억제하는 정치는 대를 이어서 인습이 되고, 예악인의(禮樂仁義)의 정치는 어느 시대에나 용납되지 못하였다. 권세를 잡는 자는 호활탐모(豪猾貪冒)한 사람이요, 불우에서 헤매는 자는 측은(惻隱)하고 충현(忠賢)한 무리이다. …… 사람의 천성이 악한 것인가? 천도가 착한 자에 편든다는 것이 과연 어디에 있는가? 도대체 저절로 융성하고 쇠퇴한 대로 버려두고 상천(上天)은 그 사이에서 주재(主宰)하는 것이 없기 때문인가? 물건에는 본래 선악(善惡)이 없는데 사람이 제 뜻대로 이를 구별하는 것인가? 비록 사물에 선악이 있더라도 하늘의 뜻이 피차를 구분하려고 하지 않으시기 때문인가? …… 어찌하여 춘하추동(春夏秋冬)에 물(物)이 생성되는 것은 옛날과 같고, 어찌하여 일월한서(日月寒暑)가 교대로 운행하는 것이 옛날과 같은데, 유독 세도(世道)만은 옛날 같지 못하단 말인가?1)

　　하곡 당시의 사람들 가운데에도 선하고 어진 자보다는 악하고 불초

---

1) 『霞谷集』, 卷7, 雜著(拾遺), 雜著: 夫理不可測 而天道亦難知. 吾見翼而飛者 鳳凰小而烏鳶多. …… 何善之少而惡之多也. …… 何賢之希而不肖之滋也. …… 富貴功名之流恒得其志 禮義道德之士常患不遇. 所先者利己行私之事 所後者益世利民之道也. 力制威持之政 繼世而相襲 禮樂仁義之治曠世而不容. 操柄者豪猾貪冒之人 捿遑者惻隱忠賢之類 …… 人之性惡耶. 所謂天道與善者果安在也. 抑任其自盛自衰 上天無所主宰於其間耶. 物本無善惡 而人自以意分之耶. 物雖有善惡 而天意不欲分之於彼此耶. …… 何春夏秋冬之生成者 猶古也. 何日月寒暑之代推者 猶古也. 而於世道獨不如古也. 원전의 인용은 『霞谷全集』(上·下) 驪江出版社(1988년) 영인본을 참고하였음.

한 자가 많으며, 예의도덕(禮義·道德)보다는 부귀공명에 힘쓰며, 공익(公益)보다는 자신의 이익을 위하는 자들이 많다는 것이다. 또한 예악인의(禮樂·仁義)의 정치는 시행되지 않고 무위(武威)에 의한 압제정치만이 관습이 되어버렸으며, 어질고 충성스러우며 현명한 사람들이 정치를 행하기보다는 교활하고 탐욕스러운 자들이 권세를 잡고 있다는 것이다. 이러한 현실을 보면서 하곡은 사람으로서 지켜야 할 도리가 무엇인지 헤아리기 어렵고 천도(天道) 역시 알기 어렵다고 개탄하였던 것이다.

우리 자신이나 사회의 현실이 바람직하지 못할지라도 우리 인간들은 자신을 '만물(萬物)의 영장(靈長)'이라고 하여 스스로를 존귀한 존재로 삼으며, 또한 사랑과 정의의 사회를 이루고자 하는 소망을 간직해왔다. 영국의 철학자 존 스튜어트 밀(John Stuart Mill)이 "배부른 돼지이기보다 불만족스러운 소크라테스가 바람직하다."고 주장하였듯이,2) 인간은 설령 그가 바람직하다고 여기는 가치와 규범을 온전히 실현할 수 없어서 항상 만족스럽지 못할지라도 보다 질적으로 높은 그러한 가치와 규범을 추구하기를 포기하지 않는다는 것이다.

이 글은 인간이 다른 존재와 구별되는 인간 고유의 본질적 특성과 기능, 즉 만물의 영장이 될 수밖에 없는 인간의 본질적 특성과 기능을 고찰하기 위한 것이다. 하곡 정제두의 주요 관심은 인간의 문제, 즉 인간 본연의 특성과 이의 실현의 문제이며, 그의 근본의도가 인간 본연의 특성을 해명함으로써 인간의 존엄성을 자각하게 하고, 나아가 존엄한 본성을 보존하고 실현하는 길을 모색하고자 하는 것이다.3) 따라

---

2) John Stuart Mill(1806-1873)의 『공리주의(Utilitarianism)』(1863년)의 제2장 「공리주의란 무엇인가」를 참고함.
3) 『霞谷集』, 卷7, 說(拾遺), 名兒說 : 立之於知天事天 而終身不怠於存心養性之功 則天命之性可以無復虧欠 而天不外於人矣.

서 본 연구는 하곡이 인간다움 즉 인간의 존엄성을 어떤 점에서 찾고 있는지 고찰하고자 하는 것이다. 이를 위하여 본 연구는 하곡이 인간 보편의 공통적 성질, 특히 인간만이 지니는 인간고유의 본질적 특성을 어떻게 주장하고 있는지 논하고자 한다. 이러한 특성을 고찰함에 있어서 인간의 존재근원에 대한 탐구를 통해 인간의 선험적 특성을 밝히고, 인간다움의 본질적 특성과 기능에 대한 탐구를 통해 인간으로서 추구해야 할 가치와 당위의 법칙을 밝히고자 한다. 이 글은 ① 창조적인 이법적 실재를 지칭하는 천지와 이의 소산물인 만물과의 관계에서 인간의 위상 ② 인간 심성의 본질적 특성 ③ 인간 심성의 원리와 기능 등을 주제로 삼아, 인간에 관한 하곡 정제두의 사상을 고찰하기 위한 것이다.

Ⅱ. 천지만물과 인간

1. 천지의 창조적 법칙성

어느 누구도 천지만물(天地萬物)과 이웃을 떠나서 존재하거나 살아갈 수 없다는 것은 자명한 사실이다. 각 개인은 전체로서의 천지의 한 부분이며, 또한 무수한 만물 가운데 하나이다. 전통적으로 동양의 지성인들은 무수한 생명체의 탄생과 성장을 위한 궁극적 실재를 천지라고 지칭해왔으며, 특히 생명의 기원을 하늘[天]로 보고 생명의 본질과 원리는 하늘에서 연유한다고 생각하였다. 동양에서 말하는 천지라고 하는 것은 자연 가운데 능산적(能産的) 자연, 즉 무수한 개체를 부단히 산출하고 창조하는 자연을 지칭하는 것이며, 만물(萬物)이라고 하는 것은 자연 가운데 소산적(所産的) 자연, 즉 창조된 개체들의 집합으로서 자연이라고 말할 수 있을 것이다. 그러나 소산적 자연으로서 만물이나 각 개인은 항상 피조물로 머무는 것이 아니라, 능산적 자연의 창조적 활동을 돕는 능동적 활동에 참여한다. 그래서 만물도 자연(自然), 즉 '스스로 그러한 것'의 일부이다.

하곡 정제두가 하늘[天]을 '으뜸이 되는 하나의 전체[一元之全體]' '도의 커다란 근원[道之大原]'4)이라고 한 것은, 천지의 시원적이고 근본적이며, 생성과 운동 변화의 총괄적 원리를 하늘[天]이라고 칭한 것이라고 하겠다. 또한 그는 하늘을 선천(先天)과 후천(後天)으로 구분하여 선천을 '천지의 자생(自生)'이라 하고, 후천을 '천지의 화도(化道)'라고 한다.5) 그가 선천이라고 한 것은 천지가 다른 것에 의존함이 없이 그 자체가 지니는 부단한 창조적 활동성을 지칭하는 것이며, 후천이란 천지의 법칙성에 따라 다양한 종류의 사물과 다양한 형태의 사물들이 생성, 변화하는 과정을 지칭하는 것이다. 따라서 선천이란 천지의 체(體)요, 후천이란 천지의 용(用)이라 하는 것이다. 결국 인간을 포함하는 모든 개체들은 천지의 창조성과 법칙성의 소산이라고 할 수 있을 것이다.6) 그런데 하곡은 일체 생명의 근원으로서 천지의

---

4) 『霞谷集』, 卷12, 中庸說, 中庸: 天者一元之全體 道之大原也. 命賦之也 性者人心所稟之天 人之主體也(天之實體). 率循也 由之自然也. 道者人心本然之理 性之本體也(性之實事). 인용문 가운데 ( )의 내용은 小註를 옮겨 놓은 것임.

5) 『霞谷集』, 卷20, 先後天說, 先後天圖說: 凡先天者天地之自生 凡後天者天地之化道也. 故一陰一陽之謂道 先天也 誠者自成(體也). 亦是繼之者善 成之者性 後天也 而道自道(用也). 亦是太極圖中 先天中有流行者 有質體者 有先天有後天後天中有造化有生類形也.

6) 『霞谷集』, 卷12, 中庸說, 中庸雜解: 天道一元 全體無極 至誠於穆 是生萬物.

활발한 생명력의 충만성과 그 신묘한 작용의 불측성(不測性)을 지칭하여 대기원신(大氣元神)이라는 말로 표현하고 있는데, 그는 으뜸가는 완전한 생명력으로서 원기(元氣) 또는 대기(大氣)를 하나의 이체(理體)라고 하며, 이러한 활발한 생리(生理)의 완전한 실체가 부단한 창조성을 지니는 것은 거기에 지극히 순일(純一)한 진실한 이치[眞實之理]가 있기 때문이라고 한다. 따라서 천지의 부단한 창조성은 순수한 기(氣)와 참다운 이(理)의 분리되지 않은 생리(生理)의 온전한 체(體)에서 연유한다는 것이다.[7]

　　한편 하곡은 천지의 근원적인 창조성으로서 천(天) 또는 제극(帝極)을 법칙적(法則的)인 것으로 파악하고, 실재 자체가 지니는 이법(理法)을 중(中)과 성(誠)으로 말한다. 다시 말해서 하곡은 천지가 무수한 개체들을 산출할 수 있는 것은 그것이 일관된 법칙성을 지니고 있기 때문이라는 것이며, 그 근원적 법칙을 중(中), 통일성[一]과 성(誠)으로 말하고 있는 것이다.

　　　제극(帝極)과 의상(儀象)과 중생(衆生)은 한 가지 이(理)가 일관하니, 곧 중(中)과 일(一)이 만화(萬化)를 생(生)하는 것이다.[8]

　　　하늘[天]은 중정(中正)한 까닭에 하늘이요, 신묘(神妙)하게 변화하는

以其陰陽流行 各有稟付 故曰命. 其所稟而生者 各得其賦而正焉 則謂之性矣.
7)　『霞谷集』, 卷9, 存言 中: 竊謂大氣元神 活潑生全 充滿無窮 神妙不測 而其流動變化生生不已者　是天之體也　爲命之源者.(是氣也　形而後有局　其未有形之時是爲元氣　元氣者無所局. 其未有形之時　所謂元氣本一理體而已　及其有形而後始謂之氣. 謂之器　有形而後局則　雖天地亦然矣). …… 是一點純氣只是生理 是理之體神之主也. …… 生理之體本謂此爾. 雖然又其一箇活潑生理全體生生者　卽必有眞實之理(體)　無極之極　而於穆冲漠至純至一之體焉者　是乃其爲理之眞體也(是乃所謂道者也命者也).
8)　『霞谷集』, 卷9, 存言 中: 帝極儀象衆生　一理一貫　卽中一生萬化者.

까닭에 나는[飛] 것이니 오직 그 덕(德)이 부합되어야만 이에 만날 수
있는 것이다.9)

하곡은 하늘의 창조적 작용[天道]과 변화의 원리[天理]를 중(中)
또는 중정(中正)으로 설명한 것이라고 하겠다. 하늘 또는 태극(太極)
으로부터 음양(陰陽), 만물(萬物)을 관통하는 원리를 중(中)으로 이해
하였다고 말할 수 있다.

하곡은 천지의 이치[理]와 인간의 본성[性]을 일관하는 특성을 시
중(時中)으로 설명한다.

> 오직 이 전체(全體)의 하나의 성(性)(한 개의 仁理神明이다)은 천지
> 만물에 통(通)하며 원래 하나이니 곧 이(理)이다. 그것은 완전히 유행
> 하고 감응(感應)이 관통하며, 중절(中節)이 두루 미치지 않음이 없으니
> 시중(時中)이란 것이 곧 이것이다. 그러므로 이르기를 다만 이것은 하나
> 의 명덕(明德)이니, 사물이 있으면 법칙이 있다고 하는 것이다. 하나의
> 맑은 구슬은 지극히 텅 비어 있어 온갖 형상을 두루 비추어, 아름답고
> 추하고 검고 흰 것이 각각 그 사물에 따라 드러난다. 하나의 큰 종은 지
> 극히 텅 비어 있어 온갖 소리를 모두 내어, 크게 두들기면 큰 소리를 내
> 고 작게 두들기면 작은 소리를 내는 것이니 그 두들기는 것에 따른다.
> 물은 높고 낮은 땅에서 흐르고 공간[空]은 크고 작은 병에 있다. 사람과
> 하늘이 일체(一體)이면서 형체를 나누는 것은 이런 것이니, 이것을 체
> (體)라 이르는 것이다. …… 사람의 성(性)이 물(物)을 따라서 중절
> (中節)하는 것이 바로 이것이니, 이것을 용(用)이라고 하며, 모두가 심
> 성(心性)인 것이다.10)

---

9) 『霞谷集』, 卷8, 存言 上. 乾龍四爻說: 天也中正故天 神化故飛 惟其德合 乃能遇
10) 『霞谷集』, 卷9, 存言 中: 惟是此全體一性(一箇仁理神明) 通天地萬物 原是
   一箇者 乃是理. 其無不完全流行感應貫通 中節溥博時中者是也. 故曰只是一
   明德有物有則. 一箇明珠 至空萬形具照 姸媸墨白 各隨其物. 一箇洪鍾至虛萬
   聲具發 大叩大應 小叩小應 各隨其叩. 水流高低地 空在大小瓶 天人之一體
   分形是也 是謂體. …… 人性之隨物中節是也 是謂用 皆心性也.

하곡은 천지만물을 관통하는 이(理)와 성(性)이란 시중(時中)으로서 천지만물로 하여금 서로 감응하고 교통하게 하며, 상황에 따라 중절(中節)하는 것이라고 보았던 것이다. 그는 "홍범(洪範)·황극(皇極)은 곧 천도(天道)인데, 그 극(極)을 세우면 무릇 그 백성에게 음사(淫邪)한 편당(偏黨)이 없을 것이오니 이것이 첫째 조목입니다."[11]라고 하여, 천도(天道)를 치우침이 없는 중(中)으로 보았으며, 이것이 편당을 해소하는 원리라고 이해하였다.

또한 하곡은 만물을 생성하고 육성하는 천지의 운행[道]을 성(誠)으로 주장한다.

> 천지의 도(道)는 성(誠)일 뿐이다. 불이(不貳)한 것이 그 본체[體]이다. 불이(不貳)한 고로 쉬지 않으며 물(物)을 생(生)함이 많아 그 소이연(所以然)을 헤아릴 수 없다.[12]

> 대저 성(誠)이란 불이(不貳)이며, 불이(不已)요, 그것은 가릴 수 없다. 그것이 감응하고 통하게 하는 도라고 하는 것은 이광(李廣)이 활을 쏘아 바위를 뚫은 것과 같이 그 마음이 지극히 오로지하고 한결같이 한 것이다.[13]

하곡은 천지의 도란 성(誠)일 뿐이라고 한다. 성(誠)이란 진실하여 거짓됨이 없는 것을 지칭한다. 이는 곧 천지의 본체가 불이(不貳)하다는 것, 즉 두 갈래로 분열하거나 중단함이 없이 한결같은 일관성과 지속성을 지니고 있다는 것을 의미한다. 이 때문에 천지는 중단 없이 운

---

11) 『霞谷集』, 卷5, 筵奏, 戊申 4월 17일 참조.
12) 『霞谷集』, 卷12, 中庸說, 中庸2 小註: 天地之道誠而已 不貳者其體也 不貳故不息 其生物之多莫測其所以然者.
13) 『霞谷集』, 卷9, 存言 中: 夫誠者不貳也不已也 其不可揜也 其感而通之道也者其李廣之射石歟 其心至專至一.

행하며, 무수한 사물을 생성한다는 것이다. 결국 하곡은 무수한 개체의 근원으로서 천지의 무한한 생명의 부단한 창조성은 그 자체가 지니는 순일(純一)한 진실성과 성실성에서 연유한다고 보았던 것이다.

또한 하곡은 성(誠)을 사물이 그 스스로를 완성하는 소이라고 한다.

> 성(誠)은 실리(實理)로서 말하는 것이 있고, 실심(實心)으로서 말하는 것이 있다. 실리(實理)로 볼 때에는 성(誠)은 물(物)의 자성(自成)하는 소이(所以)요, 도(道)라는 것은 이(理)의 용(用)되는 소이(所以)이다. 실심(實心)으로 볼 때에는 성(誠)이란 마음이 스스로 근본으로 삼는 것이요, 도(道)란 것은 사람이 마땅히 스스로 행할 바이다.14)

성(誠)은 천지가 무수한 존재를 생성하게 하는 원리일 뿐만 아니라, 개체로서 사물들이 그 스스로를 완성하는 실리(實理)라고 하는 것이다. 또한 성(誠)은 실심(實心)을 지칭하는 것으로 인간의 마음이 스스로 근본으로 삼는 것이라고 한다.

결론적으로 말해서 인간을 포함한 만물의 근원적 실재로서 천지는 성(誠)과 중(中)에 의해 무수한 만물의 부단한 생성과 변화를 가능하게 하고, 상호 감통(感通)하게 한다는 것이다.

2. 천지만물과의 일체(一體)

하곡은 하늘(天) 또는 천지(天地)와 인간은 하나의 근원이라고 한

---

14) 『霞谷集』, 卷12, 中庸說, 中庸雜解: 誠有以實理言 有以實心言 以實理則誠者物之所以自成 道者 理之所以爲用 以實心則誠者心之所自爲本 道者人之所當自行.

다. 이것은 사람의 한 마음[一心]에는 천지, 즉 천지의 이치가 갖추어
져 있다는 의미이다.

> 우리의 심성(心性)에서 벗어나지 않으면 하늘과 사람은 본래 만물의
> 근본인데 어찌하여 사물의 이치만을 구하다가 도리어 근원을 잃는가?[15]

> 아! 사람은 누구인들 이 마음이 없으랴! 한 마음의 은미(隱微)한 데
> 에 천지가 갖추어 있으니 그 본체[體]는 크다고 할 것이다. 넓고 넓은
> 하늘을 내 한 마음에 간직한다는 것은 그 도(道)가 간약(簡約)하다고
> 할 것이다.[16]

여기서 일심(一心)이란 인간 보편의 순일(純一)한 마음을 지칭하는
것으로 보이는데, 이러한 마음에 천지의 이법(理法)이 간직되어 있다
는 의미로 해석된다. 결국 인간의 심성의 이치와 천지의 이치는 본질
상 다름이 없다는 것을 의미한다.

하곡은 유가에서 전통적으로 주장되어 왔던 천인합일(天人合一)의
의미를 천지의 창조적이고도 법칙적인 특성이 인간의 심성에 온전히
부여되어 있다는 의미로 받아들인 것이라 하겠다.

> 생생(生生)하는 일리(一理)가 깊고 멀면서 유행하는 것은 성(性)의
> 근원이요, 나에게 부여된 것으로 온전하게 갖춰져서 다 같이 흐르며 간
> 단(間斷)이 없는 것은 성(性)의 명(命)인 것이다.[17]

---

15) 『霞谷集』, 卷7, 詩(拾遺), 草亭新居: 不外吾心性 天人自一元 如何求物理 轉
　　使亡其源.
16) 『霞谷集』, 卷7, 說(拾遺), 名兒說: 嗟 夫人孰無是心哉 以一心之微天地備焉
　　其體可謂大矣 以浩浩之天存乎一心 其道可謂約矣.
17) 『霞谷集』, 卷9, 存言 下, 性之體用: 天地中生生一理 於穆流行者性之源也 賦
　　予具全 同流無間者性之命也.

결국 하곡은 근원적 실재 자체의 통일적 이(理)의 부단한 창조성은 인성(人性)의 근원이며, 그러한 천지의 창조성은 나에게 온전하게 부여되어 한 치의 차이나 간격이 없다고 하는 것이다. 하나의 개체로서 인간의 본성[性]은 천지의 이치[理]의 내재성이며, 그래서 완전하고 선(善)하다고 하는 것이다. 인간의 본성은 궁극적 실재의 속성을 그대로 온전히 갖추고 있다. 그래서 하늘[天]과 인간의 심성(心性)은 본체와 그것의 구현의 관계를 갖는다고 할 수 있다.

한편 하곡은 인간과 만물은 그 근원에 있어서 일체(一體)라고 한다.

> 본연충막(本然沖漠)의 본체[體]는 만물이 원래 사람과 더불어 일체(一體)가 되는 것이며, 생리(生理)의 순기(純氣)는 만물이 역시 한 가지 근원인 것이니, 이것이 곧 사람이 태어나 형체를 이루지 않았을 때에 음양(陰陽)의 이(理)가 이러했던 것이다.18)

인간과 만물은 형태를 지닌 구체적 개체로서 볼 때에는 분명 다르지만, 존재의 근원에서 본다면 일체(一體)라고 하는 것이다. 만물과 인간이 일체라고 하는 의미는 본래의 충막(沖漠)한 본체로 인해 서로 감통(感通)하고, 생리(生理)의 순기(純氣)를 공유하고 있다는 것이다.

하곡에 의하면 사물의 조로(條路)로서 물리(物理)란 각 사물의 조관(條貫)일 뿐이고 다른 존재들을 하나로 통령(統領)하는 종주(宗主)가 못 된다고 하며,19) 반면 인간은 영통(靈通)한 본체와 밝은 덕(德)을 지니고 있어서 만물과 본연의 일체(一體)를 자각하고 구현하는 주

---

18) 『霞谷集』, 卷8, 存言 上, 理一說: 其本然沖漠之體 萬物原與人一體 其生理之純氣 萬物亦與人一原 此卽人生以上未形之時陰陽之理如是也

19) 『霞谷集』, 卷8, 存言 上 睿照明睿說: 然若其氣道之條通而已者則 雖其無靈通而至粗頑者 亦皆有之 盖有物則 皆有之矣 但是爲其各物之條貫而已 非所以爲統體本領宗主者也

체가 된다고 한다.

> 풀이나 나무, 날짐승이나 길짐승과 같은 것도 생명력[生氣]을 가득
> 지니고 있어서 살아 움직이는 것들을 불쌍히 여기거나 삶의 이치대로 살
> 아가려는 그런 도리(道理)가 없는 것은 아니지만, 영통(靈通)한 본체가
> 없으며 밝은 덕(德)이 없다. 그러므로 어린아이에 대해 놀라고 두려워하
> 며 가엾게 여기는 마음을 내지 못한다.[20]

인간이 주도적으로 만물과의 일체(一體)를 자각하고 이를 실현할
수 있는 것은 그 마음에 영통한 본체와 명덕이 있기 때문이라고 하는
것이다. 인간은 식물이나 동물처럼 생기와 생리를 지니고 있을 뿐만
아니라, 인간의 생명의 기운과 이치는 다른 존재와 신령하게 통하고
덕을 밝게 드러낼 수 있는 명덕을 지니고 있다는 점에서 다른 존재와
구별되며, 만물과의 근원적 일체를 구현할 수 있다는 것이다.

3. 만물의 주재(主宰)와 권형(權衡)

하곡에 의하면 인간의 다른 존재와 달리 영통(靈通)한 본체[體]
와 명덕(明德)을 지니고 있음으로 인하여 측은지심(惻隱之心)과 같
은 생리(生理)를 발할 수 있으며, 천명(天命)을 미루어 갈 수 있다
고 한다.

> 사람과 만물의 생(生)이 일용(日用) 사이에 양양(洋洋)하게 가득차

---

20) 『霞谷集』, 卷1, 書2, 答閔彦暉書: 如草木禽獸亦有生氣充滿 非無生生之惻隱
生生底道理, 無其靈體也 無其明德也. 故無怵惕惻隱之心發於孺子者也.

있는 것으로서는 천명(天命)의 유행이 아닌 것이 없지만 오직 사람만이
이를 잘 미루어 나아갈 수 있는 것이다.21)

하곡은 천지만물 가운데에서 오로지 인간만이 천명(天命)에 대한
자각과 이의 확충능력을 지니고 있다고 보았던 것이다. 사람만이 천명
(天命)을 미루어 알고 실천할 수 있다고 하는 것은 무슨 의미이며, 그
근거는 무엇인가? 주희(朱熹)는 『대학장구(大學章句)』에서 "인심의
신령함은 지(知)를 지니고 있지 아니함이 없다[人心之靈 莫不有知]"
라고 하여 개개의 사물의 이치를 지각할 수 있는 능력으로서 인심의
영(靈)을 주장하였으며, 왕양명(王陽明)은 천리(天理)의 소명령각(昭
明靈覺)을 양지(良知)라고 하고, 그 양지에 의해 무수한 개별적 이
(理)가 구현된다고 보았다.22)

하곡은 인심(人心)을 만물 가운데 신령[靈]한 것으로서 만물의 총
회자(總會者)라고 한다. 그래서 사람의 마음은 감응(感應)의 주체이고
온갖 이치[萬理]의 본체라고 하는 것이다.23) 또한 그는 정명도(程明
道)의 정성서(定性書)를 주석한 「정성문(定性文)」에서 인심을 천지만
물의 주인이라고 한다. 인심은 천지만물 가운데 정령(精靈)으로 모든
존재에 영통(靈通)하며, 천지만물 가운데 신명(神明)한 존재로 하늘의
법칙을 갖추고 있다는 것이다. 그래서 천지만물의 주재(主宰)가 되고
권형(權衡)이 된다고 한다.24) 인심은 천지만물 가운데 가장 신령(神

---

21) 『霞谷集』, 卷9, 存言 下, 性之體用: 人物之生 洋洋乎 日用之間 莫非天命之
    流行 惟人能推之
22) 『王文成公全書』, 卷5, 答舒國用; 「傳習錄中」, 答顧東橋書 135조 참조.
23) 『霞谷集』, 卷9, 存言 中: 人心者天地萬物之靈 而爲天地萬物之總會者也. 故合天
    地萬物之衆 總而開竅於人心. …… 以人心者感應之主 萬理之體也 大哉心也.
24) 『霞谷集』, 卷8, 存言 上 定性文 小註 : 天地萬物 心是其精 天地萬物 心爲
    其神. 盖乎天地蕩物之精 發而開竅于心 賦而命德于性. 一點靈明感通爲竅 天
    則之眞無不具. 足以爲天地萬物之主宰 以爲天地萬物之權衡故也.

靈)하고 신명(神明)한 존재로서 신수(神首)라고 칭해진다.[25] 그 이유
는 인격적으로 비유된 상제(上帝)의 충심(衷心)과 하늘의 명성(明性)
을 인심(人心)이 부여받은 것이라고 보기 때문이다. 그래서 그는 인심
에게 '황(皇)의 극(極),' '제(帝)의 칙(則),' '생(生)의 원(元),' '물(物)
의 군(君)'이라는 직위(칭호)를 부여한다. 그 인심은 물(物)을 체인
(體認)하고[體物], 물을 명하고[命物], 만리(萬理)를 갖추고[또는 生
하고], 만사(萬事)를 일으키는 기능을 발휘한다. 그 결과 만 가지 품
목이 모두 그 마음의 물(物)이 되고 만 가지 차례가 모두 인심의 활
용이라고 한다. 인간은 다른 존재로부터 명령을 받지 않고 오로지 물
(物)에게 명령하는 주재자(主宰者)이다. 여기서 물(物)이란 크게는
'인륜(人倫)' 작게는 백용(百用), 가까이는 신체로부터 멀리는 자아의
호오득실(好惡得失)과 관련된 일체의 사물을 지칭한다.[26]

　하곡은 인심이 만물을 통괄하는 본체[統體]요, 본령(本領)의 종주
(宗主)가 되는 것은 기(氣)의 영통처(靈通處)(精處, 明處)로서 생리
(生理)가 마음에 있기 때문이라고 한다. 즉 인심의 생리 즉 진리(眞
理)가 있는 곳을 명덕(明德)이라고 하며, 이로 인해 인간만이 모든 존
재와 막힘없이 영적 교류 즉 이해와 감정의 교류가 가능하며, 온갖 이
치[理]를 드러내는 본원이라는 것이다.[27] 결국 인간이 모든 피조물
가운데 가장 뛰어난 존재라고 하는 것은 인간만이 인심의 신명(神明)
또는 영명성(靈明性)을 지니고 있다는 점이다. 달리 말하자면 인간만

---

25) 『霞谷集』, 卷8, 存言 上 定性文 : 天地萬物孰爲主 曰惟人心乃其神首 帝降
　　其衷 天縱其明 維皇之極 維帝之則 有生之源 有物之君 是能體物 是能命物
　　萬理以備 萬事以興 有萬其品皆是其物 有萬其倫皆斯之用 天下之本於是而出
　　擧天地間無能喩者.
26) 『霞谷集』, 卷8, 存言 上 定性文 又一本.
27) 『霞谷集』, 卷8, 存言 上 睿照明睿說.

이 만물에 감응하고 통하며, 천지의 이법을 밝게 깨달아 만물에게 그 가치와 의미를 부여할 수 있는 마음을 지니고 있다는 것이다. 그래서 인간은 만물의 주재가 되며 권형이 된다고 하는 것이다.

Ⅲ. 인간 심성의 본질적 특성

1. 인간의 본질로서 마음

인간은 사물의 이치를 분별하고 시비선악을 판단하는 사유기능을 지닌 마음과 감각기관을 통해 외적 사물을 지각하고 행동으로 대응하는 육신으로 구성되어 있다. 전통적으로 유가들은 인간다움의 특성을 그 심성(心性)에서 찾았다. 맹자는 형기(形氣)의 성(性: 小體 즉 감각기관의 性)을 인간의 본성으로 보지 않고 천명(天命)의 성(性: 大體 즉 마음의 性)을 인간의 본성, 즉 인간다움의 본질적 속성으로 삼았다.[28] 하곡은 이러한 유가의 전통에 따라 인간존재의 근본적 특성, 특히 인간본연의 본질적 특성 및 존엄성을 심성에서 찾고 있다.

> …… 사람은 오직 이 마음일 뿐이요, 마음은 곧 하늘인 것이다. 이미 마음을 말하였다면 하늘은 이미 거론된 것이다. 하늘과 사람이 어찌 둘이 되겠는가? 비록 그렇다 하더라도 사람의 한 육신은 형기(形氣)가 승(勝)하고 천리(天理)가 미약하다. 그러므로 사람은 오직 피와 살이 꿈

---

28) 『霞谷集』, 卷15, 孟子說下, 告子章雜解.

틀거리는 것이 사람인 줄로만 알고, 높고 둥그스름하게 위에 있는 것을 하늘인 줄만 알며, 그 근본이 곧 하나인 것을 모른 것이다. …… 이 마음을 하늘의 도(道)에 세우는 것이 참으로 이것이 나의 인생의 명(命)을 세우는 곳이다.[29]

도(道)라는 것은 인심의 이(理)이며 인간됨의 소이(所以)이다. 이것을 잃고 알지 못하면 비록 산다 해도 사는 것이 아니다.[30]

위의 두 번째 인용문은 하곡이 『논어』(里仁)의 "아침에 도를 들으면 저녁에 죽어도 좋다(朝聞道 夕死可矣)."라는 구질에 대해 풀이한 것이다. 그는 공자가 이루고자 한 도란 인심의 이(理)이며 이것이 인간다움의 소이라고 하고, 인심이 곧 하늘[天]이라고 한다. 따라서 그는 인간다움 또는 인간존재의 근원적이며 본래적 특성이 드러나는 곳은 심성이며, 인생의 당위적 소명(召命)이 심성에 주어져 있다는 것이다. 인간존재의 본래적 특성을 그 심성에서 찾은 하곡은 유학 또는 성현(聖賢)의 종지(宗旨)란 심성을 보존하고 밝힘으로써 본연의 인간다움을 회복하고자 하는 것으로 보았던 것이다.[31]

---

29) 『霞谷集』, 卷7, 說(拾遺), 名兒說: ……人只是此心 心只是此天. 旣曰心則天已擧矣. 天與人寧有二乎. 雖然人之一身形氣勝 而天理微 故人只知血肉蠢然者之爲人, 穹然在上者之爲天 而不知其本卽一也…… 立此心於天之道 眞是吾生立命處也.

30) 『霞谷集』, 卷14, 論語說·孟子說上: 道者人心之理 所以爲人者. 失此不知 則雖曰生 非生也.

31) 『霞谷集』, 卷8, 學辯: 聖學之主意 惟在此心之天理 則雖分言之說至於千百其條其主意無非有爲於此一心焉而已. 同, 卷9, 存言 下: 聖人之學心學也 心者人皆有之 何爲則爲聖人 曰聖人之學性學也 性者心之本體也 所謂天理也 聖人之學存其心之天理者也 本體天理人皆有之. 同, 卷8, 學辯: 聖賢之訓 雖千言萬言 其所爲學 則不過欲存此心之天理也.

2. 육신의 주재로서 마음

하곡은 인간의 정신(精神)과 생기(生氣)는 한 몸의 생리(生理)가 된다고 한다.[32] 또한 우리가 통상 말하는 이(理)나 성(性)이라고 하는 것 역시 생리(生理)를 지칭하는 것이라고 한다.[33] 따라서 인간은 생명체의 하나로서 생리를 지니고 있다는 것이다. 따라서 하곡은 인간을 분리될 수 없는 이기(理氣)의 결합체로 보았다고 하겠다.

일반적 통념상 인간은 육신과 마음으로 구성된 존재로 알려지고 있다. 그런데 하곡은 각 사람의 마음을 이루는 기(氣)는 어둠과 밝음[昏明]의 차이가 있으며, 육신을 이루는 기(氣)는 요수(夭壽)와 귀천(貴賤)의 차이가 있다고 하는 것이며, 마음은 그 가운데에 선(善)한 이(理)가 있어 가변적이라고 하며, 육신을 이루는 기(氣)에는 일정한 한계가 있어서 변하기 어렵다고 한다. 하곡은 상대적 차원에서 마음의 변통성과 육신의 제약성을 말하고 있는 것이다.

사람의 생(生)은 음양(陰陽)과 오행(五行)의 기(氣)를 벗어나지 않는 것이다. 그러므로 그 기(氣)에는 만 가지 같지 않은 것이 있으니, 심(心)에 있어서는 어둠과 밝음의 같지 않음이 있으며 육신에 있어서는 요수(夭壽)와 귀천(貴賤)의 한계를 드러내는 증거들이 있다. 대체로 마음은 변화하고 유통(流通)하는데 그 선(善)한 이(理)가 거기에 있어서 변할 수 있다. 몸에 있어서는 기수(氣數) 가운데에 정해진 한계가 있어 변화하기 어려운 것이 있는 까닭에 지인(至人)이 아니면 변하기 어려운 것이다.[34]

---

32) 『霞谷集』, 卷8, 存言 上: 卽精神生氣 爲一身之生理.
33) 『霞谷集』, 卷8, 存言 上: 理性者 生理耳.
34) 『霞谷集』, 卷9, 存言 下: 人之生不出陰陽五行之氣 故其氣則有萬不同 在心有昏明之不同 在身則有驗其壽夭貴賤之限. 蓋在心則變化流通 而其善之理在焉故可變. 在身則在氣數之中有定限 難於變化 故非至人則難變.

하곡은 육신의 각 기관들의 기능에는 일정한 한계와 법칙이 있다고 하는 것이며, 마음은 이러한 제약성을 떠나 여러 육신의 기관의 다양한 기능을 주재하고 무수한 변화에 대응할 수 있다고 하는 것이다.

> 눈으로 보고 귀로 듣는 것에도 모두 천칙(天則)이 있는 것이며, 이를 주재하는 것은 마음인 것이다.35)

하곡은 이목구비설(耳目口鼻說)에서 육신의 감각기관은 각각의 고유 기능에 따라 외적 대상인 사물의 성질[聲·色·臭·味]을 지각한다는 것이다. 이목구비 등 감관(感官)이 성색취미를 지각하는 작용은 이미 선천적으로 정해진 법칙에 따라 이루어진다는 것이다. 이러한 천칙(天則) 또는 이(理)를 주도하는 것은 마음이라고 한다. 그러나 마음의 기능은 앎[知]이며 그 앎의 내용은 이(理)라고 한다. 마음의 작용[用]은 감관(感官)으로 촉발[作]되며, 이(理)의 체(體)는 감관을 통해 구현[發]된다는 것이다. 따라서 감각기관이 없다면 마음의 작용[知]도 이(理)의 본체[體]도 없다고 한다. 그러나 이 마음이 없다면 감관[耳目口鼻]의 작용[視聽齅嘗]도 없고 지각[聲色臭味]의 이(理: 美惡是非)도 없다고 하는 것이다. 왜냐하면 외적 대상의 이(理)란 마음의 물(物)의 이(理)이며, 감관은 이(理)와 분리될 수 없는 형기(形氣)요, 감관의 작용은 이(理)를 지닌 마음의 작용이기 때문이다. 하곡은 소주(小註)에서 마음이 능히 알 수 있는 것을 정신생리(精神生理)라고 하며, 마음을 이목구비 등과 같은 감관의 주체[主]라고 한다.36)

육신이나 감각기관이란 사람의 기혈(氣血)로서 능히 지각하고 운동하는 것인데, 이러한 육신을 주재(主宰)하는 것은 마음이라고 하는 것

---

35) 『霞谷集』, 卷9, 存言 下: 目視耳聽 皆有天則 而主之者心也.
36) 『霞谷集』, 卷8, 存言 上, 耳目口鼻說 참조.

이다. 육신을 주재하는 마음을 인간의 신명(神明)이라고 하며 (이것이
온갖 변화를 주도하는 것이라고 한다.) 그의 본체의 미묘함을 명덕(明
德)이라 하고, 성(性)을 주도하는 곳이라 한다.[37]

3. 심성의 본질적 구조

하곡은 심(心)과 성(性)을 존재론적으로 분리될 수 없는 것으로 보
았다. 그러나 그는 양자를 기능상 구별하고 있다.

> 심(心)은 성(性)의 기(器)(氣顯)요, 성(性)은 심(心)의 도(道)(理
> 微)이다. 그 전체(全體)를 말하자면 심(心)이요, 그 본연(本然)을 말하
> 자면 성(性)이다. 심(心)을 말하면 성(性)이 여기에 있고, 성(性)을 말
> 하면 심(心)이 이에 근본을 둔다.[38]

하곡은 심과 성은 상호 분리할 수 없이 하나를 이루되, 심은 성을
본체로 삼고 이를 구현하는 도구이며, 성은 심이 준거할 도리라고 하
는 것이다. 따라서 심은 그 본체로서 성이 없다면 활동의 준거를 잃는
것이요, 성은 그것을 담는 심이 없다면 존재할 수 없고 그 법칙성도
구현될 수 없다. 심은 성을 담는 그릇이요 성의 실현 도구이며, 성은
심의 근본이요 작용의 원리라고 할 수 있다.

하곡은 마음이 허령불매(虛靈不昧)하여 두루 유행하며 만물을 꿰뚫

---

37) 『霞谷集』, 卷2, 書4, 答李君輔問目: 魂魄者陰陽之靈 人之氣血 能知覺運動者
　　是已 其形也粗. 心者身之主宰 人之神明 爲萬變之主者是已 其體也妙 是之
　　謂明德 性之主處也.
38) 『霞谷集』, 卷9, 存言 下: 心者性之器(氣顯) 性者心之道(理微) 言其全體則
　　曰心 言其本然則曰性 言心性在焉 言性心本焉.

어보며 무한한 감응(感應)이 가능하다고 한다. 이것은 마음에 천칙(天則)의 진(眞)이 갖추어져 있으며[39] 하늘이 명(命)한 이(理)가 인성(人性)이 되기 때문이라는 것이다.

허령(虛靈)하여 어둡지 아니하며 두루 유행하여 깊이 꿰뚫어보며 응(應)하고 감(感)하여 다함이 없는 것이 마음이다.(그 본체는 性이니 仁·義·禮·智의 理이다. 이것은 하늘이 명한 것이니, 이른바 明德이란 것이다) 그 희로애락(喜·怒·哀·樂)과 측은수오(惻隱·羞惡)는 정(情)이니 정에는 중화(中和)의 이(理)가 있다.(즉 性의 本然이다) 이목구비(耳·目·口·鼻)의 시청언동(視·聽·言·動)은 그 육신이니, 밝게 듣고 밝게 보고 순종하고 공손해 하는 이치가 있다.(즉 性의 본연이다) 부자군신부부붕우(父子·君臣·夫婦·朋友)는 그 인륜이니, 인륜에는 인경효자(仁·敬·孝·慈)의 이치가 있다.(性의 본연이다) 가국천하천지만물(家·國·天下·天地·萬物)이란 것은 그 물(物)이니 물에 발하여 삼천 삼백의 경례(經禮)와 곡례(曲禮)와 넓고 깊으면서 때로 드러나는 이치가 있다.(다 性의 德이요, 때에 맞추어 조치하는 마땅함이니 어느 것이나 다 마음에서 나오지 않는 것이 없다. 즉 性의 본연이다.) 마음에 근원하여 육신에서 발(發)하여 그 인륜과 물에 이르니[達] 다 마음이며 다 나의 성(性)이다. 비록 미소한 것으로부터 광대한 것에 이르기까지 형상이 분별되고, 안으로부터 먼 데까지 친소(親疎)가 같지 않지만 그 체(體)는 곧 하나이니, 다 나의 마음이다. 이른바 일본(一本)이면서 만수(萬殊)라고 하는 것이다. 이른바 중(中), 중절(中節)의 화(和), 솔성(率性)의 도(道)라고 하는 것은 도심(道心)이 아닌 것이 없으며, 이른바 인의예지(仁義禮知)라고 하는 것은 명덕(明德)이 아님이 없다.[40]

인심은 만물 가운데 가장 영명(靈明)한 것으로 만물에 대한 이해가 가능하며, 만물을 지각하고 대응하는 무궁한 기능을 지니고 있다는 것

---

39) 『霞谷集』, 卷8, 存言 上, 定性文 小註 참조.
40) 『霞谷集』, 卷1, 書2, 答閔彦暉書 참조.

이다. 또한 마음은 다양한 감정과 지각을 가능하게 하는 이치를 지니고 있으며, 인륜의 이치와 다양한 사물에 따라 마땅히 조치할 수 있는 이치와 그 분별력을 지니고 있다는 것이다. 이상과 같은 마음의 기능은 천칙(天則)의 진(眞), 성(性)의 본연(本然), 명덕(明德) 등에 근거한 것이라고 한다.

하곡은 성(性)이란 하늘로부터 부여된 것으로 명덕(明德)이요, 본질적 선(善)이며, 생명의 덕(德)으로 사물의 법칙이 된다는 것이다. 그는 성(性)을 다양한 측면에서 설명하고 있다.

> 성(性)이란 천강지충(天降之衷)이니 명덕(明德)이며 자유지량(自有之良)이다. 생지덕(生之德)이 있고 물칙(物則)이 되는 것이다. 그러므로 명덕(明德)이라 하고 강충(降衷)이라 하고 양지(良知) 양능(良能)이라 하고 병이(秉彝)라 한다. 스스로 있는 중(中)이므로 천지의 중이라 이르는 것이다. …… 하나의 이(理)가 허명(虛明)한 것은 성(性)의 본체[體]이고 관통하여 사이가 없는 것은 성(性)의 작용[用]이다. 덕(德)이라 하고 성(誠)이라 함은 성(性)의 실(實)이요, 도(道)와 이(理)는 성(性)의 조목(條目)이요, 정신과 혈기는 성(性)의 기(氣)이다.……41)

하곡은 생생(生生)하는 궁극적 이(理)의 내재(內在)와 밝은 자각(自覺)을 성(性)의 본체라고 하며, 천지만물을 관통하는 간단없는 활동을 성(性)의 작용이라 한다. 또한 치우침이 없는 중(中)과 진실하고 중단함이 없는 성(誠)을 성(性)의 내실[實]이라고 한다. 따라서 그는 인성(人性)은 그 스스로 명각(明覺)의 특성을 지니고 있어서 만물을

---

41) 『霞谷集』, 卷9, 存言 下: 性者天降之衷 明德也 自有之良也. 有是生之德 爲物之則者也 故曰明德 故曰降衷 故曰良知良能 故曰秉彝. 自有之中 故曰天地之中. …… 一理虛明 性之體也 貫通無間 性之用也 曰德 曰誠 性之實也 惟道惟理 性之目也. 精神血氣 性之氣也.……

관통하여 간단없이 작용하는 것이라고 한다. 천명(天命)으로서 명덕(明德)은 선험적(先驗的)으로 인간에게 주어진 양심(良心)이며, 생명의 원리요, 사물의 법칙으로 그 자체로서 최고의 가치를 지녔다는 의미에서 지선(至善)이다.

그런데 하곡은 인심의 생리(生理)이며, 천리(天理)로서 성(性)은 기(氣)와 분리될 수 없다고 한다.

성(性)이란 인심의 천(天)이요, 이것은 천원(天元)의 정(精)이 나에게 명(命)하는 것이다 성(性)이란 것은 마음의 천리(天理)인 것이나. 성은 곧 이(理)이며, 이(理)라는 것은 하늘의 조관(條串)이니 곧 하늘의 별명(別名)이며 인심의 본체가 이것이다. 성(性)이란 것은 마음의 천(天)이요, 도(道)의 정(精)이다. 성(性)이란 생(生)의 이(理)이다.[42]

성(性)의 질(質)은 끝[末]이요, 성(性)의 덕(德)은 근본[本]인 것이니 이 두 가지가 있는 것은 무슨 까닭인가? 사람이 태어남에 반드시 모두가 형기가 있는 것이고, 사람이 태어남은 본래 하늘의 생리(生理) 때문이다. 성(性)의 체(體)는 본래 두 가지가 있지 않다.[43]

하곡에 의하면 성(性)이란 인심(人心)의 천(天)이요 천리(天理)라고 한다. 즉 성(性)은 마음의 존재근거이며 작용의 이법(理法)이라는 의미이다. 또한 그는 성(性)을 도(道)의 정(精)이요 생리(生理)라고 하여 역동적(力動的)인 것으로 파악하였다. 따라서 각자가 지니고 있는 성(性)은 보편적인 도리의 핵심이며, 창조적 생명의 원리이다. 그런데 하곡은 사생요수(死生夭壽), 한열노일(寒熱勞逸), 기갈음식(飢渴

---

42) 『霞谷集』, 卷9, 存言 中: 性者人心之天 是天元之精命於我者. 性者心之天理也 性卽理也. 理者天之條串 卽天之別名也 人心之本體是也. 性者心之天也道之精也. 性者生之理也.
43) 『霞谷集』, 卷9, 存言 中 참조.

飮食), 이해호오(利害好惡) 등의 마음을 성(性)의 질(質)이라 하고, 자애측달(慈愛惻怛), 수오염치(羞惡廉恥), 외경엄장(畏敬嚴壯), 문리변별(文理辨別)의 마음을 성(性)의 덕(德)이라 칭하면서, 양자를 본말(本末)로 설명한다. 하곡이 구별하는 성(性)의 질(質)과 성(性)의 덕(德)이란 맹자가 식색(食色)의 성(性)과 인의예지(仁義禮智)의 덕(德)을 구별한 것에 따른 것이며, 양자는 본말(本末)과 경중(輕重)의 차이가 있으나, 버리거나 분리할 수는 없다는 것이다. 성의 질이란 이기(理·氣)가 공존하는 현상적인 개별적 성을 지칭하는 것이며, 성의 덕이란 천명(天命)의 성이며 마음의 생리(生理)라고 하는 것이며, 양자는 분리될 수 없다고 하는 것이다.

결론적으로 만물을 관통하고 감응하며 그 이치를 적절히 구현하는 것은 인심(人心)인데, 하곡은 이러한 인심의 기능이 천명으로서 성, 즉 인심에 부여된 생리에 근거한다고 하며, 그래서 본유지충(本有之衷), 명원(命元)이라 하고,[44] 성(性) 가운데 스스로 있는 진체(眞體)라고 하고,[45] 진실지리(眞實之理) 또는 이지진체(理之眞體)[46]라고 하면서, 바로 이것이 만물을 통괄하는 본체로서 온갖 물리(物理)의 주재가 된다는 것이다.

만물을 통솔하는 본체로서 조로(條路)의 주재가 되는 것은 곧 그 진리가 존재하는 것이니 내 마음의 명덕(明德)일 뿐이다. 그런즉 그 밝은 덕[睿]이 비추어 하나의 막을 밝혀 연다는 것은 단지 내 본성에 들어 있는 신성한 앎[聖知]을 닦고 다스려서 열어 통하게 할 수 있다는 것이다. 그것을 저 사물의 조로에서 구하여 열어 통하게 하는 것은 정당하지 못하다.[47]

---

44) 『霞谷集』, 卷8, 存言 上, 一點生理說 참조.
45) 『霞谷集』, 卷8, 存言 上, 生理虛勢說 참조.
46) 『霞谷集』, 卷9, 存言 中 참조.
47) 『霞谷集』, 卷8, 存言 上, 睿照明睿說: 其所以統體而爲其條路之主者 卽其眞

결국 하곡은 인간 본연의 명덕(明德)은 만물의 온갖 이(理)를 주재하는 진리(眞理)가 존재하고 드러나는 곳이며, 이러한 명덕으로 하여금 온갖 이(理)를 열어 통하게 하는 것은 성지(聖知) 즉 양지(良知)를 닦고 다스림에 있다고 하는 것이다.

Ⅳ. 심성의 원리와 기능

1. 심성의 근본으로서 성(誠)과 중(中)

하곡은 하늘로부터 주어진 심성의 덕(德) 또는 이(理)를 인의예지(仁·義·禮·智), 효충신(孝·忠·信),48) 성중(誠·中)49) 등으로 말하고 있는데 이 가운데 성(誠)과 중(中)을 근본적인 덕(德)으로 삼으며, 인(仁)과 지(知) 또는 양지(良知)를 덕(德)의 체(體)로 삼고 있다.

하곡은 인간 심성의 근본원리를 성(誠)과 중(中)으로 주장한다. 그는 심체(心體)를 천리(天理)라고 하면서, 이것을 진실하며 한결같은 성(誠)과 치우침이나 집착이 없는 중(中)이라고 하여, 지선(至善)이라고 한다.50) 개별적 이(理)를 포괄하며 그것의 근원이 되는 천리(天

理 之所在者則 即吾心明德是已. 然則其睿照之明一膜之開 只有修治於此性
之聖知者 而可以開通者也. 不當求之於彼物之條路 而開通者也.
48) 『霞谷集』, 卷8, 存言 上. 四端七情說 참조.
49) 『霞谷集』, 卷8, 存言 上 太極主靜中庸未發說: 人生而靜 天之性也 感於物而
動 性之欲也. 性靜之謂誠 誠一之謂道 誠者天命之自成 道者率性之自道. 性
靜 之謂中 中一之謂和. 中者天下之大本 和者天下之達道.
50) 『霞谷集』, 卷9, 存言 中 참조.

理)를 중(中)과 성(誠)이라고 한 것은 중(中)과 성(誠)이 무수한 이
(理)의 발원(發源)이 된다는 의미를 함축한다.

> 사람이 태어나면서 정(靜)한 것은 천(天)의 성(性)이며, 물(物)에
> 감응하여 동(動)하는 것은 성(性)의 욕(欲)이다. 성(性)이 정(靜)한 것
> 을 성(誠)이라 하고, 성(誠)이 한결같은 것[一]을 도(道)라고 한다. 성
> (誠)이란 것은 천명(天命)이 스스로 완성하는 것이고, 도(道)란 것은
> 성(性)을 따라 스스로 운행하는 것[自道]이다. 성(性)의 정(靜)을 중
> (中)이라 하고, 중(中)이 한결같은 것을 화(和)라 한다. 중(中)은 천하
> 의 대본(大本)이요, 화(和)는 천하의 달도(達道)이다.51)

하곡은 인간이 태어나면서 부여받은 본성은 동요함이 없는 고요함
[靜]으로 그것을 성(誠)과 중(中)이라고 한다. 성(誠)은 천명(天命)이
스스로를 완성하는 것이라고 하고, 성(誠)을 전일(專一)하게 하는 것으
로서 도(道)란 본성을 좇아 스스로 행하는 것이라고 한다. 또한 중(中)
이란 천하의 대본(大本)이요, 화(和)란 천하의 달도(達道)라고 한다.

하곡은 자타의 완성을 이루는 본성의 덕을 다음과 같이 말한다.

> 내 몸을 이루는 것은 인(仁)이요, 사물을 이루는 것은 지(知)이니,
> 성(性)의 덕(德)이요 내외(內外)를 합하는 도(道)이다. 그런 까닭에 수
> 시로 조치하여 마땅함을 얻는 것이다. 그러므로 지극한 성(誠)은 쉬지
> 아니한다.52)

하곡은 시조지의(時措之宜)를 시중(時中)으로 본 것이며, 이것은

---

51) 『霞谷集』, 卷8, 存言 上. 太極主靜中庸未發說: 人生而靜 天之性也 感於物而
　　動 性之欲也. 性靜之謂誠 誠一之謂道. 誠者天命之自成 道者率性之自道. 性
　　靜之謂中 中一之謂和 中者天下之大本 和者天下之達道.
52) 『霞谷集』, 卷17, 經學集錄 中, 大中時中: 成己仁也 成物知也 性之德也 合內
　　外之道也 故時措之宜也 故至誠無息.

내외(內外)를 합하는 인(仁)과 지(知)의 근본을 이루고, 지성(至誠)이 지향하는 내용으로 본 것이다. 결국 중(中)과 성(誠)은 인(仁)이나 지(知) 등과 같은 덕(德)의 근본이 된다고 하겠다.

그는 마음이 스스로 근본으로 삼는 실심(實心)으로서 성(誠)은 흔들림도 중단함도 없는 것이며, 은폐함이 없는 것으로 자타(自他)를 감통(感通)하게 하는 도(道)라고 한다. 이러한 성(誠)을 간직하는 길은 마음을 오로지 하나로 모으는 것이다.

> 성(誠)이란 것은 불이(不貳)요, 불이(不己)이다. 불가엄(不可掩)이요, 감(感)하여 통(通)하는 도(道)이다. 이것은 이광(李廣)이 바위를 향해 화살을 쏘았던 것과 같은 것이다. 그의 마음이 지극히 전일(專一)하여 그 성(誠)이 흔들려 둘이 되지 않았던 까닭에 그것을 꿰뚫었던 것이다. 만약 조금이라도 짐짓 시험삼아 한가롭게 하여 능히 전일하지 못함이 있었다면, 의(意)가 의혹에 미쳐서 거의 신뢰를 기필(期必)할 수 없을 것이며, 생각에 곧 종래 꿰뚫을 수 있는 이(理)가 없을 것이다. 왕양명이 이르기를 "고양이가 쥐를 잡을 때처럼 하고, 수탉이 암탉을 굴복시킬 때처럼 한다면 거의 성(誠)에 가까울 것이다."라고 하였다.53)

성(誠)이란 천명(天命)을 완성하고 자아를 실현하는 도(道)라고 하는 것이다. 진영첩(陳榮捷)은 "성(誠)은 단지 마음의 상태를 의미하는 것이 아니라 언제나 사물을 변혁시키고 완성시키는 능동적인 힘이다. 또한 사람과 하늘을 동일한 흐름으로 몰아넣는 능동적 힘이다."54)라고 한다. 성(誠)이란 대상을 변화시키고 완성케 하며, 자아를 하늘과

---

53) 『霞谷集』, 卷9, 存言 中: 夫誠者不貳也不已也 其不可掩也 其感而通之道也者. 其李廣之射石歟 其心至專至一 其誠無所撓貳 故貫之 若一毫有姑試漫爲不能專之 意及疑 信泰半不可必之 念則終無可透之理. 陽明曰如猫捕鼠 如鷄伏雌庶幾矣.

54) Chan Wing-tsit, *A Source Book in Chinese Philosophy*, p.96.

합일하는 능동적 힘이 되는 것이다.

그는 지인용(智·仁·勇)의 삼달덕(三達德)을 중(中)이라 하고, 일상의 인간관계, 즉 군신, 부자, 부부, 장유, 붕우 간에 당연히 실현해야 하는 달도(達道)를 용(庸)이라 하고, 달도란 평상의 도리를 다하면서 중(中)을 지키는 것이라 하고, 달덕이란 중을 지키면서 평상의 도리를 행하는 것이라고 한다. 중용(中庸)을 일관하는 것은 성(誠)이라 하며, 성(誠)은 중(中)의 본체(本體)가 된다고 한다.55)

하곡은 말하기를 "중(中)이란 것은 지나침도 모자람도 없는 것이며 평상의 도이다. 인심에 갖추어져 있는 천명의 본연의 덕이 사용하는 바이다. 오직 군자만이 성(性)에 따라 능히 하고, 소인은 욕심을 좇아 이것에 반한다."56)고 하여 중(中)을 선천적 마음의 덕성으로 파악한다.

> 이런 까닭에 그 대단(大段)은 사사(邪私)와 악욕(惡欲)이 비록 이미 없어졌다 하더라도 또한 그 착한 가운데에 나아가서 더러운 데 얽매이고 얽히는 것이거나 기(氣)를 동(動)하는 것이거나, 좋은 것을 짓고 미워하는 것을 짓거나, 뜻하거나 기필하거나 고집하거나 사사로이 하거나, 치우쳐서 올바르지 못한 것이거나, 어둡고 게으르고 방탕하고 안일하거나, 보내고 맞이하고 일어나고 눕는 것 등에 있어서 일체의 은미한 병통이 한결같이 부서지고 없어져서 얽힌 것이 없게 된다면 이것은 심체(心體)의 올바른 것이 되어서 감공(鑑空)하고 형평(衡平)하여서 치우친 바가 없는 것이다. 이른바 미발(未發)의 중(中)의 큰 근본이요 이른바 명덕(明德)이며 이른바 도심(道心)인 것이다.57)

---

55) 『霞谷集』, 卷12, 中庸說, 中庸雜解: 達道其庸也 達德其中也 達道庸而中者 達德中而庸者. 一誠其體也 中之體也.

56) 『霞谷集』, 卷12, 中庸說, 中庸4: 仲尼曰君子中庸. 中者無過不及 而平常之道. 人心天命本然之德所用也. 惟君子率性而能之 小人徇欲而反之.

57) 『霞谷集』, 卷8, 存言 上, 四端七情說: 是以其大段 邪私惡欲 雖已 去 又就其善之中 如其係累動氣 作好作惡 意必固我 偏倚不正 昏惰放逸 將迎起伏 一切隱微之病 一皆燭破消融 無有所累 則是爲心體之正 而鑑空衡平 無所偏倚

하곡은 마음의 본체로서 중(中)이란 개인의 욕구에 매이거나 묶이고 기(氣)에 동요됨[係累動氣]이 없으며, 개인적 감정에 따라 좋아하고 싫어함[作好作惡]이 없으며, 이기적인 의도나 목적[意必固我]이 없으며, 한편에 치우치거나 기울어짐이나 이치에 어긋남[偏倚不正]이 없으며, 어둡고 게으르고 방탕하고 안일함[昏惰放逸]이 없으며, 보내고 맞이하고 일어나고 눕고 하는 것[將迎起伏] 등에 있어서 병통이 없는 것을 지칭한다. 따라서 마음의 본체란 개인적인 욕구에 매이거나 어느 한편에 치우치거나 이치에 어긋남이 없는 대중(大中), 중정(中正), 공정성(公平性)을 지니고 있다는 것이다. 그는 당시 조선 사회가 안고 있는 가장 큰 병폐로서 파당의 분열을 지적하면서 이것을 바로잡기 위한 탕평(蕩平)의 방책으로서 건극(建極), 즉 중(中)을 세울 것을 주장하였다. 그 중(中)을 시중(時中)과 정일(精一)의 대중(大中)으로 말하였다.58)

또한 그는 『서경』과 『주역』의 글을 들어서 중(中)의 의미를 밝히고 있다.59) 그는 『주역』에서 나오는 "군자는 많은 것을 덜고 적은 것을 더하되, 물을 저울질하고 공평하게 베푼다."60)라는 구절을 중(中)의 의미로 취하였다. 그래서 그는 "인군(人君)은 지극히 공평하고 사사로움이 없는 마음을 가지고, 상벌이 공평하여서 죄진 자에게는 죄를 주고 착한 이는 등용하며, 적은 것을 많게 하고 박한 것을 후하게 하면 곡직(曲直), 시비(是非)가 둘 다 그 중(中)을 얻을 것이며, 그런 뒤에

者也 所謂未發之中之大本也所謂明德也 所謂道心也.
58) 『霞谷集』, 卷5, 筵奏, 戊申 4월 24일: 國家不幸 有黨議分之又分 色目夥然. 如是 而禍亂豈不生乎. 如念蕩平 則莫如建極 而第時中之義未易. 精一之中天下之大中也. 子莫之中 卽執着之中也. 必也 講求大中之中 以爲根本.
59) 『霞谷集』, 卷5, 筵奏, 戊申 4월 28일 참조.
60) 『周易』, 謙卦, 象傳: 君子以裒多益寡 稱物平施.

는 저절로 탕탕평평(蕩蕩平平)한 정치에 이르게 되는 것이다."라고 하고, "『주역』의 평(平)이란 한 글자가 정일집중(精一執中)과 같으니, 만일 중(中)을 잡고도 정일(精一)하지 못하면 자막(子莫)의 '집중(執中)'과 거의 같을 것이며, 공평하게 베풀되 물을 저울질하지 못하면 어찌 많은 것을 덜어다가 적은 데에 보태어준다는 성인(聖人)의 뜻이 되겠습니까? 그렇지 않으면 나머지 모든 일이 모두 공평함을 얻지 못할 것입니다."라고 한다. 따라서 중이란 마치 저울과 같이 어느 한쪽에 치우침이 없으면서 물의 경중에 따라 그에 합당하게 저울이 기우는 것과 같은 것이니, 공정성을 지칭하는 것이라고 하겠다. 또한 그는 "좋아함도 짓지 말고 싫어함도 짓지 말며, 치우친 것도 없고 비뚤어진 것도 없으며 왕의 도를 따르고 왕의 길을 따르라고 하였으니, 이것이 곧 요순우(堯·舜·禹)가 서로 전한 심법(心法)이며, 중(中)을 잡는 도(道)이다."라고 하였다. 이때의 중(中)은 개인적인 감정에 치우치거나 편당(偏黨)을 짓지 않는 것을 의미한다고 하겠다.

또한 양주(楊朱)가 위아(爲我)를 말하고, 묵적(墨翟)이 겸애(兼愛)를 주장하며, 자막(子莫)이 집중(執中)을 말하는데, 그는 이들을 비판하면서 말하기를 "사위(事爲)에서 구하는 중(中)은 거짓이고 마음에서 구하여야 한다. 이것이 윤집궐중(允執厥中)이다."[61]라고 한다. 하곡은 마음의 중(中)에서 나온 이(理)만이 참다운 이치가 되는 것이요, 외적 사물이나 겉으로 드러난 형식의 합리(合理)만을 가지고 이치라 할 수 없다는 것이다. 그래서 근본인 마음이 중(中)을 잃지 말아야 한다는 것이다.

결국 하곡은 인간 본연의 심성은 성(誠)과 중(中)을 근본으로 삼으

---

61) 『霞谷集』, 卷15, 孟子說 下, 孟子說: 此所謂執中爲求之於事爲 則僞矣. 故爲賊道. 惟求之於其心之中 而執之 惟以盡吾心 則無不中矣 允執厥中.

며, 이것을 바탕으로 구현되는 의리(義理)가 진정한 의리라는 것이다.

2. 의리의 고유성

하곡은 인심은 본래 의(義)와 이(理)를 지니고 있으며, 이것을 자각하고 천지만물에 구현할 수 있다는 것이다.

> 의리(義理)에 대한 마음은 고유(固有)한 것으로 본래 알지 못함이 없으며, 천지만물에 대한 인의예지(仁義禮智)는 일체(一體)가 되어 본래 관통하지 않음이 없는 것이니, 도리어 불명(不明)하다고 해서 밖에서 얻을 수 있겠는가?[62]

하곡에 의하면 인심에는 본래 사물의 이치와 인간의 도리가 내재해 있으며, 이러한 이치를 사유하고 분별하여 대상과 때에 합당하게 사물에 대처하는 능력으로서 의(義)가 주어져 있다는 것이다. 또한 인심의 인의예지(仁義禮智)는 천지만물과 일체(一體)가 되게 하는 이치로, 자아로 하여금 천지만물을 관통하게 하는 원리라고 한다.

그렇다면 인심에 고유한 의리(義理)란 무엇을 지칭하는가?

> 인(仁)이란 생리(生理)의 주(主)이니 능히 생(生)을 발(發)하는 것이요, 의(義)라는 것은 재제(裁制)의 마땅한 것이니 이(理)의 재제(裁制)하는 것이다. 예(禮)란 절문(節文)의 이(理)이니 이(理)의 절문(節文)인 것이다. 지(知)라는 것은 명각(明覺)의 묘(妙)이니 이(理)의 변별(辨別)이다. 이 네 가지는 마음의 덕(德)인 것이니 인(仁)과 지(知)

---

62) 『霞谷集』, 卷8, 存言 上, 聖學說: 心之於義理其所固有 本無不知. 仁義禮智
    之於天地萬物其所一體 本無不貫通 寧有不明而可以外得乎.

가 체(體)를 주장하는 것이요, 의(義)와 예(禮)는 용(用)에 있다. 그러
므로 이르기를 '어질지 못하고 지혜롭지 못하면 예(禮)도 없고 의(義)
도 없다.'고 하였으니 모두가 내외(內外)의 구별이 없다.63)

나는 나의 성(性)에 있는 사물의 이(理)를 다하지 못함이 있을까 두
려워한다. 인(仁)은 관통함이 있고, 의(義)는 재제(裁制)함이 있고, 예
(禮)는 질서가 있고, 지(智)는 변별함이 있으니 마치 좋은 색을 좋아하
고 악취를 싫어하는 것과 같다.64)

하곡은 인(仁)이란 만물을 무한히 생성하는 인심의 생리(生理)를
주재하는 생명의 원동력이요, 생명의 이법 전체를 지칭하기도 한다.
그래서 그는 인(仁)을 전체(全體)의 덕(德)이라 하고, 또 도(道)의 생
생불식(生生不息)을 인(仁)이라 하며, 천지의 본체[體]를 인리(仁理)
라 하여 인체(仁體)를 다하지 못하고서는 성명(性命)의 근원을 구할
수 없다고 본 것이다.65) 또한 하곡은 측은지심(惻隱之心)으로서 인
(仁)이란 천지만물과 막힘이나 간격이 없이 통하여 일체(一體), 또는
동체(同體)를 이루게 하는 마음의 본체라고 하는 것이다.66)

하곡은 인(仁)과 함께 지(知)를 마음에 주어진 덕(德)의 본체[體]
라고 주장한다. 지(知, 智)란 이(理)를 밝게 깨달아 분별하는 마음의

---

63) 『霞谷集』, 卷9, 存言 中: 仁者生理之主 能發生者也. 義者裁制之宜 理之裁制
   也. 禮者節文之理 理之節文也. 智者明覺之妙 理之辨別也. 四者心之德也 其
   仁知主體 義禮在用. 故曰不仁不知 無禮無義 皆是無有於內外也.
64) 『霞谷集』, 卷1, 書2, 答閔彦暉書: 竊恐事物之理於吾性上正無不盡也. 仁有貫
   通 義有制 禮有秩 智有辨 如好色之好 惡臭之惡.
65) 『霞谷集』, 卷9, 存言 中: 凡此生道不息 卽所謂仁理也 此仁理卽天地之體 五
   性備焉. …… 然所謂天地之性 卽此仁體 吾之仁體 卽天地之性也. 豈有不能
   盡吾仁體 而可以求性命之源者乎.
66) 『霞谷集』, 卷8, 存言 上, 聖學說: 夫惻隱之心仁也 以至於天地萬物 而一體無
   間矣. 同, 卷18, 心經集義2, 明道語 引用: 學者先須識仁 仁者渾然與物同體
   識得此理 以誠敬存之而已.

능력이라고 하는 것이다. 하곡이 말하는 마음의 본연의 지(知)란 외적 사물을 지각하는 작용을 지칭하는 것이 아니라, 의리(義理)에 대한 지이며,[67] 시비(是非)를 분별하는 마음으로, 천지만물과의 관계에서 그 마음의 시비에 따라 사물의 조리를 분별하여 온전히 다할 수 있는 지적 능력을 지칭한다.[68]

또한 하곡은 의(義)와 예(禮)를 마음에 주어진 덕(德)의 작용(用)이라고 한다. 의(義)란 마음의 천리(天理)에 대한 명석판명(明晳判明)한 변별(辨別)에 의거하여 상황에 따라 재단(裁斷)하고 규제하여 마음이 천리에 합당함을 얻은 것을 지칭한다. 하곡에 의하면 의란 인간으로서 마땅히 행해야 할 길이며, 그 의의 기준으로서 이(理)란 사물에 일정하게 있는 것이 아니라 개개의 물(物)에 처한 상황과 형편에 따라 시의적절(時宜適切)하게 처리하는 '나의 마음'에 있다는 것이다.[69] 또한 그는 수오(羞惡)를 분별하는 의(義)의 마음을 천지만물에 구현함으로써 그 조리를 다하여 마땅함을 얻는 것이라고 하여,[70] 내 마음을 보편적이며 포괄적 천리에 대한 주체의 창조적 재단으로 파악하였던 것이다.

하곡은 예(禮)란 천리(天理)를 절문(節文)하는 것, 즉 구체적으로 천리를 표현하는 것이라고 한다. 예란 천리의 절차와 문채로 하나의 전체로서 천지만물로 하여금 질서 있게 한다는 것을 의미한다.[71] 따

---

67) 『霞谷集』, 卷8, 存言 上, 聖學說: 心之於義理自無不知 如目之於色耳之於聲 口之於味.

68) 『霞谷集』, 卷8, 存言 上, 聖學說: 是非之心知也 以至於天地萬物 而知其是非 極其條理無不辨無不能焉矣.

69) 『霞谷集』, 卷1, 書2, 與閔彦暉論辨言正術書: 天地萬物凡可與於人事者 其理 元未嘗有一切之定在物上人可得以學之也 其逐件條制隨時命物實惟在於吾之 一心.

70) 『霞谷集』, 卷8, 存言 上, 聖學說: 羞惡之心義也 以至於天地萬物 而盡其條理 各得其宜矣(所謂義者人路 有物有則者).

71) 『霞谷集』, 卷8, 存言 上, 聖學說: 恭敬之心禮也 以至於天地萬物 而觀其會通

라서 예란 전체로서 천지만물이 그 전체 속에서 각각 다양한 위치에 따라 그 고유의 역할을 수행하도록 질서 있게 하는 것이며, 세분화되기 이전의 포괄적인 규범인 천리를 대상의 위상에 따라 구분하고 구체적으로 행동양식으로 표현하는 것이다. 그러나 예에 의한 상하의 질서는 상하가 서로 이해하고 공경하는 감정이 교류할 수 있게 하는 것이다.

3. 의리의 자각과 구현자로서 양지

하곡이 말하는 덕(德)이란 하늘에 의해 부여받은 것으로, 인간의 모든 활동에서 항상 준거해야 할 심성의 이법(理法)을 지칭하는 것이며, 그것은 또한 밝게 드러내야 할 것이기도 하다. 그래서 하곡은 덕(德)과 의리(義理)를 별개의 것으로 보지 않는다. 그는 하늘로부터 부여받은 덕(德)을 총괄해서 인(仁)이라 하고, 이러한 심성의 덕을 자각하고 구현하는 기능을 양지(良知)로 말한다.

> 대개 그 전체(全體)의 덕(德)으로 말하면 인(仁)이라 하고 그 본체(本體)의 밝음으로 말할 때는 양지(良知)라고 하나니 그 가리켜 부르는 이름은 비록 이러하나 그 전체(全體)가 어찌 본체(本體)가 아니겠는가? 본체가 어찌 전체 밖에 있겠는가? 오직 하나의 물(物)인 때문이다.[72]

하곡은 마음에 주어진 일체의 덕을 포괄하는 것을 인(仁)이라 하고,

敍其節文矣(所謂天敍天秩).

72) 『霞谷集』, 卷1, 書2, 與閔彦暉論辨言正術書: 夫以其全體之德謂之仁 以其本體之明謂之良知. 其所指而名者雖如此 然其全體亦何嘗非本體也 本體亦豈外於全體也 惟一物故也.

이러한 덕에 대한 밝은 자각으로서 마음의 본체를 양지(良知)라고 칭
하였다. 그는 인과 양지를 두 가지로 갈라놓는 것에 반대하면서, 인
(仁)의 관점에서 보면 지(知)란 인(仁)의 통(通)함과 밝음이라 하고,
지(知)의 관점에서 보면 인(仁)은 지(知)의 전체(全體)이며 생리(生
理)라고 한다.[73] 따라서 하곡은 인(仁)과 지(知)를 체용(體用)의 관
계로 보고 양자는 별개의 것이 아니라고 한다.

　하곡은 외적 대상을 수용하는 감관의 지각과 달리, 인심의 양지(良
知)는 그 자체 하늘로부터 부여받은 본연(本然)의 선(善)이며, 오상
(五常)에 대한 완전한 자각과 실현능력을 지니고 있기 때문에 지선
(至善)이라고 한다.

　　　대개 지선(至善)이란 것은 본연(本然)의 선(善)으로 하늘에서 나온
　　것이요, 사람에 매인 것이 아니다. 그것을 발현(發見)하는 것은 양지(良
　　知)요, 발현에 감응(感應)하는 것은 사물이다.[74]

　　　양지(良知)란 『대학』의 명덕이요 오상의 지이니 바로 성(性)이다. 만
　　약 지(知)자만 말하면 정(情) 한쪽에 떨어져 그것이 지식, 지각의 지의
　　얕고 깊음과 정밀함과 조야함과의 구별이 없게 될까 두려워 특히 양지
　　(良知)라고 말한 것이다. 그리하여 그것이 성체(性體)의 지요, 본연의
　　선, 즉 오상의 지이며, 성(性)이며 대본(大本)이 됨을 밝힌 것이다.[75]

　하곡은 지선(至善)과 본연의 선(善)을 동의어로 보았으며, 본래적

---

73) 『霞谷集』, 卷1, 書2, 答閔彦暉書 참조.
74) 『霞谷集』, 卷13, 大學說, 大學說: 蓋至善者是本然之善 出於天而不繫於人 其
　　發見者良知也 發見之感應者事物也.
75) 『霞谷集』, 卷1, 書2, 答閔彦暉書: 良知者卽大學之明德 而卽五常之知也性也.
　　若只言知字則恐落情一邊 其與知識知覺之知淺深精粗無可以別 故特曰良知.
　　正明其爲性體之知本然之善 而卽五常之知也性也大本者也.

선이란 천명(天命)에 의해 주어진 것을 지칭한다. 그런데 『대학』의 명덕이나 오상의 성(性)은 천명에 의해 주어진 것이며, 양지(良知) 또한 성(性)의 하나요, 여타의 덕성을 자각하고 구현하는 것이기 때문에 지선(至善)하다는 것이다.

하곡은 양지(良知)를 본체[體]와 작용 또는 현상[用]으로 분석하면서 체용일원(體用一源)의 입장에서 다음과 같이 설명한다.

이것[良知圖]은 이른바 마음[心]이 곧 이치[理]라고 하는 것이다. 그것[理]은 마음의 소유이기 때문에 그것을 심즉리(心卽理)라고 한다. 또한 그것은 성(性)의 본연(本然)에서 나왔기 때문에 그것을 천리(天理)라고 한다. 그것은 새나 짐승과 초목에 있는 이(理)가 아니다. …… 양지(良知)란 그 영명(靈明)한 본체[體]로서 말하면 상제(上帝)요, 그 알고 깨닫는 작용(作用)으로써 말하면 화공(化工)이니 곧 하나의 마음을 이르는 것이다. …… 여기 '물지지지(物至知知)'라고 한 위의 지자(知字)는 본체[體]를 말하는 것이요, 아래 지자(知字)는 작용[用]을 말하는 것이다. 그 체(體)를 가리켜 양지라고 말하는 때가 있는데, 이것은 마음의 본체이며 미발(未發)의 중(中)인 것이다. 그 용(用)을 가리켜 양지라고 말하는 때도 있는데, 이것은 선(善)을 알고 악(惡)을 안다고 하는 그 지(知)이다. 『맹자』 본문은 아래의 지자(知字)에 있는 것 같고, 양명은 위의 지자에 통하고 아래의 지자를 겸해서 말한 것이다. …… 그러나 실상은 하나의 지(知)이며 분별할 수 있는 것이 아니며 단지 하나의 양지(良知)로 말하는 것으로 족하다. 마치 불에 있어서 본래 밝음은 그 본체[體]요, 그 빛이 물(物)에 비춤은 그 작용[用]이나 밝음은 하나뿐으로서 불의 밝음과 비춤에 있어서의 밝음과를 분별할 필요가 없는 것과 같다.

이 체(體)(天命의 性이요, 明德의 本體인 良知)는 본래 전일(專一)하여 밖에서 구할 겨를이 없고 본래 저절로 온전하게 갖추어져 첨부하고 보충할 것이 없다. …… 그 사리(事理)의 지선(至善)함은 미리 정할 수 없고 다 궁구(窮究)할 수도 없는 것이니, 그것은 때에 따라서 변역(變易)하는 것이며 모두가 이 마음의 근본에서 나오는 것이므로 실로 저울

이 물건에 따라서 바뀌는 것이나 밝은 거울이 물건에 따라서 비추어 주
는 것과 같다.[76)]

하곡은 맹자의 시비지심(是非之心)의 지(知)를 용(用)으로, 왕양명
의 양지(良知)를 체용(體・用)을 겸해서 말한 것으로 보았다. 그는 지
(知)를 단지 선악시비(善惡是非)를 아는 작용[用]에 한정시키지 않고,
바로 선악을 아는 작용의 근원 또는 표준으로서의 지선(至善), 또는
본연의 실체[體]로 보았던 것이다. 그는 양지(良知)의 본체란 이(理)
의 내재성과 이(理)에 대한 영명(靈明)으로 치우침이 없는 중(中)이라
고 하며, 그 양지(良知)의 삭봉 또는 기능[用]이란 이 본체 자체의 밝
음에 의해 대상을 비추는 작용을 의미한다. 양지 자체가 지니는 천리
의 명각(明覺)은 스스로 그 빛을 밝혀 사물의 시비와 선악, 경중, 선후
등을 헤아리고 판단한다는 것이다. 결국 본래적으로 선하고 완전한 양
지(良知)는 명덕으로, 본성으로 주어진 도리를 스스로 밝게 자각하고,
시중(時中)의 지로서 그러한 이(理)를 대상과 때에 합당하게 창조적으
로 구현한다는 것이다. 양지(良知)는 천리에 대한 선천적 앎 전체이며,
단지 가능성이 아니라 스스로 창조적으로 발현하는 것이라고 한다.

하곡은 명덕(明德)의 본체로서 양지(良知)는 누구나 본래 지니고
있는 시비(是非)의 법칙으로 이해한다.

이미 이 체(體, 良知)를 얻었다면 밖에서 구할 것이 없다. 이 체(體)
는 사리(事理)에 대해서는 마치 저절로 입이 달거나 쓴 것, 눈이 검거나
흰 것에 대하는 것과 같은 것이다. 달다고 하는 것은 저절로 단 것이고,
쓰다고 하는 것은 저절로 쓴 것이니, 모름지기 먼저 그 달고 쓰고 희고

---

76) 『霞谷集』, 卷9, 存言 下: 此體本專 不暇外求 本自全具不須添補. …… 其事
理至善不可預定 而不可勝窮. 其隨時變易 皆出於此心之本 則實如權衡之隨
物而變易 明鏡之隨物而照應.

검은 것을 강론하고 토론해서는 안 되며 잡아보고 정한 후에 그 달고 쓰고 검고 흰 것을 밝힐 수 있으며, 이로써 피차(彼此)의 양 끝과 선후의 두 부분으로 나누어진다. 이것은 마치 거울이 빈 것과 같아서 검고 흰 것이나 아름답고 추한 것이 이 오직 밝은 거울에만 있으며, 저울이 수평인 것과 같아서 저울대가 오르내리는 것을 맘대로 지배할 수 없는 것이다. 이것이 곧 이른바 의(義)인 것이며, 그 체(體)가 인(仁)이 되는 것이다.77)

하곡에 의하면 양지(良知)로서의 지(知)는 마치 저울이나 거울과 같이 상황에 따라 수시로 변역(變易)하여 그 상황에 따라 마땅하게 하는 것, 즉 시중(時中)의 의(義)를 구성해내는 일종의 창조적 지성이다. 다시 말해서 하곡은 지(知)를 개별적 사물들의 상대적 가치와 중요성 및 과부족을 평가하는 능력이며, 구체적 상황에서 이러한 판단을 시의(時宜)에 합당하게 하는 시중(時中)의 지(知)로 보았다고 할 수 있다. 그는 공자(孔子)가 순(舜)을 대지자(大知者)로 일컬은 그 지(知)란 바로 얽매임이 없는 시중(時中)이요, 광대한 공정성(公正性)으로서의 대중(大中)을 의미한다고 하였다.78) 이러한 하곡의 사상은 특히 맹자와 왕양명의 사상에 영향을 받은 바가 크다고 할 수 있다. 맹자는 공자를 '성지시자(聖之時者)'라고 하여 최고의 성현으로 받들며,79) 자막(子莫)의 '집중무권(執中無權)'을 비판한 것80)은 시의(時宜)에 적절하게 대응하지 못하고 형식적인 규범에 집착하는 폐단을 지적한 것이다.

---

77) 『霞谷集』, 卷9, 存言 下: 旣得此體 則不暇外求. 此體之於事理 自如口之於甘 苦 目之於黑白 甘者自甘 苦者自苦 不須先講討. 其甘苦黑白而執定之 然後 明其甘苦黑白 可以分岐爲彼此兩段先後兩半也 如鑑之空 黑白姸 只在明鏡也 如衡之平. 權衡進退不可典要也 此則所謂義 而其體則爲仁也.

78) 『霞谷集』, 卷12, 中庸說, 中庸雜解: 用中者 是擇乎善而時中 非苟中也 時中 則是大中矣 舜之爲舜此其爲大者是其精一執中故也.

79) 『孟子』 萬章下 참조.

80) 『孟子』 盡心上 참조.

결국 하곡은 가치나 규범 및 이치가 객관적 실재가 아니라, 인심에 있으며 그것을 실현하는 주체 또한 인심이라는 것이다.

그러므로 천지만물로서 무릇 사람의 일에 관계될 수 있는 것은 그 이치가 원래 다 물(物)에 정해져 있어서 사람이 그것에 따라 배울 수 있는 것이 아니다. 개개의 사물에 따라 하나하나 결정하고 그때그때에 따라 사물을 처리하는 것은 실로 오직 나의 한 마음에 있는 것이다. 어찌 마음 밖에서 달리 구할 만한 이치[理]가 있겠는가? 만약 밭갈이하고 달릴 수 있는 이치가 소와 말에 있는 것만 보고 거기에 가서 이치를 구하려 한다면 실로 망연하여 끝이 없으니 이야말로 외물(外物)을 따라 나니는 병통(病痛)에 걸릴 것이다.81)

그렇다면 인심이 그 기능을 발휘함에 있어서 준거하는 원리란 무엇인가? 하곡에 의하면 인심에 부여된 이(理)를 생리(生理)라 하고, 이것은 영소지정(靈昭之精)으로 영통묘용(靈通妙用)하여 만리(萬理)를 주재한다고 한다.82) 또한 그는 이러한 인심의 활발생리(活潑生理)는 온갖 이(理)의 진체(眞體)요, 진실지리(眞實之理)라고 한다.83)

또한 하곡에 의하면 나의 양지(良知)와 양능(良能)은 천지의 유행(流行)과 만물을 화생(化生)하게 하는 것이며, 자연의 이치 모두가 이

---

81) 『霞谷集』, 卷1, 書2, 與閔彦暉論辨言正術書 참조.
82) 『霞谷集』, 卷8, 存言 上, 一點生理說: 一團生氣之元 一點靈昭之精 其一箇生理(精神生氣一身之生理)者 宅竅於方寸 團圓於中極. 其植根在腎 開華在面 而其充卽萌於一身 彌乎天地. 其靈通不測 妙用不窮可以主宰萬理 眞所謂周流六虛變動不居也. 其爲體也 實有粹然本有之衷 莫不各有所則 此卽爲其生身命根所謂性也.
83) 『霞谷集』, 卷9, 存言 中, 生理性體說: 雖然又其一箇活潑生理 全體生生者 卽必有眞實之理(體) 無極之極 而於穆冲漠至純至一之體焉者 是乃其爲理之眞體也. 人心之神 一箇活體生理 全體惻怛者 是必有其眞誠惻怛 純粹至善 而至微至靜至一之體焉者 是乃其爲性之本體也.

것을 본체로 삼는다는 것이다. 또한 인의(仁義)를 실현하고 중화(中和)를 이루어 천지만물이 질서를 이루고 번성하게 하는 것도 양지, 양능이라고 한다.

> 천지가 능히 유행(流行), 발육(發育)하고 만물이 화화생생(化化生生)하는 것 등이 모두 양지(良知), 양능(良能)이 아닌 것이 없다. 스스로 그러한 이치는 다 이 체(體)이다. 우리가 능히 측은(惻隱)해하고 수오(羞惡)하고 능히 백성을 사랑하며 중화(中和)를 이루어 천지를 자리잡게 하고 만물을 기르는 것까지도 우리의 양지(良知), 양능(良能)이 아닌 것이 없다.[84]

하곡은 주체의 양지(良知)에 의해 나와 객체, 즉 만물이 조화(調和)를 이루고 있음을 주장하고 있는 것이다. 양지에 의한 지선(至善)의 발현이란 양지에 의해 천지만물 일체를 완성하는 것을 의미한다고 하겠다. 하곡은 민성재(閔誠齋)가 보내 온 양지도(良知圖)를 수정해서 천지를 나타내는 일원(一圓) 안에 만물을 위치시키고, 그 중앙에 심지성(心之性), 즉 양지(良知)의 체(體)와 마음의 본연(本然)을 위치시키고 있다. 바로 그 주위에는 심지용(心之用), 즉 양지(良知)의 용(用)과 마음의 발(發)이 둘러싸고 있다. 더 확장해서 만물이 주위를 둘러싸고 있다.[85] 따라서 하곡에 의하면 나와 천지만물과의 일체(一體)를 온전히 인식하고 실천하는 것은 마음의 성(性), 즉 마음의 양지(良知)에 대한 자각으로부터 시작하여 이러한 마음을 구현하되 가까이 있는 개별적 만물로부터 천지에로 확충, 구현함으로써 달성할 수 있다고 본

---

84) 『霞谷集』, 卷1, 書2, 答閔誠齋書: 天地之能流行發育 萬物之能化化生生 無非良知良能 自然之理 無非是此體也. 吾人之能惻隱羞惡 能仁民愛物 以至能中和位育也 無非其良知良能.
85) 『霞谷集』, 卷1, 書2, 答閔誠齋書 참조.

것이다. 이는 곧 천지만물의 일체(一體)의 핵심적 위치는 인간 주체에 있으며, 만물일체의 실현은 마음의 양지(良知)를 다른 존재에 확충, 구현함으로써 성취된다는 것을 의미하는 것이다.

V. 맺는 말

하곡(霞谷) 정제두(鄭齊斗)의 철학 사상은 인간, 특히 인간의 심성에 대한 탐구로 요약할 수 있다. 그는 유학(儒學)의 도통(道統)과 그 근본취지를 공자의 구인(求仁)과 극기복례(克己復禮), 맹자의 존심양성(存心養性)과 집의(集義), 『대학』의 명덕(明德)과 지선(至善), 『중용』의 중화(中和)와 솔성(率性), 주자(周子)의 무욕(無欲), 정자(程子)의 정성(定性) 등으로 꼽고 있다. 또 주정(周·程) 이후 왕양명(王陽明)이 거의 성인(聖人)의 가르침의 진수를 얻었다고 본다.[86] 또한 그는 성현의 종지(宗旨)란 인간의 심성을 밝히고 실현하는 것이라고 하며, 그래서 유학을 심학(心學) 또는 성학(性學)으로 규정하였다.

하곡은 인간을 포함하는 모든 존재의 궁극적 근원 및 운동, 변화의 원인으로서 천지(天地) 또는 천(天)을 활발한 생명력의 충만함과 예측할 수 없는 부단한 운동, 변화의 법칙적 실재로 파악하였다. 천지만물의 창조적 실재로서 천(天)이 무수한 사물을 생성하고 변화하게 하는 것은 그 자체의 성(誠)과 중(中)이라는 이법(理法)을 지니고 있기

---

86) 『霞谷集』, 卷7, 雜著(拾遺), 壬戌遺敎: 惟王氏之學 於周程之後 庶得聖人之
　　眞. 同, 卷8, 學辯 참조.

때문이라고 한다.

하곡에 의하면 하늘[天]의 소산으로서 인간은 다른 생명체와 마찬가지로 생리(生理)를 지니고 있을 뿐만 아니라 그 생리를 통괄하고 주재하는 진리(眞理)를 부여받았다는 것이다. 진리란 곧 인심에 주어진 생리이며, 온갖 존재의 이치[理]가 드러나는 곳이며 나의 명덕(明德)이라고 한다. 이러한 명덕은 내 마음[吾心]의 양지(良知)에 의해 구체적으로 표현된다. 결국 인간이 만물 가운데 가장 뛰어난 존엄한 존재라고 하는 것은 인간만이 모든 존재에 영통(靈通)하고 천칙(天則)의 참됨을 갖추고 있는 영명(靈明)한 존재이기 때문이다.

따라서 하곡은 인간본성을 동물적 욕구충동이나 사회적 환경의 지배를 받는 감성적인 것으로 보거나 현실과 거리를 두고 관조하는 이성(理性)으로 보지 않는다. 하곡에 의하면 천명(天命)의 성(性)으로서 인심(人心)에 부여된 생리(生理)는 곧 진리(眞理)이며 명덕(明德)이다. 하곡은 실리(實理)로서 인심의 생리를 성(誠)과 중(中), 인(仁)과 양지(良知)로 주장하며, 이것들에 의해 다양한 조목의 사물의 이(理)가 구현된다고 한다. 따라서 본연의 인간은 부단한 창조적 특성과 다른 존재와의 일체적(一體的) 감통(感通)의 특성을 지니고 있으며, 이러한 특성을 구현한다는 것이다. 왜냐하면 성(誠)이란 실리(實理)요, 실심(實心)으로 내외(內外)를 합하는 도이며 그것은 곧 순일(純一)하고 불식(不息)하는 주객감통의 원리이며, 중화(中和)란 공평무사한 본심의 발현으로 세계의 질서와 화육(化育)을 이루는 것이기 때문이다. 결국 인간의 심성은 천리(天理)의 내재처요 자각처로서 천지만물에 대한 일체적(一體的) 공감(共感)을 자각하고 시비선악을 분별하며, 일체 생명의 원리를 주재한다는 것이다. 인간은 천지에 두루 밝게 통하여 만물을 질서 지우고 생육케 하는 만물의 주재자가 된다. 만물의 주재자로서 인간의 위상은 천명(天命)의 성(性)이요, 명덕의 본체인 지선(至善)한 양지(良知)의 성(誠)과 중(中)의 작용에 의해 확립된다고 하는 것이다. 하곡은 인간 본연의 심성을 회복하고 실현하는 방법의 핵심을 신독(愼獨)에 있다고 보았다.[87]

하곡의 철학은 상실된 인간의 존엄성을 회복하고, 주객의 대립을 해소하고 상호 이해의 길로 인도하며, 가치 및 윤리에 둔감한 현대인에게 날카로운 시비의 분별과 뜨거운 인류애를 불러일으키고, 양심에 입각한 실천을 조장하는 데 기여할 수 있을 것이다.

하곡에 의하면 ① 인간은 만물의 부림을 받는 것이 아니라 그것들의 주재가 되고 마음의 생리에 대한 주체적 자각을 통해 사물의 이치를 구현하는 존엄한 존재라는 것이며, 인간의 행위나 인격의 시비선악이 초월적 권위나 세평에 의해 좌우되는 것이 아니라 주체 자신의 마음이 시비선악의 판단 척도가 된다는 점이다. 이러한 점에서 하곡은 인간의 존엄성을 외적인 것에서 찾은 것이 아니라, 이치를 창조하는 자아의 마음의 생리에서 찾은 것이다.

② 불신과 대립의 현상은 이기심과 편당, 허위와 기만, 불성실과 무책임에 그 원인이 있다. 하곡은 존재의 궁극적 근원인 인간의 심성에서 나와 만물이 일체(一體)임을 주장하며, 또한 인간 주체의 심성은 성(誠)과 중(中)을 그 이(理)로 삼고 있다는 것이다. 인간의 생명의 원리는 지극히 공평무사한 중정(中正), 때에 합당하게 의(義)를 취하는 시중(時

---

87) 『霞谷集』, 卷5, 筵奏, 戊申 5월 2일: 聖人如天之命於穆不已 何處挾雜功私意. 程子推演工夫必以愼獨爲主 此乃於穆不已處 此乃天命之性. 雖位天地育萬物無不自致中和上養得來 其間無別事 只愼獨則致中和 致中和則天地位萬物育矣. 同, 卷10, 年譜, 4년 4월 辛巳朔 참조. 同, 卷5, 筵奏, 4월 3일: 蓋天下萬事無紀綱則不立 然其本在於正心 而正心之本又在於愼獨. 天理私意八字打開者在於愼獨 天德王道功效溥博者 由於愼獨. 大學之誠正 中庸之戒懼 無非愼獨之意也. 其最初下手處在於此 徹頭徹尾處亦在於此

中), 본심의 대본(大本)과 달도(達道)로서의 중화(中和)의 이(理)라는 것이다. 또한 그것은 순수하고 속임이 없으며 진실함의 일관성으로서의 성(誠)을 그 원리로 삼는다는 것이다. 따라서 인간의 본연성은 다른 존재와 하나로 감통(感通)한다는 것이다. 따라서 하곡이 제시한 성(誠)과 중(中)의 사상은 상호 불신과 대립을 종식하고 상호 이해와 신뢰를 바탕으로 하나로 화합을 이루는 데 기여할 수 있을 것이다.

③ 오늘의 무질서와 규범을 경시하는 풍조는 사회규범의 인위적 자의성이나 불공정성, 규범의 형식성 등에 기인한 것이다. 그러나 하곡에 의하면 참다운 도덕규범은 인간의 자의에 속하는 것이 아니며, 천리(天理)이요 천명(天命)으로 특히 인간 심성의 조리(條理)로서 실재하고 주체의 자각에 의해 구현되는 것이다. 누구도 어떤 사물도 이러한 이치를 떠나서 있을 수 없다는 것이다. 이런 점에서 규범의 존중의식과 질서의식이 고양될 수 있다.

④ 오늘의 비인륜성은 매우 다양한 원인들의 복합적 산물이다. 그것은 물질문명의 발달에 의해 물질적 가치를 정신적 가치보다 우월하게 보는 가치관의 변화나, 쾌락을 행복으로 여기는 가치관, 산업사회가 경쟁을 조장함으로써 가속화된 이기주의의 팽배, 복잡한 현대사회에서 생기는 소외감과 공격적이고 파괴적인 심리 등 그 원인에 대한 진단은 매우 다양하다. 그러나 하곡은 인간의 본심(本心)은 파괴되거나 온전히 은폐될 수 없는 도덕적 감정, 즉 진실성과 공정성 그리고 타인을 자신과 하나로 여기는 일체감(一體感)과 시비선악의 판단력 등이 있음을 강조한다. 특히 그는 각각의 개인은 온전한 덕으로서 인(仁)과 본체의 밝은 덕으로서 양지(良知)를 선천적으로 소유하고 있다는 것이다.

마음의 빛을 자신에게 돌이키고 진정한 자아의 구심점을 찾아들어갈 때 무한한 원심력(遠心力)이 발휘된다. 본연의 인간성을 회복하는 것이 질서와 화합의 사회를 이루는 첩경이라는 것이 하곡의 철학이다. 하곡의 인간관은 인간 자존(自尊)의 고양(高揚)과 사회적 질서 및 화합을 위한 이론으로 높이 평가될 수 있다.

하곡 정제두의 도덕철학

I. 들어가는 말

오늘날 한국 사회는 인간의 생명과 존엄성을 가벼이 여기고 물질적 부와 명예, 권세, 쾌락 등을 삶의 목적으로 삼는 소유지향적(所有指向的) 가치관이 지배하고 있으며, 예의(禮義)와 염치(廉恥)를 뒤로 하고 자신과 자기집단의 이익만을 꾀하는 다양한 형태의 이기주의(利己主義)가 팽배해 있다. 또한 진실과 신의에 기초한 진정한 도덕보다는 거짓과 가식으로 포장된 위선적이고 형식적인 도덕이 유행하고 있다.

하곡(霞谷) 정제두(鄭齊斗, 1649~1736)가 생존하던 당시에도 문제점은 있었다. 그는 악한 무리들이 선량한 자들을 양적으로 압도하고, 부귀공명(富貴功名)에 힘쓰는 무리들이 뜻을 이루어 권세를 누리는 반면 예의도덕(禮義道德)의 선비들은 불우하게 살아가며,[1] 출세를 위해서는 예의염치를 버려야 하는 것이 습속이 되어 진정한 선비를 기대할 수 없게 된 현실을 개탄하였다.[2] 또한 그는 16세기 중엽부터 심화된 당쟁으로 시비(是非)와 의리(義理)에 대한 공정한 논쟁의 길이 막혀 상대를 자신의 명성과 세력으로 이기고자 하는 사회적 풍토가 조성되어 시비를 혼란하게 하고 결국 도의(道義)를 타락하게 하였다고 한다.[3] 한편 당시 조정에서는 왜란(倭亂, 1592~1598)과 호란(胡

---

1) 『霞谷集』, 卷7, 雜著(拾遺), 雜著.
2) 『霞谷集』, 卷3, 書5, 答李伯祥書.
3) 『霞谷集』, 卷1, 書1, 上朴南溪書 甲子.

亂, 1627년과 1637년) 등으로 문란해진 사회질서를 바로잡기 위하여 의리(義理)를 획일화하고 예의(禮義)를 더욱 형식화하여 통제를 강화하였다. 하곡은 획일적이고 형식적인 도덕규범에 의한 엄격한 사회적 통제는 진실한 마음에 바탕을 둔 역동적(力動的)인 도덕의 실행을 저해한다고 보았다.[4] 또한 그는 의리(義理)를 궁구하는 공부와 심성(心性)을 함양하는 공부를 별개로 보는 당시의 학풍은 도덕의 주체로서 마음이 사물을 쫓아다니는 병통을 초래하였으며, 마음을 단지 사물의 이치를 받아들이고 운용하는 피동적 지위로 전락시키고, 도덕적 앎과 실천을 분리시켰다고 한다.[5]

하곡은 세상 사람들이 부귀와 권세, 공명(功名) 등을 탐하고 그것을 얻고자 밖으로 내달리는 것을 외치(外馳)라고 하여, 타인으로부터 주어지는 성명(聲名)과 자신의 이록(利祿)을 얻기 위한 수단으로서 학문을 하는 것을 경계하였다.[6] 그는 인생에 있어서 소명(召命)으로 삼고 실천해야 할 목표를 천도(天道)라고 하며,[7] 옛 성현들의 학문과 가르침이란 마음의 천리(天理)를 다하는 것이라 하고,[8] 『대학』이란 하늘로부터 부여받은 본연의 명덕(明德)을 밝히는 것이라고 하였다.[9] 그는 학문과 교육, 그리고 삶의 목적을 도덕(道德) 또는 천리(天理)의

---

4) 『霞谷集』, 卷1, 書1, 上朴南溪書 庚申.
5) 『霞谷集』, 卷1, 書1, 擬上朴南溪書 壬戌. 與閔彦暉論辭言正術書, 學辯.
6) 『霞谷集』, 卷7, 說(拾遺), 名兒說: 雜著(拾遺), 壬戌遺敎: 卷10, 年譜 肅宗 35년 조: 卷7, 序(拾遺), 送李聖益歸連山序.
7) 『霞谷集』, 卷7, 說, 名兒說.
8) 『霞谷集』, 卷8, 學辯. 하곡은 〈學辯〉에서 유학의 경전들을 인용하여 학문의 근본취지와 방법을 그 나름대로 정리하고 있다. 그는 옛 성현들이 추구하였던 것을 마음의 천리[心之天理]라고 한다. 마음 중의 천리를 지칭하는 심지천리(心之天理), 천리(天理), 심지리(心之理)라는 용어가 대략 30여 회 정도 나오고 있다.
9) 『霞谷集』, 卷13, 大學說. 大學說.

실현으로 삼았다.

이 글에서는 도덕에 관한 하곡의 사상을 도덕의 의미와 그 당위성, 도덕적 가치와 도덕 원리, 도덕의 주체와 도덕성의 구현 등의 세부주제로 나누어 고찰할 것이다. 이를 통해 하곡이 추구했던 진정한 도덕이 무엇이며, 그것의 실현 방법은 무엇인지 해명할 것이다.

II. 도덕의 의미와 당위성

1. 도덕의 일반적 의미

일반적으로 윤리나 도덕이란 인생에서 마땅히 목적으로 삼고 추구해야 할 가치나 사회에서 당연히 준수하고 실천해야 할 행위법칙을 지칭하는 것이다. 이러한 도덕적 가치나 법칙은 사람들의 이념, 동기, 행위, 업적, 인격 등을 평가하는 기준이 된다. 대체로 어떤 사물에 대하여 도덕적 가치 여부를 평가할 때에는 선악(善惡, good or bad)이라는 개념을 사용하며, 어떤 행위의 도덕성 여부를 평가할 때에는 시비(是非, right or wrong)라는 용어를 사용한다. 선악시비(善惡是非)에 대한 평가기준으로서 도덕적 가치나 도덕법칙은 인간의 행위를 통제하고 지도하는 기능을 한다.

인간의 사고를 규제하고 행위를 구속한다는 이유에서 사회규범으로서 도덕을 부정적으로 보는 견해가 있기도 하지만, 도덕에 대한 긍정적 평가가 일반화되어 있다. 이제 도덕의 의미에 대한 이해를 돕기 위해 몇 가지 유형의 도덕이론들을 개괄하고자 한다. ① 도덕을 사회의 관습에서 발전된 규범체계나 사회 전체의 공동 이익과 질서를 위해 인위적으로 형성한 일종의 약속체계로 보는 주장이 있다. 이러한 주장에 따르면 도덕은 인생의 도구나 수단으로서 가치를 지니는 것이며, 그 당위성(當爲性)을 유용성(有用性)에서 찾는다. ② 도덕은 인간 고유의 내적 본질이나 심리적 사실로부터 도출된다는 주장이 있다. 이것은 도덕을 일종의 자아실현의 원리로 삼으며, 인간 본연의 특성이나 능력을 탁월하게 발휘하는 것을 당위로 삼는 것이다. ③ 도덕이란 창조주인 신이 인간에게 부여한 절대적인 명령이라고 한다. 인간은 완전한 도덕적 성취가 불가능하다는 사실을 인식함으로써 신의 존재를 깨닫게 되고 신에 의지함으로써 구원을 얻는다는 것이다. ④ 실천이성이 직관(直觀)하는 도덕법칙이란 당위적 의무로서 주어지는 선험적(先驗的)인 절대적 명령이라고 한다.

2. 하곡에 있어서 도덕(道·德)의 의미

오늘날 사용되는 도덕(morality)이라는 개념은 도(道)와 덕(德)의 합성어이다.

하곡은 도라는 개념을 단독으로 사용하기도 하고 때로는 다른 수식어나 한정어와 함께 사용하기도 한다. 그는 "천도(天道)는 알기 어렵다."[10] "이 마음을 천도에 세우는 것이 참으로 나의 인생의 명(命)을 세우는 곳이다."[11] "천도는 일원(一元)이며 온전한 체[全體]는 극

---

10) 『霞谷集』, 卷7, 雜著(拾遺), 雜著.
11) 『霞谷集』, 卷7, 說(拾遺). 名兒說: 立此心於天之道 眞是吾生立命處也.

(極)이 없다."12) "천지의 도는 성(誠)이다."13) 라고 하여, 만물을 생육(生育)하고 운행(運行)하는 근원이고도 궁극적인 원리를 천도(天道)라고 지칭한다.

한편 하곡은 도(道)를 인간다움의 본질을 이루는 마음의 이치이며, 자율적인 당위(當爲)의 법칙을 지칭하는 용어로 사용한다.

> 도(道)라는 것은 마음의 이치로서 사람이 이로써 사람이 되는 것이니 이것을 잃고 알지 못하면 비록 살았다 해도 산 것이 아니다.14)

> 도라는 것은 사람이 마땅히 스스로 행해야 할 바이다.15)

따라서 하곡은 궁극적 실재의 창조적 원리이며 만물의 생육과 운행의 근원적이고도 궁극적인 존재의 원리를 천도(天道), 천지도(天之道) 또는 천지지도(天地之道)라는 개념으로 표현하였다고 하겠다. 반면 개개의 인간이나 사물이 마땅히 준수하고 실행해야 할 당위법칙을 도(道)라고 한 것이다. 물론 개체가 소명(召命)으로 삼고 실행해야 하는 도란 궁극적으로 천도와 별개의 것이 아니라고 한다.

한편 하곡은 덕(德)이라는 개념에 대해서도 다양한 수식어나 한정어와 함께 사용하며, 특히 명덕(明德)이라는 용어를 가장 많이 사용한다.

> 이는 명덕(明德)이란 하늘로부터 얻은 것으로 어둡지 않은 것이다. 이것은 그 천리(天理)의 밝은 곳이 사물의 법칙이 된다고 하는 것이니, 밖에 의뢰하여 구할 수 있는 것이 아니다.16)

---

12) 『霞谷集』, 卷12, 中庸說, 中庸雜解.
13) 『霞谷集』, 卷12, 中庸說, 中庸2.
14) 『霞谷集』, 卷14, 論語說・孟子說上, 論語.
15) 『霞谷集』, 卷12, 中庸說, 中庸雜解: 道者人之所當自行.
16) 『霞谷集』, 卷8, 學辯: 是明德之得之乎天而不昧者也. 是其天理之明處 爲事

> 명덕이란 것은 인심에 부여된 천명(天命)이며, 그 덕은 신명영소(神
> 明靈昭)하고 어둡지 아니하여 만 가지 이치가 여기에서 나온다.[17]

그는 덕(德)이란 궁극적이며 근원적인 실재인 하늘[天]이 만물을
생성하고 육성하는 과정에서 그 도리가 인심에 구현된 것이라는 의미
에서 생지덕(生之德)이니 천덕(天德)이라 하고, 스스로 도(道)를 밝혀
실현할 수 있는 본연의 능력이라고 하는 점에서 명덕(明德), 고유지덕
(固有之德)이라고 한다. 또한 덕은 인간의 본성에 주어진 것이며, 본
성의 핵심이요 주인이 된다는 점에서 성의 덕[性之德], 성의 내용[性
之實], 성의 주체[性之主]라고 한다. 따라서 하곡이 말하는 덕(德)이
란 인간 심성의 본질 및 주체이며, 보편적 도리(道理)를 스스로 깨닫
고 실현할 수 있는 인심의 고유한 능력으로, 현대적 용어로 말하자면
도덕성(道德性 morality)을 지칭하는 것이라고 하겠다.

하곡은 도(道)와 덕(德)을 결합하여 표현하기도 하지만,[18] 대개는
분리해서 사용한다. 그러나 도와 덕은 그 본체가 근본적으로 하나라고
한다.

> 그 알 바와 행할 바는 곧 달도(達道)이며, 그 알게 하고 행하게 하는
> 소이(所以)는 달덕(達德)이라고 하는 것이니, 그 본체는 곧 근본이 하
> 나일 뿐이다.[19]

하곡에 의하면 도란 우리가 알고 실행해야 할 것, 즉 우리의 지(知)

　　物之則者也 非有可求資於外者也.

17) 『霞谷集』, 卷13, 大學說, 大學說: 明德者人心天命 其德神明靈昭不昧而萬理
　　出焉者也.

18) 『霞谷集』, 卷7, 雜著(拾遺), 雜著: 禮義道德之士常患不遇.

19) 『霞谷集』, 卷12, 中庸2 小註: 其所知所行者 卽達道是也 其所以知之行之者
　　是其達德者也 其體則本一而已.

와 행(行)이 추구해야 할 가치나 실현해야 할 원리를 지칭하는 것이며, 도에 대한 지행(知行)의 가능근거이며 당위성을 덕이라고 하는 것이다.

하곡은 보편적인 도(道)를 실천하는 것은 바로 개별적인 주체의 덕(德)의 구현을 의미하는 것으로 파악하였다. 그는 이러한 주장의 근거를 『중용』과 『주역』에서 찾았다.

> 그 도(道)를 행한다고 하는 것은 바로 역(易)에서 이른바 천지와 그 덕(德)을 합한다고 하는 것이 그것이다.[20]

> 진실로 지극한 덕(德)이 아니면 지극한 도(道)는 성취되지 못한다.[21]

하곡에 따르면 현대적 의미에서의 도덕이란 초월적이며 의지적인 인격신의 절대적 명령이 아니며, 인간 지성의 관념적 사변의 산물도 아니고, 삶의 편의를 위해 인간이 만들어낸 도구도 아니다. 그는 도덕을 초월적(超越的)이면서 동시에 내재적(內在的)인 것으로 보았다고 하겠다. 초월적이라고 하는 것은 도덕이 인위적, 세속적 가치에 매이지 않은 것이라는 의미이며, 내재적이라고 하는 것은 도덕성이 인심에 내재하며 인심을 통해 실현된다는 것이라는 의미이다.

하곡에게 있어서 도덕이란 근원적 실재요 궁극적 이치인 하늘의 창조적 작용원리가 인간의 심성에 의해 구현된 것으로, 그것은 인간의 선천적 존재원리이며 인심의 조리(條理)로 그 자체가 삶의 목적이라고 한다. 따라서 도덕은 인간의 존재원리로서 목적적 가치 또는 본질

---

20) 『霞谷集』, 卷2, 書4, 答朴大叔大學陽明說疑義問目: 其爲道正是易所謂與天地合其德者也.

21) 『霞谷集』, 卷8, 存言上, 定性文: 苟不至德 至道不凝 이 구절은 원래 중용에 나오는데, 하곡은 정성문 3군데에서 거듭 인용하고 있으며, 논어의 "人能弘道 非道弘人"이라는 구절을 해설하는 곳에서도 보인다.

적 가치(intrinsic value)를 지닌다. 또한 도덕은 궁극적 실재로부터 연유한 것으로 선천성(先天性)과 보편성(普遍性)을 지닌다. 하곡은 도덕의 당위성(當爲性)을 도덕이 인간을 포함하는 일체 존재의 존재근거이며, 동시에 그것이 인심의 내적 본질이라는 점에서 찾은 것으로 이해된다. 그는 내면의 덕(德)을 다하는 것이 보편적 도(道)를 실현하는 것이라고 한다. 따라서 그는 내적 도덕성을 스스로 깨닫고, 그것을 능동적이며 창의적으로 실현하는 것을 도덕의 성취로 본다. 그의 도덕철학은 도덕주체로서 자아를 실현하기 위한 것이라고 할 수 있다.

Ⅲ. 도덕적 가치와 원리

1. 시비선악의 기준

일반적으로 개별적인 사물에 대한 선악(善惡)이나 구체적인 행위에 대한 시비(是非)를 판단 또는 평가할 때 표준이 되는 것을 지선(至善)이라고 한다.

하곡은 지선(至善)에 관해 다음과 같이 말하였다.

> 대개 지선(至善)이란 것은 본연(本然)의 선(善)으로 하늘에서 나온 것이며 사람에게 매인 것이 아니다. 그것을 발현(發現)하는 것은 양지(良知)요, 발현에 감응(感應)하는 것은 사물이다.[22]

---

22) 『霞谷集』, 卷13, 大學說, 大學說.

본연의 선이라고 하는 것은 본래 그대로의 선, 즉 그 자체만으로 이미 선하며 다른 것의 수단으로서 선한 것이 아니라는 의미이다. 하늘에서 나와서 사람에게 매이지 않는다는 것은 그 가치가 근원적 존재로부터 연유한 것이며 인위적 평가를 초월해 있다는 의미이다.

그는 하늘이 명(命)한 성(性), 인심의 본체인 천리(天理), 그리고 인심의 생리(生理) 또는 진리(眞理) 등을 지선(至善)이라고 한다. 또한 그는 명덕(明德)이나, 오상(五常)의 지(知)이며 성체(性體)의 지(知)로서의 양지(良知)를 본연의 선이라고 한다. 이 밖에도 인심의 도덕성으로서 성(誠), 중(中), 인(仁) 등을 선(善)이라고 한다. 따라서 그는 지선(至善)한 도덕의 궁극적 가치와 원리가 인심에 본래 내재하며, 이러한 인심에 의해 개별적 사물의 선악(善惡)과 보편적 도덕원리 및 구체적 행위의 시비(是非)가 판별된다는 것이다.

하곡은 각각의 개별적 사물 그 자체를 일정하게 선(善) 또는 악(惡)이라고 지칭할 수 없다고 한다.

> 선(善)과 악(惡)에는 정해진 형체가 없으며, 그것이 본연의 이(理)에 따르는 것을 선이라 하고, 기(氣)에 동(動)하여 일을 하는 것이 악이 된다. 그 행위가 비록 선하다 하더라도 진실로 기에 동한 것이 있다면 선의 근본은 아니다. 그런 까닭에 선이란 것은 하나로 정하여 선이라고 할 수가 없는 것이다. 그러므로 이(理)에 따르는 것에 지나지 않는 것을 지선(至善)이라고 한다.23)

하곡은 선악과 시비의 개념을 명확히 구별하지 않고 있다. 그가 행위를 평가할 때에도 선악이라는 용어를 사용한 것은 그 행위에 내포된 동기를 고려하기 때문이며, 가치와 행위를 분리할 수 없는 것으로

---

23) 『霞谷集』, 卷9, 存言 中.

파악하였기 때문이다.

하곡은 선과 악이란 구체적인 일정한 형태가 없기 때문에 개별적인 사물 그 자체를 좋은 것 또는 나쁜 것이라고 확정할 수 없다고 한다. 다만 그 사물을 처리하는 행위의 동기를 선과 악으로 구분하고, 본연의 이치[理]에 따르는 것을 지선(至善)이라고 한다. 따라서 그는 행위의 시비(是非)란 그 행위가 추구하는 사물에 의존하는 것이 아니라 그 사물을 처리하는 행위의 동기에 따라 결정된다는 것이다. 이러한 하곡의 주장은 일종의 동기주의(動機主義)의 입장에 서 있다고 하겠다.

요약하자면 어떤 구체적인 사물이나 행위에 대한 도덕적 평가, 즉 시비선악의 평가는 그 사물이나 행위 자체 또는 행위의 결과나 사람들의 자의적(恣意的) 평가에 의존하는 것이 아니라, 인심에 본유(本有)하는 도덕성과 행위 주체의 동기에 달려 있다는 것이다.

2. 도덕의 근본원리

하곡은 스스로 도덕적 행위를 선택해야 하거나 또는 타인의 행위에 대한 시비(是非)를 판단해야 할 경우, 스스로 의존해야 할 것을 인심에 내재하는 도덕성이라고 한다. 그것은 구체적인 행위를 규제하고 지도하는 지침으로서 보편적인 도덕법칙이 된다. 하곡은 내적 도덕성이며 동시에 달성해야 할 도덕법칙 가운데 가장 근본적이고도 핵심이 되는 것을 성(誠), 중(中), 인(仁)이라고 한다.

하곡은 『대학』과 『중용』에서 공부의 목적으로 제시한 성(誠)을 실리(實理)와 실심(實心)이라고 하며, 오상(五常)의 근본[本]이요, 백행(百行)의 근원[源]이라고 하여, 도덕법칙과 개별적 행위가 진실성을 바탕으로 성립

한다는 것이다. 하곡은 성(誠)을 불이(不貳)와 불식(不息)으로 설명한다.

> 천지(天地)의 도는 성(誠)일 뿐이다. 불이(不貳)한 것이 그 본체[體]이다. 불이(不貳)한 고로 쉬지 않으며 물(物)을 생(生)함이 많아 그 소이연(所以然)을 헤아릴 수 없다.[24]

그는 성(誠)의 본질적 특성을 불이(不貳)라고 한다. 성(誠)이란 잡것이 섞이지 않은 순수성과 분열이나 단절이 없는 통일성[純一]을 의미한다. 또한 성(誠)을 중단이 없음, 즉 불식(不息)이라고 한 것은 그 본체의 작용이 일관성(一貫性)과 지속성[不已]을 지니고 있다는 것이다.

하곡은 인간의 당위성으로 성(誠)을 전일(專一)한 마음의 이치로 설명하였다.

> 성(誠)이란 것은 불이(不貳)요, 불이(不已)이며, 그것은 가리어질 수도 없는 것이요, 감(感)하여 통(通)하는 도(道)라는 것이다. 그것은 이광(李廣)이 바위를 향해 화살을 쏘았던 것과 같은 것이니, 그 마음이 지극히 전일(專一)하여 그 성(誠)이 흔들려 둘이 되지 않았던 까닭에 바위를 꿰뚫었던 것이다. 만약 조금이라도 짐짓 시험삼아 한가롭게 산만하게 하여 뜻[意]이 능히 전일(專一)하지 못함이 있고, 의심과 믿음이 반반이어서 반드시 하고자 하는 생각[念]이 없으면 종래 이(理)를 꿰뚫어 볼 수 없을 것이다.[25]

행위의 법칙으로서 성(誠)이란 뜻[意]이 산만(散漫)함이 없이 하나의 일에 전념하고 집중하는[專一] 것이며, 의심으로 인한 흔들림이 없는 것, 가식과 거짓이 없이 순수하고 진실한 것, 중단함이 없이 한결같은 성실함을 의미한다.

---

24) 『霞谷集』, 卷12, 中庸說, 中庸2 小註.
25) 『霞谷集』, 卷9, 存言 中, 誠者不貳.

성(誠)이란 자타(自他)의 간격과 대립을 극복하고, 마치 암컷과 수컷이 사랑을 느끼고 자석이 바늘을 당기듯 상호 감응(感應) 감동(感動)하고 소통(疏通)하게 하며, 사물을 생육하고 변화시키며 완성하는 능동적 힘이다.

하곡은 인간의 당위적(當爲的) 원리로서 중(中), 중정(中正), 시중(時中) 등의 개념으로 말한다. 중용(中庸)의 중이란 지나침도 부족함도 없는 평상의 도(道)이며, 순수하여 치우치고 얽매인 바가 없는 것이며, 황극(皇極)의 도로서 중이란 치우침과 비뚤어짐이 없으며[無偏無陂] 사사로이 초오를 짓지 잃으니[無有作好惡] 파당을 짓지 않는 것[無偏無黨] 등이다.

또한 하곡은 『중용(中庸)』의 미발지중(未發之中), 『대학(大學)』의 명덕(明德), 『서경(書經)』의 도심(道心)을 중(中)으로 설명한다.

감공(鑑空)하고 형평(衡平)하여서 치우친 바가 없는 것이 이른바 미발(未發)의 중(中)의 대본(大本)이요, 명덕(明德)이요, 도심(道心)이라고 하는 것이다.[26]

감공(鑑空) 형평(衡平)을 중(中)이라고 하는 것은 선입견이나 편견으로 인한 고집과 집착, 그리고 개인적인 호오(好惡)에 의해 치우치거나 비뚤어짐이 없는 본연의 마음을 지칭하는 것이다. 이것은 일체의 주관적 편견과 선입견 그리고 집착으로부터 자유롭고 공정성과 솔직함을 잃지 않는 것이 도덕적 행위의 기본조건이 된다는 것을 의미한다.

또한 하곡은 구체적 상황에서 시의적절(時宜適切)한 행위의 선택을 가능하게 하는 원리를 시중(時中), 대중(大中)이라고 한다. 다시 말해서 시중이란 인심에 내재하는 궁극적 도덕으로서 천리(天理)를 개별적 사건에서 그에 합당한 이치로 구현할 수 있게 하는 것이라고 한다.

---

26) 『霞谷集』, 卷8, 存言 上. 四端七情說.

> 오로지 이것 전체의 한 개 성(性)(하나의 仁理神明)이 천지만물을 통하여 원래 이것 하나라고 하는 것은 곧 이 이(理)이다. 그것은 완전하고 유행하며 감응하고 관통하고 중절(中節)하며 부박(溥博)하지 아니함이 없으니 시중(時中)이란 것이 이것이다. 그러므로 다만 하나의 명덕(明德)이라고 한다. 물(物)이 있으면 법칙(法則)이 있으니, 한 개의 밝은 구슬이 지극히 공허하여 만 가지 형상을 두루 비추어서 고운 것과 더러운 것과 검은 것과 흰 것들이 각기 그 물건에 따르는 것이며 한 개의 커다란 종(鐘)은 지극히 허(虛)하여 만 가지의 소리를 모두 발(發)하는 것이니 크게 두들기면 크게 응(應)하고 작게 두들기면 작게 응하여, 각기 그 두들기는 것에 따라 소리가 나는 것이다.[27]

하곡은 시중(時中)을 사물의 다양한 모습을 그대로 드러내는 밝은 구슬이나, 두드리는 강도에 따라 여러 가지 소리를 내는 속이 빈 커다란 종에 비유한다. 그는 다양한 사건이나 대상에 직면하여 그때그때 적절히 판단하고 결심하여 최선의 행위를 선택하게 하는 도덕법칙의 하나가 중(中), 특히 시중(時中)이라고 하는 것이다.

요약하자면 인간으로서 마땅히 구현해야 할 도덕적 심성이며, 구체적 행위에서 올바른 선택을 위한 도덕원리로서 중(中)에 대하여 하곡은 감공(鑑空) 형평(衡平)이니, 적연부동(寂然不動) 확연대공(廓然大公)이라는 말로 표현한다. 이것은 두 가지 의미로 해석할 수 있을 것이다. 첫째, 이기적 욕구나 선입견, 편견, 기대와 예측, 그리고 속단 등에 의한 집착과 장애가 없는 마음의 공적(空寂) 상태를 지칭한다. 둘째, 선악시비의 척도로서 자나 저울처럼 흔들리거나 치우침이 없는 부동(不動) 형평(衡平)의 마음이며, 자나 저울이 사물에 따라 길이를 재고 무게를 다는 본연의 기능은 다하듯 그 마음의 본연의 기능을 공정하게 발휘하는 시중(時中)을 지칭한다.

---

27) 『霞谷集』, 卷9, 存言 中.

하곡은 또 다른 도덕원리로서 인(仁)을 주장하며, 그것을 사람의 생리(生理)라고 한다.

> 사람의 생리(生理)는 능히 밝게 깨닫는 바 있어 스스로 능히 주류통달(周流通達)하며 불매(不昧)한 것이니, 곧 능히 측은(惻隱), 수오(羞惡), 사양(辭讓), 시비(是非) 어느 것이나 다 능하지 못하는 것이 없으니, 이것이 그 고유한 덕(德)으로서 이른바 양지(良知)라 하고 인(仁)이라고 하는 것이다.[28]

인(仁)을 생리(生理)라고 칭한 것은 그것이 관념적, 형식적인 이치가 아니라 그 스스로 유행하고 감통하는 생명의 이치라고 하는 것이다. 하곡은 인(仁)과 양지(良知)는 하나의 생리(生理)이며, 덕(德)으로 별개의 것이 아니지만, 구현해야 할 도덕성 전체를 인(仁)으로 포괄하여 지칭하며, 도덕성 자체가 지니는 명각(明覺)의 작용에 의해 그것을 사단(四端)의 정(情)으로 구현하는 기능을 양지(良知)라고 지칭한 것이다. 그는 인이란 양지가 밝히고 구현하는 덕의 내용을 지칭하는 것이며, 양지는 인을 밝히고 구현하는 기능을 지칭하는 것이라 하겠다.

하곡은 마음에 내재하는 도덕성(道德性)의 내용을 인(仁)을 중심으로 구분하여 설명한다.

> 인(仁)이란 생리(生理)의 주장[主]이니 생(生)을 능히 발(發)하는 것이요, 의(義)란 재제(裁制)의 마땅한 것이니 이(理)를 재제하는 것이다. 예(禮)란 절문(節文)의 이(理)이니 이(理)의 절문인 것이다. 지(知)라는 것은 명각(明覺)의 묘(妙)이니 이(理)의 변별(辨別)이다. 이네 가지는 마음의 덕(德)인 것이니 그 인(仁)과 지(知)가 주체(主體)요, 의(義)와 예(禮)는 용(用)에 있다. 그러므로 이르기를 '어질지 못하

---

28) 『霞谷集』, 卷1, 書2, 與閔彦暉論辨言正術書.

고 지혜롭지 못하면 예도 없고 의도 없다.'고 하였으니 이것은 모두가 내외(內外)의 구별이 없다는 것이다.[29]

하곡은 인(仁)이란 생리(生理)의 주재(主宰), 즉 생리를 주도하는 것이며, 쉬지 않는 생명의 도(道)라고 한다. 그는 인(仁)을 사랑[愛]이라고 하며, 그것을 실천하는 근본은 측은지심(惻隱之心), 불인지심(不忍之心)이라고 한다. 인(仁)의 마음을 천지만물에 이르게 하면 나와 천지만물이 한몸[一體]이 되어 간격이 없게 된다는 것이다. 따라서 인(仁)이란 중단하지 않는 생명의 이치로서 만물을 살리고 만물과 감통하여 한 몸을 이루게 하는 이치라고 하는 것이다.

한편 의(義)란 마음의 조리(條理)인 생리(生理) 또는 천리(天理)를 각각의 사물에 따라 재단(裁斷)하여 시의적절(時宜適切)하게 대처할 수 있는 도덕성을 지칭하는 것이다. 예(禮)는 생리(生理)를 구분하고 형식화하는 것으로서, 천지만물이 하나로 회통(會通)하는 것을 관찰하고 그 전체 속에서 각각 다양한 위치에 따라 그 고유의 역할을 수행하도록 질서 지우는 원리를 지칭한다. 지(知)는 생리를 자각하고 분별하며 구현하는 도덕성 자체가 지니는 기능으로, 천지만물에 대하여 그 시비(是非)를 아는 것이라고 한다.

하곡에 의하면 도덕적 원리란 만물을 낳고 육성하며, 변화하고 완성시키는 생명의 이치이며, 상호 감응하고 통하게 하는 일체(一體)의 원리이며, 천지만물을 그 위상에 맞게 자리매김하는 질서의 법칙이며, 온갖 행위의 시비(是非)를 분별하고 시의적절한 이치를 구현하는 역동적 이치이다.

---

29) 『霞谷集』, 卷9, 存言 中.

Ⅳ. 도덕의 주체와 도덕성의 실현

1. 도덕의 주체

도덕원리 및 그에 대한 앎이 인심에 본유(本有)한다고 하는 하곡의 주장에 따르면 도덕적 인식과 실천의 문제는 도덕의 주체에 대한 자각과 내적 도덕성의 실현이라는 문제로 환원된다.

하곡은 징성문(定性文)에서 인심이란 천지만물의 주재(主宰)이며 권형(權衡)이라고 한다. 인심이 천지만물의 주인이라고 하는 것은 상제(上帝)의 충심(衷心)과 하늘의 명성(明性)을 부여받아 생명의 근원이요 모든 존재 가운데 으뜸이 되며, 영명감통(靈明感通)하여 온갖 사물을 체인[體物]하고 명령한다[命物]는 것이다. 인심이 천지만물의 권형(權衡)이라고 하는 것은 인심에 하늘의 법칙[天則] 가운데 참된 것이 넉넉히 갖추어져 있어 이로부터 만 가지 이치와 만사(萬事)가 나온다는 것이다. 하곡이 천지만물의 주재가 되고 권형이 된다고 말하는 그 인심이란 맹자(孟子)가 말한 대체(大體)이고, 정명도(程明道)가 말한 정성(定性)의 성(性)이며, 대학의 치지(致知)의 지(知)요, 양명이 말한 치양지(致良知)의 양지(良知)를 지칭하는 것이다.

하곡은 인심이란 천지만물 가운데 가장 영명(靈明)하여 천지만물에 대한 이해와 감응이 가능하며, 온갖 사물의 이치[萬理]를 밝게 드러내는 본체라고 한다. 인심이 온갖 이치와 일의 근원이요, 시비를 판단하고 선악을 헤아리는 척도라는 점에서 도덕적 앎과 실천의 주체라고 할 수 있을 것이다. 도덕의 주체로서 인심이란 바로 양지(良知)를 지칭하는 것이다. 하곡은 양지(良知)의 본체와 작용을 빛의 밝음과 비추는 작용에 비유하여 설명한다.

> 양지(良知)란 그 영명(靈明)한 본체로서 말하면 상제(上帝)요, 그 알고 깨닫는 작용(作用)으로 말하면 화공(化工)이니 곧 하나의 마음을 이르는 것이다. …… 그 본체[體]를 가리켜 말하는 때가 있는데, 양지는 곧 마음의 본체이며 미발(未發)의 중(中)이라고 말하는 것이 이것이다. 그 작용[用]을 가리켜 말하는 때도 있는데, 양지가 곧 선(善)을 알고 악(惡)을 안다고 하는 그 지(知)이다. 맹자의 본문은 아래 지자(知字)를 말한 것 같고, 양명은 위아래의 지자(知字)에 통하여 겸해서 말한 것이다. …… 그러나 실상은 하나의 지(知)이니 분별할 것이 아니며 단지 하나의 양지라고만 하면 족하다. 마치 불에 있어서 본래 밝음은 그 본체요, 그 빛이 물(物)에 비춤은 그 작용이나 밝음은 하나뿐으로서 불의 밝음과 비춤에 있어서의 밝음을 분별할 필요가 없는 것과 같다.[30]

하곡은 양지의 영명(靈明)한 본체[體]와 알고 깨닫는 작용[用]을 불의 밝음 자체와 사물을 비추는 작용에 비유하여 설명한다. 말하자면 양지의 본체란 내적 천리가 스스로를 밝히는 일종의 자각능력이라고 할 수 있으며, 양지의 작용이란 그러한 본체의 밝음이 사사물물의 당연한 이치를 드러내고 분별하는 기능을 지칭하는 것이다.

> 이 체(體)(天命의 性이요, 明德의 本體인 良知)는 본래 전일(專一)하여 밖에서 구할 겨를이 없고 본래 저절로 온전하게 갖추어져 첨부하고 보충할 것이 없다. …… 그 사리(事理)의 지극한 선(善)은 미리 정할 수 없고 이루 다 궁구할 수 없다. 그것이 때에 따라서 바뀌니 모두가 이 마음의 근본에서 나오는 것인즉 실로 저울이 물(物)에 따라서 바뀌는 것이나 깨끗한 거울이 물건에 따라서 비추어 주는 것과 같다.[31]

---

30)『霞谷集』, 卷1, 書2, 答閔誠齋書.
31)『霞谷集』, 卷9, 存言 下.

하곡은 양지(良知)의 본체란 천명(天命)의 성(性), 즉 선천적인 도덕성이며 그 자체 완전성을 갖춘 것으로 지선(至善)이라고 한다. 양지의 작용은 본연의 지선한 이치에 따라 무수한 개별적 사물의 이치를 구현하는 기능이라는 것이다. 이러한 양지의 작용을 밝은 거울이 사물에 따라 그것을 밝게 비추어주는 것에 비유한 것이다.

또한 그는 양지를 입이 스스로 달고 쓴 것을 구별하고, 눈이 흑백을 구별하는 것이나, 밝은 거울이 흑백(黑白)과 미추(美醜)를 밝히고, 저울이 무게를 다는 것으로 비유함으로써, 양지를 그 자체가 본래 지니고 있는 원리에 의거하여 그 대상과 상황에 감응하며 그것들의 선후(先後) 경중(輕重)을 측정하는 선천적 직관지(直觀知)로 보았다고 하겠다. 따라서 양지란 그 본체인 궁극적 가치와 보편적 도덕원리를 구체적 상황과 대상에 따라 수시로 변역(變易)하여 그 상황에서 가장 옳은 것을 선택하는 시중(時中)의 지(知)라고 할 수 있을 것이다.

2. 도덕성의 실현

하곡에 의하면 도덕적 가치를 추구하고 도덕의 원리를 실천하는 도덕적 행위와 삶이란 내면의 도덕성을 구현하는 것이며, 그것은 이른바 명덕(明德)을 밝히고, 도심(道心)에 따르며, 양지(良知)를 구현하는 것이다.

그는 고유의 덕(德), 명덕(明德) 또는 달덕(達德)이라고 하는 인심에 본유(本有)하는 도덕성을 밝히는 가장 근본적인 공부를 무자기(毋自欺), 즉 자신을 속이지 않는 것이라고 한다.

> 대인의 학[大人之學]이란 천하에 명덕(明德)을 밝히는 도(道)이니
> 곧 정심(正心), 성의(誠意), 치지(致知), 격물(格物)에 있으며, 이것이
> 곧 이른바 그 덕(德)을 밝힌다는 것이다. 그 공부는 무자기(毋自欺)이
> 니 이것이다.32)

하곡은 정심, 성의, 치지, 격물 등을 명덕을 밝히는 조목으로 이해
하면서 그 근본공부를 무자기(毋自欺), 즉 자신을 속이지 않고 진실한
것이라고 한다. 그런데 무자기(毋自欺)란 자신만이 아는 지(知)를 속
이지 않고 스스로 그 지(知)에 만족하기를 구하는 것이요, 그것을 치
지(致知)라고 한다.

하곡에게 있어서 치지(致知), 즉 양지(良知)를 치(致)한다고 하는
것은 마음의 양지를 실현, 구현, 현실화한다는 의미이다.

> 왕씨(王氏)는 심(心)을 이(理)로 삼았으니 양지(良知)이다. 마음의
> 양지는 체(體)가 되며, 사물의 작용은 용(用)이 되니 사물의 이(理)라
> 고 한다. 이치는 모두 마음에 갖추어 있고 마음에는 저절로 양지가 있으
> 니 알지 못하는 이치가 있지 않은 것이다. …… 이런 까닭에 체와 용은
> 있어도 내외(內外), 정추(精粗)가 없으니 그러므로 명덕(明德)과 친민
> (親民)은 하나로 나눌 수 없는 것이다. 지(知)와 행(行)은 합일(合一)
> 이다. 지란 행의 시작이요, 행은 지가 이른 것이다. 그러므로 도(道)는
> 하나일 뿐이고 성(誠)일 뿐이다. 둘이 아니며 갈라질 수 없다. 내 몸으
> 로부터 사물에 이르고 천하 만물에 이르기까지 다만 이것 하나로 관통할
> 뿐이다. 그래서 천지만물을 한몸[一體]으로 삼고, 천하를 일가(一家)로
> 삼는다. …… 다만 성심(誠心)으로 실(實)에 힘쓸 뿐이다.33)

하곡은 도덕의 실천 방법으로서의 치양지(致良知)란 지(知)와 행

---

32) 『霞谷集』, 卷8, 學辯.
33) 『霞谷集』, 卷9, 存言 下.

(行)이 하나이고 명덕(明德)과 친민(親民)이 나눌 수 없는 하나인 본래적 양지(良知)를 온전히 실현한다는 의미로 이해하였다. 이러한 본연의 합일(合一)을 가능하게 하는 것은 성심(誠心)으로 실(實)에 힘쓰는 것[務實]이라고 한다. 또한 그는 사물에 인심의 지(知)를 이르게 하는 것, 즉 사물상에서 지(知)를 구현하는 방법으로 입심극기(立心克己), 계구존성(戒懼存省)을 주장한다. 따라서 도덕적 앎을 온전히 구현할 수 있는 것은 마음을 확립하고 이기심을 극복하며, 언제 어디서나 부단히 본연의 마음을 보존하고 성찰하여, 진실한 마음으로 본연의 양지 또는 실리(實理)를 속이지 않고 힘쓰는 일이다.

한편 하곡은 중화(中和)의 도심(道心), 즉 도덕적 성정(性情)을 회복하는 방법으로 성의(誠意)와 정심(正心)으로 설명한다.

『중용』의 미발(未發)의 중(中)과 중절(中節)의 화(和)는 성정(性情)의 본체를 가지고 말한 것이니 이것은 도심과 천리(天理)의 조목이요, 『대학』의 성의와 정심은 심성의 공부를 가지고 말한 것이니 곧 중화 공부를 하는 순서이다. …… 대저 성의란 그 사사(私邪)와 죄악의 일을 중화에서 극복하고 다스려서 초절(初節)의 공부로 삼은 것이고, 정심이란 것은 그 얽매고 얽히거나 치우치고 편벽(偏僻)된 일을 중화에서 소융(昭融)한 것이니, 이것은 정밀하고 극진한 공부인 것이다. …… 사사와 악욕이 없어졌다 하더라도 그 착한 가운데에 나아가 동(動)하는 기(氣)에 매여 호오(好惡)를 짓고 의필고아(意必固我), 편의부정(偏倚不正), 혼타방일(昏惰放逸), 장영기복(將迎起伏) 등에 있어서 일체의 은미(隱微)한 병통이 모두 부서지고 없어져서 얽힌 것이 없다면 이것은 심체의 올바른 것이 되어 감공(鑑空)하고 형평(衡平)하여서 치우친 바가 없는 것이다. 이른바 미발의 중의 대본(大本)이요, 이른바 명덕이요, 도심인 것이다.34)

---

34) 『霞谷集』, 卷8, 存言 上, 四端七情說.

하곡은 도덕적 본성과 감정을 실현하는 방법 가운데 우선하는 것으로 사심(邪心)과 악념(惡念)을 제거하는 성의(誠意)를 말한다. 다음으로 얽매이거나 편협하고 치우친 병통을 없애는 정심(正心)을 말한다. 다시 말해서 도덕성의 구현을 위해서는 일차적으로 그 마음이 지향하는바, 즉 행위의 동기가 순수하고 진실하여야 하며, 다음으로 거리낌과 치우침이 없는 바르고 공정한 마음을 지녀야 한다는 것이다. 이와 같은 하곡의 주장은 대학의 성의(誠意) 정심(正心)이나 중용(中庸)의 계신(戒愼) 공구(恐懼)를 총괄해서 성의(誠意)로 설명한 양명의 주장과 다르다.

또한 하곡은 중화(中和)에 이르는 방법으로 신독(愼獨)을 주장하며, 성의(誠意) 정심(正心), 계신(戒愼) 공구(恐懼)의 근본을 신독으로 설명한다.

> 대체로 천하의 만 가지의 일이 기강(紀綱)이 없으면 성립하지 못하는 것이다. 그러나 그 근본은 마음을 바르게 하는 데 있고, 마음을 바르게 하는 근본은 신독(愼獨)에 있다. 천리(天理)와 사의(私意)를 팔자(八字)로 타개(打開)하는 것은 신독(愼獨)에 있으며, 천덕(天德)과 왕도(王道)의 효력이 넓어지는 것은 신독(愼獨)에서 말미암는다. 『대학』의 성의(誠意) 정심(正心)과 『중용』의 계신(戒愼) 공구(恐懼)가 신독(愼獨)의 뜻이 아님이 없다. 맨 처음에 손을 댈 곳이 여기에 있으며, 철두철미하게 해야 할 곳도 여기에 있다.35)

주자(朱子)가 정치의 도(道)로서 위로는 백성을 구휼하고[恤民] 군대를 위무하며[撫軍], 아래로는 기강(紀綱)을 세울 것을 말한 것에 대해 하곡은 정심(正心)과 신독(愼獨)을 근본적인 것이라고 주장하였다. 그는 신독(愼獨)함으로써 천리(天理)와 사의(私意)가 분명히 갈라지

---

35) 『霞谷集』, 卷10, 年譜, 4년 4월 辛巳朔.

고, 선천적 도덕성[天德]과 도덕정치[王道]를 구현하는 실효를 거둘 수 있다는 것이다. 또한 그는 대학의 성의(誠意) 정심(正心)과 중용의 계신(戒愼) 공구(恐懼)가 모두 신독(愼獨)을 지향하는 것이라고 한다.

그는 『대학』의 성의(誠意)를 주석하는 가운데 성의(誠意)의 공부가 신독(愼獨)이라고 한다.

> 악취(惡臭)를 싫어하고 호색(好色)을 좋아하는 것과 같이하는 것이 성(誠)이다. 성(誠)의 본체가 이러하니 스스로 쾌족(快足)하면 이것은 그 앎이 극치에 이른 것이다. …… 신독(愼獨)이 그 공부의 착수처이다. 성의(誠意)의 공부는 다만 하나의 신독(愼獨)일 뿐이다. 신독은 곧 자기를 속이지 아니하고 스스로 쾌족(快足)하는 공부이다. 자기를 속이지 않고 스스로 쾌족하면 그것이 바로 성(誠)이다. 두 가지 뜻이 없는 것이다.36)

그는 성(誠)이란 악취를 싫어하고 호색을 좋아하는 것과 같이 본연의 감정에 충실하여 스스로 만족한 것이며, 지(知)가 극치에 이른 상태라고 한다. 신독(愼獨)이란 자신을 속이지 않고 스스로 만족해하는 공부이며, 그것은 곧 성의(誠意)의 공부라고 한다.

하곡은 『대학』의 지선(至善)의 도와 『중용』의 솔성(率性)의 도를 신독(愼獨)으로 주장한다.

> 『대학』의 지지정정(知止定靜)은 『중용』의 계신공구(戒愼恐懼)요, 『대학』의 격물치지(格物致知)는 『중용』의 치화치중(致和致中)이니 총괄하면 신독(愼獨)이다.37)

---

36) 『霞谷集』, 卷13, 大學說, 大學2 小註.
37) 『霞谷集』, 卷13, 大學說, 大學說.

하곡은 『대학』의 격물치지(格物致知)와 『중용』의 계신공구(戒愼恐懼)를 포괄하는 가장 근본적 공부를 신독(愼獨)이라고 한 것이다.

요약하자면 하곡이 주장하는 취지는 도덕적 삶 또는 도덕적 행위란 도덕적 앎과 실천의 주체로서 본연의 자아를 확립하고 실현하는 것이다. 그것은 자신의 성정(性情)과 심의(心意)를 언제 어디서나 부단히 성찰(省察)하여 사악(邪惡)한 생각과 편협한 마음을 극치(克治)하여, 순수하고 진실하며 공정무사(公正無私)한 마음을 온전히 간직하고 구현할 때 달성될 수 있다고 하는 것이다.

V. 맺는 말

하곡은 물질적 부, 사회적 지위와 세력, 일의 공적 그리고 밖으로부터 주어지는 명성(名聲) 등을 얻기 위한 수단으로서의 학문을 경계하였다. 그는 천도(天道)란 학문과 교육 그리고 삶의 목적으로 당연히 실천해야 할 도리라고 하였다. 그는 도(道)를 성취하는 길은 인심의 덕(德)을 지극하게 실현하는 데 있다고 한다.

하곡은 천도(天道)란 궁극적 실재[天] 자체의 자생(自生)의 원리요 만물을 생성하고 변화시키는 원리이며, 덕(德)이란 하늘의 도(道)가 인간의 마음에 구현된 것이라고 한다. 도가 인심의 본질적 특성으로 내재된 것이 덕이기 때문에 덕을 실현함으로써 도를 완성할 수 있다. 또한 도란 인간의 근원적 존재원리요 인심의 조리(條理)이기 때문에 그것을 따르는 것이 인간의 당연한 도리가 된다. 따라서 하곡은 도덕이란 존재일반의 원리와 인심의 특성에 연유하는 보편적 행위법칙이며, 보편적 도덕은 내적 도덕성의 실현을 통해 성취된다고 한다. 이러한 점에서 본다면 하곡의 도덕철학은 존재와 당위, 도덕의 보편성과 주체성이 일치한다는 주장으로부터 출발하고 있다.

하곡은 시비선악의 기준이 되는 도덕성이 인심에 있다고 한다. 그는 인심의 도덕성을 천리(天理)와 생리(生理), 천덕(天德)과 명덕(明德), 지(知)와 양지(良知) 등으로 지칭한다. 천리라고 하는 것은 그것이 개별적 이치의 근원이요 표준이라는 것이며, 생리라고 하는 것은 스스로 부단히 작용하여 사물을 낳고 사물에 감동(感通)하는 인심의 조리(條理)라는 것을 의미한다. 천덕이라고 하는 것은 인심에 부여된 천명(天命)이요 천도(天道)라는 것이며, 명덕이라고 하는 것은 스스로 도(道)를 밝히고 드러내는 것을 지칭한다. 지(知)란 내적 도덕성에 대한 앎과 구체적 행위의 시비나 의리에 대한 인심의 앎의 작용을 지칭하는 것이며, 특히 양지라고 하는 것은 그러한 인심의 앎의 기능이 완전하고 구체적 도덕판단의 기준으로 지선(至善)하다는 의미이다. 따라서 하곡은 인간 본연의 심성이란 궁극적 실재의 창조적 원리가 밝혀지고 구현되는 곳이며, 인심의 생리(生理)는 부단히 유행(流行)하며 만물을 살리는 생명의 이치요, 만물과 감응하고 통하는 일체(一體)의 이치이며, 시의적절(時宜適切)하게 개별적 이치를 구현하는 창조적 이치라고 한다. 또한 그는 인심의 생리를 밝히고 실현하는 창조적 지성(知性)으로서 양지(良知)를 도덕의 주체로 삼았다고 하겠다.

하곡은 보편적인 도덕법칙에 부합하는 행위를 하기 위하여 우리가 준칙으로 삼아야 할 도덕성(道德性) 가운데 가장 근본적이고도 핵심이 되는 것을 성(誠)과 중(中), 인(仁)이라고 한다.

그는 성(誠)이란 공부의 목적으로, 오상(五常)의 근본이요 온갖 행위의 근원이며, 실리(實理)와 실심(實心)이라고 한다. 그는 성(誠)을 불이(不貳)와 전일(專一), 불이(不已)와 불식(不息), 감통(感通) 등의 개념으로 설명한다. 성(誠)이란 내면의 의심이나 외적 유혹으로 흔들림이 없는 것, 뜻[意]이 산만(散漫)함이 없이 하나의 일에 전념하고 집중하는 것[專一]이며, 가식과 거짓이 없이 순수하고 변함없는 것[純一], 중단함이 없이 한결같이 성실한 것을 의미한다. 근본적 도덕원리의 하나로서 성(誠)은 자타(自他)의 간격과 대립을 극복하고, 상호 감통(感通)하게 하며, 타인을 살리고 변화시키며 완성하는 능동적 힘이다.

하나의 도덕원리로서 중(中), 대중(大中), 시중(時中) 등에 대하여 하곡은 감공(鑑空) 형평(衡平)이니, 적연부동(寂然不動), 확연대공(廓然大公)이라는 말로 표현한다. 이것은 두 가지 의미로 해석할 수 있을 것이다. 첫째, 이기적 욕구나 선입견, 편견, 기대와 예측, 그리고 속단 등에 의한 집착이나 장애가 없는 마음의 상태를 지칭한다. 둘째, 선악시비의 척도로서 자나 저울처럼 마음이 치우침이나 흔들림이 없이 공정성(公正性)을 발휘하여 구체적 상황에서 선악시비를 시의적절하게 판별하는 본연의 기능을 다하는 것을 시중(時中)이라고 한다.

하곡은 인(仁)을 사람의 생리(生理)요, 생리의 주장[主]으로 생(生)을 능히 발하는 것이며, 쉬지 않는 생명의 도(道)라고 한다. 따라서 인(仁)이란 중단함이 없는 생명의 이치로서 자신을 완성하고 만물을 살리는 이치이다. 그는 인(仁)이란 마음의 덕(德) 전체를 지칭하며, 그것을 사랑[愛], 베풂이라고 하고, 그것을 실천하는 근본은 측은지심(惻隱之心), 불인지심(不忍之心)이라고 한다. 이러한 마음을 천지만물에 이르게 함으로써 천지만물과 한몸이 되어 간격이 없게 된다는 것이다.

하곡에 의하면 이상의 도덕원리란 만물을 낳고 육성하며, 변화하고 완성시키는 생명의 이치이며, 상호 감응하고 통하게 하는 일체(一體)

의 원리이며, 천지만물을 그 위상에 맞게 자리매김하는 질서의 법칙이며, 온갖 행위의 시비(是非)를 분별하는 기준이라고 한다.

도덕원리 및 그에 대한 앎이 인심에 본유(本有)한다고 주장하는 하곡에 따르면 도덕적 인식과 실천의 문제는 도덕의 주체에 대한 자각과 내적 도덕성의 실현이라는 문제로 환원된다. 하곡은 인심(人心)이란 천지만물(天地萬物)의 주재(主宰)이며 권형(權衡)이 된다고 한다. 이것은 인심이 천지만물 가운데 가장 영명(靈明)하여 천지만물에 대한 이해와 감응이 가능하며, 온갖 이치와 일의 근원이요 시비를 판단하고 선악을 헤아리는 척도로서 온갖 사물의 이치[萬理]를 구현한다는 의미이다. 특히 하곡은 인심 가운데 도덕적 앎과 실천의 주체를 양지(良知)라고 한다.

도덕적 삶과 행위란 명덕(明德), 중화(中和), 도심(道心), 양지(良知) 등으로 지칭되는 도덕적인 마음을 구현하는 것이다. 하곡은 이러한 도덕적 심성을 온전히 구현하기 위한 방법으로 성의(誠意), 정심(正心), 치지(致知), 격물(格物), 무자기(毋自欺), 신독(愼獨) 등을 주장하며, 이 모든 것은 신독으로 귀결된다고 한다.

하곡은 세상으로부터 자신의 부와 명성과 권세를 얻고자 몰두하는 이기적 인간, 세간의 유행과 여론과 시비에 흔들리는 줏대 없는 사람, 개인의 선입견과 편견에 집착하고 형식적이고 획일적인 사회규범에 맹종하는 편협한 인간, 거짓과 가식으로 겉으로는 인의(仁義)를 내세우면서 안으로는 공리(功利)의 사욕을 차리는 위선적인 인간, 학문을 좋아한다고 하면서 부질없이 변론만을 일삼고 몸소 실천하는 실상[實]이 없는 공허한 이론가를 비판하였다.

그는 자타가 감응하고 소통하여 일체(一體)를 이루는 개방적 도덕, 만물을 변화(變化) 생육(生育)하게 하는 생명의 도덕, 만물의 이치를 구현하고, 온갖 행위의 시비를 분별하는 창조적 도덕을 이루고자 하였다.

도덕적 인간, 도덕적 사회를 이루기 위해서는 무엇보다도 언제 어디서나 부단히 자신을 돌이켜 보고 내면을 성찰하여 심신을 삼가는 노력이 선행되어야 한다. 이기적이고 편협한 자아를 극복하고, 순수하고 진실하며 성실한 뜻과 공정무사한 마음으로 본연의 내적 도덕성을 속이지 않고 온전히 실현할 때 진정한 자기가 되는 것이며 참다운 도덕 사회를 이루게 될 것이다.

하곡 정제두의 정치철학

I. 들어가는 말

흔히 유학(儒學)은 수기치인(修己治人)의 학(學)이라고 일컬어져 왔다. 다시 말해서 유학은 배우는 자들에게 온전한 인격체가 되기 위한 수양의 방법을 제시하며, 또한 다른 사람에게 좋은 영향을 주어 변화시킴으로써 그 사회의 질서와 평화를 이루기 위한 길을 가르치는 학문이라고 한다. 따라서 현대적 용어로 표현하자면 유학은 일종의 도덕철학이요, 정치철학이라고 말할 수 있으며, 유학자를 도덕철학자인 동시에 정치철학자로 부를 수 있을 것이다.

하곡(霞谷) 정제두(鄭齊斗, 1649~1736)는 유학자로서 학문을 연구하는 동안 정치에 관련된 경전(經典)을 주석(註釋)하거나 친구들과의 몇 편의 서신을 통해 그의 정치철학을 글로 남겼다. 또한 하곡은 평택현감(平澤縣監)과 회양도호부사(淮陽都護府使) 등을 불과 2, 3개월씩 지낸 바 있을 뿐, 주로 시골에 묻혀 지냈다. 그의 말년에는 국가의 대사나 왕의 부름이 있을 때, 조정에 나아가 간혹 자신의 정치철학이나 현실정치에 관한 개혁안을 제시하기도 하였다.

먼저 하곡의 정치철학이나 정치개혁안에 대한 기존의 연구의 내용을 간단히 개괄하고자 한다.1) 박경안(朴京安)의 「하곡 정제두의 경세

---

1) 하곡의 정치사상에 관한 연구논문으로는 박경안의 「하곡 정제두의 경세론」(『학림』 10, 연세대학교, 1988년 3월), 정재훈(鄭在薰)의 「하곡 정제두의 양명학 수용과 경세사상」(『한국사론』 제29집, 서울대 국사학과, 1993년 6월),

론」은 『하곡집』 가운데 「차록(箚錄)」을 중심으로 현실문제에 대한 정치개혁안을 행정일반, 토지제도, 과세제도, 과거제도, 신분제도 등을 중심으로 고찰한 것이다.

정재훈(鄭在薰)은 「하곡 정제두의 양명학 수용과 경세사상」에서 하곡이 중국의 양명학을 받아들이면서도 특이하게 심(心)을 강조하는 양명학과 달리 생리(生理)와 실리(實理)를 강조하고, 그것을 체용(體用)과 성정(性情)의 논리를 적용하여 그것의 실체성(實體性)을 부여하고, 천리(天理)를 중시하였다고 한다. 또한 논자는 정제두의 양명학 이해는 두 가지 측면에서 경세사상과 연결된다고 한다. 첫째, 『대학』에 대한 주자(朱子)의 신민설(新民說)과 달리, 성인(聖人)이 될 수 있는 도덕적 주체요, 통치대상이 아닌 교(敎)와 양(養)의 대상으로서 백성[民]을 친애한다[親民]는 양명의 대학설과 사민평등론(四民平等論)을 수용하여, 하곡은 양반제도의 폐지와 노비제도의 단계적 폐지를 주장하였다고 한다. 둘째, 궁극적 이치로서 천리(天理)를 강조한 것이나, 황극(皇極) 탕평설(蕩平說)을 통해 붕당을 없애고자 한 것은 왕권(王權) 중심, 중앙집권적 정치제도를 뒷받침하고자 한 것이었다고 한다.

한편 정두영(丁斗榮)은 「18세기 군민일체(君民一體) 사상의 구조와 성격」에서 하곡이 양명학의 심학적 내용과 그에 바탕을 둔 경학이해로 주자학의 이원적 사유와 구별되는 일원적 사유체계를 완성하였다고 한다. 또한 이러한 일원적 사유에 따른 현실인식은 주자학의 의리명분론(義理名分論)이 청(淸)이 지배하는 현실의 새로운 질서를 부정함으로

정두영(丁斗榮)의 「18세기 군민일체(君民一體) 사상의 구조와 성격－하곡 정제두의 양명학적 정치사상을 중심으로」(『朝鮮時代史學報』 5, 조선시대사학회, 1998년 6월), 김준석(金駿錫)의 「조선후기의 蕩平政治와 양명학 정치사상－정제두의 양명학과 탕평정치론」(『동방학지』 116권, 연세대 국학연구원, 2002년) 등을 들 수 있다.

써 명(名)과 실(實)의 분리를 자초한 것과 달리 명(名)과 실(實)의 일치, 상도(常道)와 권도(權道)를 대립이 아닌 일치로 보았다고 한다. 정제두의 일원적 사유구조는 정치운영론에도 적용되어 명덕(明德)·친민(親民)을 군민일체(君民一體)의 원리로 이해하여 『대학』을 사대부(士大夫)의 학으로 보지 않고, 군주학·대인학·성학으로 봄으로써 군주를 정치의 전면에 내세워, 신권(臣權)을 축소하면서, 왕권을 강화하고 민권(民權)을 새롭게 인식하였다고 한다. 하곡의 황극론(皇極論)과 언로(言路)의 확대정책은 민정(民情)을 포섭하여 군권(君權)의 기반을 확고하게 다지며, 군주를 중심으로 하는 일원적 정치운영의 구도 속에서 제기되었다고 한다. 「차록(箚錄)」에 나타난 정제두의 제반 개혁안은 군민일체(君民一體)의 정치체제를 반영하고, 또 그것을 뒷받침하는 인적·물질적 기초를 마련하고자 하는 구상이었다고 한다. 토지제도와 세제(稅制)의 개혁은 국가의 물질적 토대를 확충하고자 한 것이었다고 하며, 신분제의 개혁은 기존의 임금과 사대부와 백성의 사회적 관계를 군민(君民) 관계로 일원화하려는 것이었다고 한다. 지방행정관의 임기와 권한, 행정구역의 통폐합, 이장(里長)의 역할 강조, 어사(御使) 제도 등은 군민(君民)의 직접적 연결을 구상한 것이라 한다.

김준석(金駿錫)의 「조선후기의 탕평정치와 양명학 정치사상」은 두 개의 부분으로 구성되어 있다. 논문의 전반부는 하곡이 학문의 근본, 본원을 과거(科擧)가 아닌 위기(爲己), 사장(詞章)이 아닌 경학(經學), 명예와 부와 권세가 아닌 염치(廉恥)와 의리(義理)라고 보고, 이러한 근본을 탐구하고 그 자신 추구하였으며, 이러한 그의 학문목적과 태도가 곧 양명학에 대한 연구와 지지로 이어졌다는 것이다. 논문의 후반에서는 하곡의 정치사상을 다룬 것으로, 송시열(宋時烈)의 사퇴와 관련하여 공직자의 진퇴가 도리에 합당하여야 한다는 것이며, 연호(年

號)의 사용과 궤배(跪拜)의 실행에 관련한 논의에서 하곡은 명실(名實)이 일치하여야 한다는 입장에서 연호를 이미 사용하고 있다면 궤배를 해야 한다는 것이다. 논자는 후반부 마지막 장에서 무신(戊申)의 란(亂)에 처한 상황에서 하곡이 영조에게 국가의 화란(禍亂)의 원인을 편당(偏黨)으로 진단하고, 국가부흥을 위한 근본적이고 근원적인 방책을 제시하였으며, 나라를 흥하게 하기 위해서는 근본에 충실해야 한다는 것이다. 하곡은 나라를 다스리는 근본이란 군주의 올바른 마음이며, 정치의 근본인 기강(紀綱)을 확립하는 근원적인 공부는 신독(愼獨)이라고 하고, 제왕(帝王)의 학문은 성학(聖學)으로 근본을 삼는다고 하여, 임금은 옛 성현들처럼 먼저 덕성을 함양해야 한다는 것이다. 논자는 하곡이 탕평정치를 위해 근본방책으로 강조한 것을 대화, 설득, 균평이라고 한다. 하곡은 현자와 가까이하고, 대신들과 밤낮으로 정치의 방도를 강구하고, 대신들끼리 서로 숙의하도록 하여야 한다는 것이다. 또한 왕은 평시칭물(平施稱物), 즉 사물을 잘 헤아려 적절하고 공평하게 베풀어야 한다는 것이다. 다시 말해서 탕평을 위해서는 편견이나 치우침이 없이 중(中)을 지키면서 균평(均平)하게 문제를 해결해 나가야 한다는 것이다. 논자는 결론에서 주자학에서는 의리(義理)를 절대가치로 두고 저마다 다르게 마련인 사람들의 심성을 일정 규율로 통제하거나 표준화함으로써 그 의리를 실현하려는 것임에 대하여, 양명학은 이와 반대로 심성이야말로 천품(天稟)·천리(天理)라고 규정하고 태어날 때부터 지니게 된 본디의 심성에 충실한 것이 그 의리를 완수하는 길이라고 주장하였다고 한다. 또한 논자는 하곡은 양명학의 입장에서 주자학을 비판하고, 주자학의 이론에 근거하여 전개되는 현실의 여러 문제를 재인식하고 그 대안을 모색하였다고 한다. 하곡의 학문 방법이나 문제해결의 태도는 근본으로 돌아가는 일, 원두

처(源頭處)를 찾아 그것으로부터 생각과 논의를 전개하는 것이었다고 한다.

이 주제에서는 첫째, 『대학』을 비롯하여 정치에 관한 유학의 경전들, 즉 『서경(書經)』, 『논어(論語)』, 『맹자(孟子)』 등에 대한 하곡의 이해를 통해 하곡의 정치철학을 살펴보며, 둘째, 당면한 정치적 문제에 대한 하곡의 의견이나 개혁안에 대하여 그가 남긴 「차록(箚錄)」, 「헌의(獻議)」, 「연주(筵奏)」, 그리고 「서(書)」 등을 통해 고찰할 것이다. 그리하여 하곡이 정치에 관한 철학적 이론을 어떻게 현실정치에 구현하고자 하였는지 고찰하고자 한다.

II. 정치 목적과 강령

하곡의 정치 철학은 유교의 경전에 대한 그의 이해에서 분명하게 드러난다. 특히 유교의 수기치인(修己治人)의 이념과 그 방법론을 잘 보여주고 있는 『대학』에 대한 하곡의 이해는 회암(晦菴) 주희(朱熹, 1130~1200)의 학설과 달리 양명(陽明) 왕수인(王守仁, 1472~1528)의 학설에 근접해 있음을 알 수 있다.

1. 주왕(朱·王)의 정치 목적

『대학』의 이른바 삼강령(三綱領)과 팔조목(八條目)은 유학이 추구하는 목표와 강령, 그리고 그 방법을 기술하고 있는 것이라고 하겠다. 이것에 대한 견해차가 곧 학문과 정치에 대한 견해차라고 하겠다.

주자(朱子)는 명덕을 밝힘[明明德]과 백성을 새롭게 함[新民], 지극한 선에 멈춤[止於至善]을 『대학』의 삼강령이라 칭하고, 명덕(明德)을 본(本), 신민(新民)을 말(末)이라고 하며, 지선(至善)을 '마땅히 실천해야 하는 최선의 사물의 이치[事理當然之極]'라고 풀이하였다.[2] 주자는 이치에 밝은, 타고난 자신의 덕을 밝히는 일과 이러한 자신의 덕을 미루어 옛 습관으로 물든 백성의 더러움을 제거하고 새롭게 해 주는 일, 즉 수기(修己)와 치인(治人)을 본말(本末)로 구분함으로써 선후(先後)와 경중(輕重)의 차이를 두어, 두 가지 일로 보는 것이며, 나아가 자신과 백성을 둘로 삼는 것이라 하겠다. 이때 자신이란 주자에게 있어서는 다스림을 받는 일반 백성들을 제외한 특정 계층, 즉 사대부(士大夫)를 지칭하는 것이다.[3] 또한 그는 백성을 다스리는 일, 즉 정치의 핵심을 백성을 교화(敎化)하는 일로 보았다고 하겠다. 명덕과 신민이 지향하는 지선(至善)이란 지극히 당연한 사리(事理), 즉 객관적 사물의 지극히 당연한 이치라고 하는 것이다. 따라서 통치의 기준이란 객관적인 이치라고 하는 것이다.

반면 왕양명은 『대학』의 이른바 삼강령을 하나의 일로 보며, 유학이 추구하는 학문과 정치의 궁극적 목표는 자신을 포함하여 천지만물이 일체(一體)를 이루는 것을 목표로 한다는 것이다.

> 그러므로 대인(大人)의 학이란 오직 그 사욕의 가림을 제거하여 명덕(明德)을 밝힘으로써 천지만물과의 일체(一體)인 본래성을 회복함이다.

---

2) 『大學章句』, 首章.
3) 『大學章句』, 序: 及其十有五年 則自天子之元子衆子 以至公卿大夫元士之適子 與凡民之俊秀 皆入大學. 而敎之 以窮理正心 修己治人之道.

…… 명덕을 밝히는 일은 천지만물 일체의 본체[體]를 세움이요, 백성을 친애하는 일은 천지만물 일체의 작용[用]을 달성하는 것이다. 그러므로 명덕을 밝히는 일은 반드시 백성을 친애하는 일에 있고, 백성을 친애하는 일은 명덕을 밝히는 소이(所以)가 된다. …… 지선(至善)이란 것은 덕을 밝히는 일[明德], 백성을 친애하는 일[親民]의 지극한 준칙(準則)이다. 하늘이 명(命)한 본성[性]은 순수하게 지선(至善)이다. 그 영소불매(靈昭不昧)한 것은 이 지선(至善)의 발(發)이요, 이는 바로 명덕의 본체요, 바로 양지(良知)라고 하는 것이다.4)

양명에 의하면 정치의 궁극적 목적은 자타(自他)가 서로를 한몸[一體]으로 삼는 사회를 이루는 것이다. 하나가 되는 사회를 실현하는 행위의 주체는 대인(大人)이다. 양명이 지칭하는 대인이란 주자처럼 그 사회의 사대부(士大夫) 계층을 말하는 것이 아니라, 다른 존재를 자신과 같은 몸으로 삼는 자 모두를 지칭하는 것이다. 양명은 명덕을 밝히는 일과 백성을 친애하는 일을 체용(體用)으로 말함으로써 하나의 일로 본다. 모든 행위의 준칙으로서 지선(至善)이란 객관적 이치가 아니라, 하늘로부터 부여받은 인간의 본성[性]이요 양지(良知)라고 한다. 따라서 행위의 지침과 원칙은 각자의 마음에 있다고 하는 것이다.

왕양명이 만년(晩年)에 지은 「대학문(大學問)」에서 "천지만물을 일체(一體)로 삼는다."라고 말한 것은, 그것이 유학이 추구하는 학문 및 정치의 궁극적 목적이면서, 또한 인간존재 본연(本然)의 본질적(本質的) 속성[性]이기도 하는 것이다.

대인(大人)이 천지만물을 한 몸으로 삼을 수 있음은 의도적인 것이 아니라, 그 마음의 인(仁)이 본래 그러하기 때문이다. 그가 천지만물과 더불어 하나가 됨은 어찌 오직 대인만이 그러하겠는가? 비록 소인(小

---

4) 『王文成公全書』, 卷26, 大學問.

人)의 마음이라 할지라도 그러하지 않음이 없다. 그러나 소인은 스스로
그 마음을 작게 할 뿐이다.[5]

인간이면 누구나 다른 사람을 자신과 같은 한몸[一體]으로 삼을 수
있는 것은, 양명에 의하면 인(仁)과 같은 도덕성(道德性 morality)이
선천적인 본질로서 인심에 내재해 있기 때문이라는 것이다.

양명이 바람직한 사회로 제시한 사민평등(四民平等)의 사회란 사회
적 직분[分]의 다양한 차별성을 인정하되 그것의 절대적인 권위를 인
정하지 않는 사회이다. 양명은 인간의 보편적이며 필여적인 특성인 도
덕성에 질내석 권위를 부여하며, 차별적이며 우연적인 재능에 기초한
직업은 도덕성을 구현하는 방편이라고 하는 것이다.[6]

2. 하곡의 정치 목적

학문 및 정치의 핵심원리를 담고 있는 『대학』의 삼강령(三綱領)에
대해 하곡 정제두는 주자(朱子)보다는 양명의 학설을 지지하고 있다.

하곡은 정치란 왕양명(王陽明)처럼 도덕적 심성을 구현·확장하는
것이라고 한다. 따라서 하곡에게 있어서 정치란 타인 또는 백성을 친
애하는 것[親民]이며, 그것은 자신의 도덕성을 실현하는 일, 즉 명덕
(明德)을 밝히는 일[明明德]과 별개의 것이 아니다.

> 친(親)이란 친함[親之]이다. 민(民)이란 자기[己]의 대칭이다. 가
> (家)·국(國)·천하(天下)가 모두 민(民)이다. 명명덕(明明德)은 친민

---

5) 『王文成公全書』, 卷26, 大學問.
6) 『王文成公全書』, 卷25, 外集7, 節庵方公墓表 乙酉와 卷2, 答顧東橋書 참조.

(親民)에 달려 있고, 친민은 그 덕을 밝힘에 의거하니 체용(體用)이 하나이다. 그 본체의 실현[其體之致]이 가까운 데로부터 먼 데에 이르러 타자와 나 자신[物我]이 다함으로써[以盡] 천지만물은 일체(一體)가 된다.7)

하곡에 따르면 『대학』의 명덕(明德)과 친민(親民)은 체용(體用)으로 상호 의존하며, 궁극적으로 자신과 다른 모든 존재가 하나의 몸[一體]이 되는 것을 실현하는 하나의 일이라는 것이다. 하곡이 말하는 민(民)이란 주자(朱子)처럼 피치자(被治者), 즉 군주와 사대부를 제외한 인민대중을 지칭하기보다는 나를 제외한 일체의 다른 존재자를 지칭하는 것이다. 따라서 정치의 목표로서 친민이란 신분 고하를 막론하고 모두가 함께 참여하는 일이라고 하는 것이다. 이러한 점에서 하곡은 『대학』을 통치그룹에 속하는 사람들에 의한 무지한 대중의 교화를 위한 가르침으로 본 주자와 달리, 백성들을 내 몸처럼 사랑하는 대인(大人)이 되고자 하는 것이라고 한 왕양명을 지지한다.

> 친민(親民)의 구체적 일은 효(孝)·제(弟)·자(慈)이다. 사군(事君)·사장(事長)·사중(使衆)이란 것도 그 일이니 이른바 덕(德)이다. 친민(親民)이 이루어진 경우는 남에게 인(仁)을 흥기시키고 예양(禮讓)을 흥기시킨 경우인데, 이것이 추급(推及)이며 교(敎)라고 하며, 이것이 친민(親民)이 추급하여 타인에게 도달한다는 것이다. 대개 백성과 더불어 한몸[一體]이 되고, 백성은 나와 더불어 한몸이 되는 것이다. 그러므로 그 집안 사람들과 화목하고 형제와 화목하고, 부자형제를 위하는 것은 친민(親民)의 일이다.8)

하곡은 부모에 대한 효도, 형제간의 우애, 자식에 대한 자애, 임금

---

7) 『霞谷集』, 卷13, 大學說, 大學說.
8) 『霞谷集』, 卷13, 大學說, 大學說.

을 섬기고, 어른을 모시며, 인민대중을 부리는 일 모두는 곧 백성을 친애한다고 하는 친민(親民)이며, 이는 곧 나의 덕(德)을 밖으로 밝히는 일이라고 한다. 따라서 친민과 명덕은 하나의 일이라고 하는 것이다. 친민이란 나의 덕을 미루어 타인에게 미치는 것이라고 한다. 하곡은 특히 명덕에 관해서 말하기를, "마음은 몸의 주재(主宰)이니 사람의 신명(神明)으로서 만변(萬變)의 주인이 되는 것으로 그 본체는 오묘하다. 이것을 명덕이라고 부르니, 성(性)의 주재처[主處]이다. 그런즉 명덕은 마음으로 말할 수 있으나, 무형(無形)의 이치라고 단적으로 말할 수 없는 것이다."[9]라고 하여, 명덕이란 마음의 본체의 신명(神明)함을 지칭하는 것이라고 한다.

하곡은 명덕(明德)과 친민(親民)을 성(性)의 내외(內外)·본말(本末)로 구분하지만 별개의 것이 아니라고 한다.

> 명덕(明德)을 내적인 것이고 친민(親民)을 외적인 것으로 삼음이 있으며 또한 밝힌다, 친애한다고 하는 것은 무엇 때문인가? 내외(內外)·본말(本末)은 모두 나의 성(性)이다. …… 나의 덕(德)이 집안에 있어서는 효자(孝·慈)에 머무르고, 나라에 있어서는 인신(仁·信)에 머무르는 것을 모두 친민(親民)이라고 한다. 그 효자·인신에 머무르는바 모두가 그 명덕을 밝히는 것이 아니고 어찌 따로 특별한 일이 있겠는가? …… 이런 까닭에 (덕을) 밝히는 것이 (백성을) 친애함이다.[10]

하곡은 백성을 사랑하고 그들로부터 신뢰를 얻는 정치적 행위나 부모에게 효도하고 자식을 사랑하는 가정의 일이란 모두 친민(親民)이라고 한다. 따라서 하곡은 명백히 『대학』의 궁극적 목적을 정치적 교화(敎化)에 두고 있기보다는 자타가 서로 사랑하며 신뢰하여 한몸처

---

9) 『霞谷集』, 卷2, 書4, 答李君輔問目.
10) 『霞谷集』, 卷9, 存言 下.

럼 조화(調和)를 이루는 사회에 두었다고 할 수 있다. 이러한 사회를 실현하는 방법은 각자에게 주어진 본연(本然)의 내적 도덕성인 명덕(明德)을 밝히는 일이라고 한다. 결국 하곡은 정치의 본질 또는 핵심이란 내[정치의 주체]가 인간 보편의 선천적인 도덕성을 깨닫고 구현하는 것이며, 이러한 도덕성을 확충하여 타인에게 영향을 미쳐서 그를 변화시켜 도덕사회를 이루는 것이라고 보았다고 하겠다.

하곡이 영조(英祖)에게 "요순(堯·舜)이 아니면 일컫지 않음은 성문(聖門)에서 전하는 가르침인데, 요순은 천도(天道)를 실행하였고, 후대의 군주들은 공리(功利)만을 훔쳤기 때문에 정치와 교화가 단번에 변해버린 것입니다."[11]라고 하여, 정치의 목적은 요순(堯·舜)의 정치와 같이 도덕성을 실현하는 정치라고 보았다.

Ⅲ. 통치자의 책임과 의무

1. 성덕(聖德)과 민생(民生)

하곡은 "천하의 일은 천 번 변하고 만 번 바뀌어도 한 가지로 인주(人主: 임금)의 한마음[一心]에 근본하지 않는 것이 없으니, 나라를 다스리는 길도 마음을 바르게 하고 덕(德)을 닦는 것만 같지 않습니다."라고 하며, "인주(人主)가 한 생각 사이에 사사롭게 가려진 생각을 버리지 못하는 까닭에 조정에는 충사(忠·邪)가 뒤섞이고 형상(刑·賞)

---

11) 『霞谷集』, 卷5, 筵奏, 戊申 4월 17일.

이 밝지 못하며, 사대부 사이에는 지취(志趣)가 비루(鄙陋)하여 염치 (廉恥)가 없어지게 되었으니, 더욱 마음속에서 밝게 한 뒤에야 뜻을 한 결같이 할 수 있는 것이며, 자기에게 잘못이 없는 다음에야 남의 잘못을 탓할 수 있는 것이니, 전하께서는 마땅히 조심하고 경계하실 일입니다."라고 하였다.[12] 그래서 하곡은 정치에 있어서 가장 근본이 되면서 우선적으로 해야 할 일이란 왕의 도덕성[聖德]을 함양하는 것이며, 나아가 민생(民生)을 돌보는 것이라고 한 것이다.

하곡이 80세 때[영조4년, 1728년], 이인좌(李麟佐)의 난이 있었다. 이해 3월에 하곡이 입궐하여 왕을 만나, 반란과 관련된 자를 문초(問招)하는 옥사(獄事)에 대하여 우려하고, 농사철을 잃어 민생이 곤핍 (困乏)하게 될 것을 걱정하였다. 그는 도적과 반란에 대한 근본적 대책을 왕이 학문과 덕을 닦는 일에 힘쓰는 것이라고 하였다.[13]

같은 해 4월 하곡은 영조(英祖)와 주자의 경자봉사(庚子封事)를 논하면서, 주(周)의 문왕(文王)이 밀인(密人)과 숭호(崇虎)의 난리를 평정한 근본을 논한다면 문왕의 덕이 계속하여 밝아지고 공경하던 데서 얻은 것에 불과하다고 한다. 또한 그는 "지금 조그마한 도적이 난을 일으켜 우환이 그치지 않고 있으나 만약 근본만 먼저 세우신다면 저절로 안정되게 될 것입니다."라고 하였다.

하곡은 영조(英祖)에게 '원대한 계획'에 힘쓰도록 권하며, "모든 일은 때에 따라서 변통할 것이요, 관대하거나 무섭게 하거나 간에 미리 요량할 수는 없는 것이니 마땅히 두서(頭緖)를 보아서 이에 대처하여야 할 것입니다."라고 하였다.[14]

---

12) 『霞谷集』, 卷5, 筵奏, 戊申 4월 28일.
13) 『霞谷集』, 卷5, 筵奏, 戊申 3월 25일.
14) 『霞谷集』, 卷5, 筵奏, 戊申 4월 3일.

2. 신독(愼獨)의 정치

하곡은 경연(經筵)에서 주자(朱子)의 경자봉사(庚子封事)를 강론하는 가운데, 타고난 덕성을 함양하는 공부와 인의(仁義)의 정치를 펴는 것은 별개의 것이 아니라고 보았다.

> …… 대체로 천하의 만 가지의 일이 기강(紀綱)이 없으면 성립하지 못하는 것이다. 그러나 그 근본은 마음을 바르게 하는[正心] 데 있고, 마음을 바르게 하는 근본은 신독(愼獨)에 있다. 천리(天理)와 사의(私意)를 팔자로 타개하는 것은 신독에 있으며, 천덕(天德)과 왕도(王道)의 공부와 효과[功效]가 넓어지는 것은 신독 공부에서 말미암는 것이다. 『대학』의 성의(誠意)·정심(正心)과 『중용』의 계신(戒愼)·공구(恐懼)의 공부가 신독의 뜻이 아님이 없다. 맨 처음에 손을 댈 곳이 여기에 있으며, 철두철미해야 할 곳도 여기에 있다.15)

이것은 주자가 정치의 도로서 위로는 휼민(恤民)과 무군(撫軍)의 도를 말하고, 아래로는 기강(紀綱)의 확립을 말한 것에 대해 하곡은 보다 근본적으로 정심(正心)과 신독(愼獨)을 주장한 것이다. 그는 신독이란 기강을 세우는 근본일 뿐만 아니라, 가까이로는 천리(天理)와 사의(私意)를 분별(分別)하는 공부로서 성의(誠意), 정심(正心), 계신(戒愼), 공구(恐懼) 등이 모두 이것에 대한 공부이며, 나아가 나의 덕(德)을 넓히고 궁극적으로는 왕도(王道)를 구현하는 근본임을 밝히고 있다. 말하자면 하곡에 있어서 신독(愼獨)은 모든 일의 시작이요, 끝이다.

---

15) 『霞谷集』, 卷10, 年譜, 英祖 4년, 4월 辛巳朔: 卷5, 筵奏, 4월 3일: 蓋天下萬事無紀綱則不立. 然其本在於正心 而正心之本又在於愼獨. 天理私意八字打開者在於愼獨 天德王道功效溥博者 由於愼獨. 大學之誠正 中庸之戒懼 無非愼獨之意也. 其最初下手處在於此 徹頭徹尾處亦在於此

하곡은 천지 질서와 만물 육성(育成)의 도(道)를 완성하는 것은 바로 치중화(致中和)이며, 이것은 개개인이 신독(愼獨)함으로써 달성할 수 있다고 하는 것이다.

성인(聖人)은 하늘의 명(命)이 심원하여 그치지 않는 것과 같으니, 어느 곳에 공리(功利)를 추구하는 개인적인 뜻이 끼어들 수 있겠습니까? 정자(程子)가 공부를 미루고 넓힐 때에는 반드시 신독(愼獨)을 주로 하였으니, 이것이 곧 심원하여 그치지 않는 것이며, 이것이 곧 천명(天命)의 성(性)입니다. 비록 천지를 자리잡게 하고, 만물을 기르는 것이라도 중화(中和) 위에서부터 길러우지 않음이 없으며, 그 사이에 별로 다른 일이 없으니 오직 신독하면 중화를 이루는 것이고, 중화를 이루면 천지가 자리를 잡고 만물이 길러지는 것입니다.16)

신독은 성학(聖學)의 근본처로서 말단과 닿는 곳이다. 그는 말하기를 "이것과 성학(聖學)이 어찌 두 가지 일이겠습니까? 다만 성학이 더욱 나아가면 근본과 말단이 일관되어 닿는 곳에는 패연(沛然)히 물 흐르듯 할 것입니다. 이것이 천덕(天德)과 왕도(王道)이며, 소신이 바라는 것도 오직 여기에 있습니다."17)라고 하여, 근본 즉 나의 덕성을 닦는 학문과 말단 즉 백성의 생활을 안정시키고 탕평(蕩平)하는 정치가 별개가 아니며, 본말일체(本末一體)의 관계임을 주장한 것이다. 왕양명이 『대학』의 핵심을 성의(誠意)에서 찾았으나, 하곡은 『대학』과 『중용』 공부의 근본을 신독(愼獨)이라고 주장한 것인데,18) 이는 천하를

---

16) 『霞谷集』, 卷5, 筵奏, 戊申 5월 2일: 聖人如天之命於穆不已 何處挾雜功私意 程子推演工夫必以愼獨爲主 此乃於穆不已處 此乃天命之性. 雖位天地育萬物 無不自致中和上養得, 其間無別事 只愼獨則致中和 致中和則天地位萬物育矣.
17) 『霞谷集』, 卷5, 筵奏, 戊申 5월 2일: 此與聖學豈爲二件事乎 但聖學益進 則本末一貫觸處沛然 此乃天德王道 小臣之望惟在於此
18) 『霞谷集』, 卷13, 大學說: 知止定靜是中庸之戒愼恐懼 格物致知是中庸之致和

태평하게 하고[平天下], 천지의 질서와 만물의 육성을 가능케 하는[位天地·育萬物] 근본원리가 곧 신독(愼獨)에 있다는 의미이다.

하곡은 주체의 명덕(明德) 또는 천덕(天德)과 천도(天道)나 왕도(王道)를 부단히 일관하는 것으로 성(誠), 중(中), 중화(中和), 양지(良知), 인(仁) 등을 말하면서 특히 성(誠)과 중(中)을 강조하고 있다. 그것은 주체로 하여금 다른 존재와 감통(感通)하게 하고 일체(一體)이게 하는 부단한 생명의 원리이며 또한 시중(時中)하여 천지를 질서 지우고 기르는 원리라는 것이다. 그리고 이러한 성(誠)과 중(中)은 부단하고도 전일(專一)한 의지[誠意]와 치우침이나 집착함이 없는 마음[正心]을 통해 얻을 수 있고, 이것들을 시종일관(始終一貫)하는 근본적인 공부는 신독(愼獨)이라고 한다.

3. 공직자의 도리

하곡의 손자사위인 완구(宛丘) 신대우(申大羽)는 하곡이 회양도호부사(淮陽都護府使)로 천거된 연유와 재직 기간에 이룬 정치적 업적을 다음과 같이 기록하고 있다.

> 숙종(肅宗) 32년 봄에 원임(原任) 의정부 우의정 윤지완(尹趾完)이 조정에 아뢰기를, "(정제두에 관하여 말함) …… 품질(稟質)을 말하면 금옥(金玉)과 같은 군자요, 재질(才質)로 말하면 고금을 넓게 통하였으므로 신은 마음에 기뻐하고 존경하며 탄복하였습니다. ……" 하였다.
> (숙종 36년 회양도호부사(淮陽都護府使)에 임명됨) 이때를 당하여 회양은 흉년에다 가뭄이 겹쳐서 백성들이 뿔뿔이 흩어지게 되었으므로

致中　總爲愼獨.

선생에게 위촉하여 편의대로 이들을 진휼(賑恤)하게 하였던 것이다. 선생은 정사(政事)에서 명령을 거듭하지 아니하였고, 벌칙(罰則)이 백성에게 미치지 않았으며, 명령이 내려가지 않아도 저절로 교화가 경내(境內)에 흡족하였다. 다스린 지 석 달 만에 백성들은 어린 것을 이끌고 각기 생업으로 돌아온 자가 천여 명이었는데 모두 이르기를, "부자가 서로 보존하고 처노(妻孥)가 서로 이산(離散)하지 않은 것은 누구의 덕분이겠는가?"라고 하였다. 사임하고 돌아올 때, 음식을 가지고 따라오는 자가 수십 리를 오도록 끊이지 않았다. 또한 동철(銅鐵)을 부어서 비(碑)를 만들고 덕(德)을 칭송하였는데, 안렴사(安廉使)는 그 공적을 치하하여 이르기를, "청백하기는 옥호(玉壺)와 같았고 푸짐한 혜택은 봄바람과 같았다." 하였다.[19]

완구의 눈에 비친 하곡은 금옥(金玉)과 같은 아름다운 품성과 폭넓은 재능을 지니고 있을 뿐만 아니라, 관리로서는 청렴하면서 백성을 은혜로 잘 다스렸던 인물이었다. 이는 공직자가 갖추어야 할 자질을 간접적으로 제시하고 있는 것이라 하겠다.

최고의 통치자인 왕을 옆에서 보좌하거나, 실제로 국가의 정책을 시행하는 위치에 있는 공직자들의 책임과 의무에 대한 하곡의 견해는 백사(白沙) 문충공(文忠公) 이항복(李恒福)과 그의 증손인 이중보(李仲輔)의 행위를 평가하는 글에서 엿볼 수 있다. 이항복은 광해군(光海君)이 그의 계모이며 영창대군의 친모인 인목대비(仁穆大妃)를 서인(庶人)으로 폐하려던 때[광해 9년, 1617년], 죽음을 각오하고 왕에게 상소하였다. 한편 이중보가 현종(顯宗) 때[현종 15년, 1674년] 복제(服制) 문제와 관련해서 유생들을 이끌고 상소(上訴)하다가 귀양을 간 일이 있었다. 하곡은 이중보가 전라도 영암으로 귀양을 가는 것을 보내면서, 자신의 몸을 돌아보지 않고 오직 의리(義理)만을 위하는 이

---

19) 『霞谷集』, 卷11, 紀鄭先生淮陽治事.

중보와 그의 선조 이항복의 덕을 칭송한 것이다.[20]

하곡은 편당(偏黨)의 폐습을 비판하면서 "군자의 일은 오직 의리(義理)를 밝히는 데 있을 뿐 기사(己私: 개인의 이익추구)에 있지 않으며 공론(公論)은 시비(是非)를 가리는 것으로 정해질 뿐 형세의 강약에 따라 흔들려서는 안 된다."고 하였다. 따라서 하곡은 공직자는 공사(公·私)를 구별하여, 개인적 이익을 떠나서 보편적인 의리(義理)만을 따라야 한다는 것이다.[21]

공직자의 의리란 무엇인가? 하곡은 유자(儒者)의 출처에 대하여 "각각 그 직분에 따라 그 마땅함을 행하는 것일 뿐이다."라고 하며, 의(義)란 각각 그 사람의 실덕(實德)에 있다고 한다. 그런데 그 덕(德)이 벼슬에 나아가면 천하에 혜택을 미치게 하고 물러나면 만세에 가르침을 남길 수 있는 경우에야 첫째가는 의리라고 할 수 있을 것이라고 한다.

친구 유상운(柳尙運)이 강계부사가 되어 떠날 때[숙종3년(1677) 전후], 일종의 당부의 성격을 띤 글에서 하곡은 공직자가 해야 할 책임과 의무를 제시하고 있다.

> 나라의 계책에 전념하면 백성이 있는 줄 모르고, 백성만 즐겁게 하는 데 힘쓰면 다시는 나라의 계책을 일삼지 않으니, 백성과 나라가 다른 것인가? 문사(文士)는 대개 무사(武事)를 싫어하며, 유능한 관리는 또한 문교(文敎)를 우활(迂闊)하다고 하니, 문교(文敎)와 무사(武事)가 두 가지인가? 강한 자는 일을 만드는 데 용감한데 선후책을 잘못하면 마침내 뒤에는 폐단이 됨을 모르고, 나약한 자는 새로운 일을 꺼려서 구차하게 목전의 편안만 취하므로 좋은 계책을 얻었다고 생각한다. ……
> 내가 일찍이 말하기를 관리가 되면 이 세 가지를 버려야 한다고 하였

---

20) 『霞谷集』, 卷7, 序, 送李仲輔謫靈巖序.
21) 『霞谷集』, 卷2, 書3, 答閔彦暉書.

다. 옛날에는 정치를 하는 것이 하나였는데, 내 일찍이 이것을 외었다. 옛사람의 벼슬하는 것은 장차 도(道)를 행하려는 것이니 오직 도가 있는 곳이라면 이것을 좇고, 일신(一身)은 내게 없다고 생각한 것이다. 오직 도를 좇아 일신이 내게 없다고 한다면 오히려 남보기를 나와 같이하게 하고, 천하를 보는 것이 내 집과 같이 되며, …… 오직 나라 다스리는 것과 백성을 편안히 하는 것이 있을 뿐이니, 이렇게 되면 종신토록 애쓰고 고생하더라도 사양하지 않을 것이다. 대개 옛적에는 만물을 일체(一體)로 하였으니 가는 곳마다 자득(自得)치 않은 것이 없는 자는 그러하였다. 왜냐하면, 가는 곳마다 도(道)가 아님이 없은즉 역시 가는 곳마다 학문이 아님이 없을 것이니, 오직 학문과 도뿐이기 때문이다.[22]

하곡은 당시 공직자들에게는 세 가지 종류의 폐단이 있다고 한다. 나라와 백성을 달리 보는 것, 문교(文敎)와 무사(武事)를 두 가지 일로 보는 것, 신중하지 못하고 일만 벌이거나 나약하여 편안함만 취하는 것들은 관리로서 경계해야 할 것이라고 한다. 하곡은 관리란 오직 나라를 다스리고 백성을 편안하게 하는 일에 애쓰되, 자신의 한 몸은 버리고 오로지 만물을 자신과 같은 한 몸처럼 삼는 도(道)를 실천해야 한다고 한다. 따라서 공직자가 실천해야 하는 도(道)란 곧 다른 사람을 자신처럼 아끼고 사랑하는 인도주의(人道主義 humanitarianism)라고 말할 수 있을 것이다.

하곡은 지방수령으로 떠나는 후배 문인들을 격려하며 보낸 글에서 자신을 다스리는 일[自治]과 백성을 다스리는 일[治人]이 하나의 일이라고 하였다.

　　…… 일전에 조군석(趙君錫)이 임지로 떠나면서 한 마디 글을 구하기에 사양하고 자유(子游)가 공자(孔子)의 가르침이라고 한, "군자는 도(道)를 배우면 타인을 사랑하고, 소인이 도를 배우면 부리기 쉽다."라는

---

22) 『霞谷集』, 卷7, 序, 送柳公尚運之江界府序.

말을 들어서 "이제 위의 한 구절로써 스스로 행하고[自爲], 아래 한 구절
로써 타인을 위하는 것[爲人]으로 삼으라. 대요(大要)는 자치(自治)와
치인(治人) 두 가지를 벗어나지 않으니, 그 실상은 또한 하나의 일이다."
라고 적어 보냈소. 그대는 (이 말을) 듣고 어떻게 생각하시오.……23)

하곡은 자기 자신을 위하여, 다시 말해서 이기적인 자신을 위해서
가 아니라 진정한 자아를 위하여, 스스로 노력하는 이른바 자위(自爲)
또는 자무(自懋), 자치(自治)가 곧 다른 사람을 위하고[爲人] 백성을
다스리는[治人] 일이라는 것이다. 하곡은 그가 『대학』의 명명덕(明明
德)과 친민(親民)을 하나의 일로 풀이한 것을 현실에서도 일관되게
적용하고자 하였음을 볼 수 있다.

Ⅳ. 통치의 원리

1. 언로(言路)의 개방

80세가 되던 해[戊申1728년]에 변란(變亂)이 있어, 하곡이 국왕을
위로하기 위해 상경하였다. 하곡은 영조(英祖)의 간곡한 만류로 조정
에 머물면서 정사(政事)에 대한 왕의 질문에 답하였다. 하곡은 우선
임금은 이 사태를 계기로 나라를 다시 회복하고 새롭게 하고자 하는
의지를 다지고, 우선 스스로 성학(聖學)에 더욱 나아가고, 대덕(大

---

23) 『霞谷集』, 卷3, 書5, 答朴子龍書 丙申. 同, 答趙君錫書 丙申 참조.

德)에 더욱 힘쓸 것을 주장하였다. 또한 그는 정치개혁의 기본 내용으로 "현자와 가까이하고 유능한 자를 등용하며, 사사로움을 막고 공(公)을 회복하며, 백성을 구휼(救恤)하고 군사를 다스릴 것" 등을 제시하였다.[24]

하곡은 요순(堯·舜)과 같은 정치도 그들 자신만의 힘으로 이루어진 것이 아니라, 고(皐)·기(夔)와 같은 신하의 도움을 받았기 때문이라고 한다. 그래서 그는 영조(英祖)에게 "국가가 중흥할 기회로서 대신(大臣)과 여러 신하들을 하루 세 번씩 접하시어 근심하고 근면하며 노력하여 종일토록 쉴 틈 없이 힘쓰실 때입니다. …… 실심(實心)으로 실정(實政)을 행하는 일이오니 이것이 긴요한 공부입니다."[25] 라고 하여, 진실한 마음으로 실효를 거둘 수 있는 정치를 위해서는 군신 간 또는 신하들 사이에 대화의 장소가 항상 활짝 열려 있어야 한다는 것이다.

영조(英祖) 임금은 당시 조선의 정치사회가 안고 있는 가장 큰 문제란 여러 당파(黨派)로 분열되어 서로 대화가 없고 의사가 통하지 않아 당론의 치우침과 고집을 풀 길이 없다는 것이다. 하곡은 탕평(蕩平)의 길을 다음과 같이 제시하였다.

> 요순(堯·舜)이 몸을 공손히 하매 천하가 다스려졌다는 것은 대개 고(皐)·기(夔)·직(稷)·설(契)이 다 조정에 모인 때문이며, 송(宋)나라 인종(仁宗)이 태평을 이룩한 것은 또한 천장각(天章閣)을 열어서 대신을 모아 날마다 아뢰고 의논하게 한 때문입니다. 지금 전하께서는 순(舜)이 신하에게 묻던 것과 송조(宋朝)에서 정치를 의논했던 것으로 써 더욱 힘쓰소서. 또 제갈공명(諸葛孔明)의 이른바 현신(賢臣)을 친하

---

24) 『霞谷集』, 卷4, 疏, 陳賀仍告歸疏, 戊申 4월: 惟願聖上益進聖學 益懋大德 親賢使能 恢公杜私 恤民理兵 以至六府三事咸治 大成一初之政
25) 『霞谷集』, 卷5, 筵奏, 戊申 4월 17일.

고 소인(小人)을 멀리하라는 것으로써 법을 삼아 대신과 더불어 주야로 치도(治道)를 강구하여야 바야흐로 탕평할 수 있고, 이 밖에는 다른 도리가 없습니다.26)

하곡은 나라가 잘 다스려지려면 요순(堯·舜)과 같은 지혜로운 왕과 어질고 지혜로운 신하들이 함께 모여 나라의 일을 의논해야 한다는 것이다. 다시 말해서 무엇보다 왕은 현자와 소인을 분별하여, 현자와 가까이하며, 대신을 모아 그들과 함께 주야(晝夜)로 나라를 다스릴 방도를 논의하고 강구해야 한다고 한다. 따라서 하곡은 나라가 탕평(蕩平)하려면 대화의 정치를 부단히 추구해야 한다는 것을 주장하고 있는 셈이다.

또한 하곡은 정치에 있어서 군주와 신하, 즉 사대부 계층의 관료들과의 의사소통(意思疏通)뿐만 아니라, 일반 백성들[下民]과의 소통도 이루어져야 한다고 보았다. 그래서 그는 언로를 열어서 백성의 실정을 살피도록 해야 한다고 하였다.27)

혹은 소(疏)로, 혹은 서(書)로, 혹은 방(謗)으로, 혹은 말로, 지방에 있는 자는 봉서(封書)를 관(官)에 보내며, 서울에 있는 자는 친히 나오게 한다. 귀천(貴賤)의 구별 없이 모두 허용하고, 일의 크고 작음도 구별 없이 모든 말을 중외(中外)에 신구(申求)토록 한다. ○ 이미 진언했으면 모두 대정(大庭)에 불러 모아 계책을 내도록 하고 난점을 묻는다. 재삼 가부(可否)의 적확(的確)함을 판단하여 채용하며, 혹은 왕의 앞에 나와 의논하게 하여, 그 사람 됨을 보아 등용한다.28)

---

26) 『霞谷集』, 卷5, 筵奏, 戊申 4월 24일. 5월 초2일의 기록에서도 "대신과 협의하라, 자문(諮問)을 구하라, 신료(臣僚)들이 밤낮으로 숙의(熟議)하게 하라."는 주문을 거듭하고 있다.
27) 『霞谷集』, 卷22, 箚錄: 洞開言路 使盡下情 盡理衆獄 伸平冤抑.
28) 『霞谷集』, 卷22, 箚錄, 下詔集一國之羣策.

하곡은 나라에 중대한 문제가 있어서 중지(衆智)를 모을 때, 귀천(貴賤)을 막론하고, 일의 크고 작음을 구별하지 않고 의견들을 널리 구해야 한다고 하였다. 이는 지배층 내부로 제한하여 의견을 모으던 관습과 거리가 있는 것이다.

2. 중(中)과 공평[平]

하곡은 유학의 기원을 고대 성왕(聖王)인 요(堯)·순(舜)·우(禹)로 보았으며, 이늘이 주고받은 가르침의 핵심이란 '중(中)을 잡는 것'이라고 한다.[29] 또한 하곡은 공자가 순(舜)을 대지자(大知者)라고 할 때의 커다란 지혜란 시중(時中), 대중(大中)을 의미한다고 한다.[30]

한편 기자(箕子)가 무왕(武王)에게 정치의 방안으로 제시했던 『서경(書經)』 주서(周書) 홍범(洪範)편에 나오는 홍범구주(洪範九疇) 가운데 하나가 '황극(皇極)의 도(道)'이다. 하곡은 황(皇)은 백성에 대하여 말한 것이며, 왕은 도의(道義)를 주로 하여 말한 것이라고 하여 건극(建極)의 실현은 군주 혼자 하는 것이 아니라 신민(臣民)과 더불어 하며, 신민을 위한 것이라고 보았다.[31]

> 황극(皇極) 장 앞의 한 구절에서 '황건기유극(皇建其有極)' 이하는 군민상여(君民相與)한 것이다. 이는 그 건극(建極)의 용(用)을 가지고 말한 것이니, 이것을 백성에게 세운다는 것을 말하는 것이다. 뒤의 한 구절에 '무편무피(無偏無陂)' 이하는 바로 극(極)을 부언(敷言)한 것이

---

29) 『論語』 堯曰篇과 『書經』 虞書 大禹謨篇. 『霞谷集』, 卷8, 學辯.
30) 『霞谷集』, 卷12, 中庸說, 中庸編章第次2.
31) 『霞谷集』, 卷16, 三經箚錄, 書箚錄(拾遺), 皇極正解: 蓋皇卽對民而言 王主道義而言.

다. 그 부언이라고 한 것을 가지고 말한다면 바로 이것이 황극(皇極)의 도(道)이며, 상제(上帝)의 교훈인 것이다.[32]

왕자(王者)의 도(道)란 다른 것이 아니라 오직 대중지정(大中至正)의 도를 가지고 그 마음의 극(極)으로 삼아서 백성들과 더불어 덕화(德化)에 함께 참여할 뿐이다.[33]

하곡은 최고의 통치자는 기울거나 치우침이 없는 대중지정(大中至正)의 도(道)를 그 마음의 준칙(準則)으로 삼아야 한다는 것이다. 또한 그것은 왕 이외의 모든 백성들도 함께 지켜야 할 기준이기도 한다. 하곡은 탕평(蕩平)을 위해 극(極)을 세울 때, "시중(時中)의 의(義)는 쉽지 않으나 정일(精一)의 중(中)이 천하의 대중(大中)이고 자막(子莫)의 중은 곧 집착의 중입니다. 반드시 대중의 중을 강구하여 근본으로 삼는 것인데 ……"라고 하여, 시중(時中)·대중(大中)의 중을 강구하라는 것이다.[34] 그는 극(極)과 중(中)을 달리 본 주자와 달리 소백온(邵伯溫: 宋代 邵雍의 아들)처럼 그것들을 동일시하였다.[35]

또한 하곡은 영조(英祖) 왕에게 공평성(公平性)의 정치에 대해 다음과 같이 설명한다.

인군(人君)은 지극히 공평하고 사사로움이 없는 마음을 가지며, 상벌

---

32) 『霞谷集』, 卷16, 三經箚錄, 書箚錄(拾遺), 皇極正解.
33) 『霞谷集』, 卷16, 三經箚錄, 書箚錄(拾遺), 皇極正解.
34) 『霞谷集』, 卷5, 筵奏, 戊申 4월 24일.
35) 『尙書』(또는 書經) 洪範篇에 〈皇極〉이라는 개념이 나오는데, 이에 근거하여 宋代의 邵雍(康節)은 『皇極經世書』를 짓고, 그의 아들 伯溫은 書名에 대한 해설을 가했다. 이에 따르면 "지극히 위대한 것[至大]을 皇이라 하고, 지극한 中[至中]을 極이라 하며, 지극한 바름[至正]을 經이라 하고, 지극한 변화[至變]를 世라 한다. 大中至正하며 應變無方을 道라 한다." (『性理大全』 卷8)

(賞罰)이 공평하여서 죄진 자에게 죄를 주고 착한 이는 등용하며, 적은 것을 많게 하고 박한 것을 후하게 하면 곡직(曲直) 시비(是非)가 둘 다 그 중(中)을 얻을 것이며, 그런 뒤에는 저절로 탕탕평평(蕩蕩平平)한 정치에 이르게 되는 것입니다. 주자가 『주역』 상전(象傳)의 칭물평시(稱物平施: 물건을 달아서 고르게 나눈다)와 알악양선(遏惡揚善: 악한 것을 막고 착한 것을 드러냄)을 논한 것이 곧 준엄한 논의이었습니다. ……

정일집중(精一執中)하여 건극(建極)하는 길은 그 종지(宗旨)를 얻은 뒤에야 건극할 수 있는 것입니다. …… 성현의 말씀은 주역의 평(平)이란 한 글자가 정일집중과 같다는 데 지나지 않는다. 만약에 중(中)을 잡고도 정일하지 못하면 곧 자막(子莫)의 중을 잡는 것과 근사할 것이고, 공평하게 베풀되 물을 저울질하지 못하면 어찌 많은 것을 덜어나가 적은 네에 보태어 준다는 성인(聖人)의 뜻이 되겠습니까?[36)]

하곡은 『주역』(象傳)에 나오는 '칭물평시(稱物平施)'와 '알악양선(遏惡揚善)'을 치우침과 편당이 없는 정치를 위한 원칙으로 설명하고 있다. 송(宋)의 효종(孝宗)이 말년에 화평한 정치를 위하여 온갖 일을 포용하는 데 힘써서, 일의 곡직(曲直)과 시비(是非)를 묻지 않았고, 일을 처리함에 고르고 평등하여 치우침이 없었다고 한다. 이에 대하여 주자(朱子)가 위의 『주역』의 구절을 인용하여 칭물(稱物)이 없는 평시(平施), 즉 사물의 많고 적음을 저울질하지 않고, 그저 많은 것을 덜고 적은 것은 보태 주는 것을 공평[平]하다고 한다면 착한 자는 선(善)을 펼 수 없고, 악한 자는 허물을 면하여 악을 그치려 하지 않을 것이라고 하였다.

일반적으로 칭물평시는 세 가지 의미를 함축하고 있다고 볼 수 있을 것이다. 첫째, 사물의 시비곡직(是非曲直)을 잘 헤아려서 그에 상응하는 정당한 대가를 베풀어주는 것이다. 이것은 공정한 차별적 분배

---

36) 『霞谷集』, 卷5, 筵奏, 戊申 4월 28일.

를 의미한다. 둘째는 개개의 사물의 형편을 잘 헤아려 전체적으로 각 사물들이 평형을 이루도록 베푼다는 것이다. 이것은 무차별적 분배를 의미한다. 셋째, 불우한 처지에 놓인 사물의 형편을 헤아려서, 현재의 형편을 개선하여 가능한 다른 사물과 형평을 유지하기 위해 보다 유리하게 차별적 분배를 하는 것을 의미한다.

하곡이 주장하는 공평[平]이란 첫째의 분배처럼 공정한 평가에 따라 그에 상응하게 상벌을 부가하는 것이다. 이것은 일종의 공정한 차등의 원리라고 하겠다. 또한 셋째의 경우처럼 사물의 현 실태에 대한 정확한 조사를 기초로 부족한 것은 더해 주고, 박한 것은 후하게 보완하는 것이다. 이것은 보완적 차등의 원리라고 하겠다. 그러나 그는 사물의 조건과 현실을 고려함이 없이 무차별적으로 베푸는 것은 오히려 불공평한 것이며, 악을 막고 선을 드러내기보다는 그에 반하는 결과를 가져올 것이라고 한다.

결국 하곡은 『서경』(洪範)에서 말한 개인적인 호오(好惡)나 치우침과 삐뚤어짐이 없이 중(中)을 잡으며, 사물의 시비곡직(是非曲直)을 헤아려 공정하게 가치나 재화를 분배하는 것이 정치에 있어서 지켜야 할 가장 중요한 원칙이라는 것이다.

3. 의리의 변통과 명실(名·實)의 일치

하곡은 불변하는 원칙[經]을 고집하고 대의명분(大義名分)에 사로잡혀 있는 자들을 비판하였다.

만약 불변의 진리[經]만 있다고 생각하고 때에 따라 바꿀 수 있는 상황에 대응하는 원칙[權]이 있음을 알지 못한다면 비파의 줄을 움직이지 못하도록 그 받침기둥에 풀칠하는 것과 같은 일이 아니라고 할 수 있겠는가? 그런데도 세상의 형편에 잘 맞추어 경과 권을 가늠하려는 사람이 있으면 또 반드시 자를 굽힌다고 의심하는 까닭은 무엇 때문인가?[37]

하곡은 하나의 원칙 또는 대의명분(大義名分)만을 고집하는 것은 현실을 무시하거나 또 다른 원칙이나 의무를 보지 못하는 것이라고 한다. 그는 변화하는 현실에서 갈등하는 원칙들을 정치의 궁극적 목적에 비추어 경중(輕重)을 헤아려 보다 중요한 원칙을 선택해야 한다는 것이다. 이것은 이익[利]을 위해 의리[義]를 버리는 것이 아니라, 보다 큰 의리를 위해 작은 의리를 버리는 것이라는 의미이다.

청(淸)나라의 연호(年號)를 받아쓰는 일과 청나라의 왕에게 궤배(跪拜: 무릎을 꿇고 하는 절)하는 문제가 당시 사람들의 토론 대상이었다. 이미 연호를 받은 상황에서 궤배를 해야 하는지가 논쟁거리였다.

> 그러나 나로서 보면 연호(年號)가 만약 허식(虛飾)이라면 칭신(稱臣), 궤배(跪拜)도 허식인 것이며, 칭신, 궤배가 실제라면 연호도 실제인 것입니다. 자신이 그 연호를 받고 신하[陪臣]라고 부르지 않는다는 것은 예로부터 있지 아니합니다. 왜냐하면 힘에 눌려 부득이 해서 연호를 받는 것이나, 힘에 눌려 부득이 궤배를 하는 것이나 그 뜻은 같기 때문입니다.[38]

민이승(閔以升)은 궤배(跪拜)에 대해서는 화이(華夷)의 변별을 내세워 불가하다 하고, 연호(年號)의 사용은 군신(君臣)의 의리에 비추어 가하다고 주장하였다. 그는 연호와 궤배는 별개의 것으로, 궤배하

---

37) 『霞谷集』, 卷1, 書1, 上朴南溪書 庚申.
38) 『霞谷集』, 卷2, 書3, 答閔彦暉書.

는 것이 연호를 사용하는 것보다 더 중요한 일이라고 하면서 경중(輕重)의 차이가 있다고 한다. 또한 그는 연호는 허식(虛飾)에 지나지 않으며 궤배는 실지(實地)라는 것이다.[39] 그러나 하곡은 조선이 이미 청나라로부터 연호를 받았다는 것은 조선과 청의 주종(主從)관계를 현실로서 인정한 것이기 때문에 궤배도 마땅히 해야 한다는 것이다. 하곡은 연호 사용과 궤배, 칭신(稱臣)하는 것은 힘에 눌려 할 수 없이 상대를 주인으로 모신다는 점에서 동일하다고 한다. 그는 궤배는 욕되지만 사소한 것이며, 연호는 빈[虛] 것이지만 그 명의(名義)는 중요하며, 따라서 궤배를 수치로 생각하면 연호도 당연히 수치로 알아야 한다는 것이다. 연호를 받고서도 궤배를 하지 않는 것은 신하로서 왕에게 절하지 않는 것이나, 제자로서 스승에게 배우기를 거부하는 것과 같다고 한다. 이것은 신하 또는 제자이면서 명분을 내세워 절하지 않고 배우지 않는 것과 같으니, 이것은 오히려 명분(名分)과 실제(實際)를 어그러뜨리는 것이라는 비판이다.

V. 구체적인 개혁안

하곡은 생애의 대부분을 야인(野人)으로 은둔생활을 하였다. 그렇다고 해서 세상이나 정치에 전혀 무관심했던 것만은 아니다. 하곡의 경세(經世), 즉 정치에 관한 사상은 생애의 말기에 작성한 「차록(箚錄)」에 주로 제시되어 있으며, 이 밖에도 「헌의(獻議)」, 「연주(筵奏)」,

---

39) 『霞谷集』, 卷2, 書3, 答閔彦暉書.

그리고 「서(書)」 등에 부분적으로 언급되고 있다.

1. 이국(利國) · 편민(便民)

하곡은 전통과 고정된 의리(義理)를 고수하고자 하는 보수주의자가 아니라 개혁주의자이었으며, 명분(名分)에 집착하기보다는 변화하는 현실에 따라 의리(義理)를 변통(變通)할 것을 중시하는 실용주의(實用主義)자였다고 하겠다.

> 하곡은 말끝마다 허실(虛實)의 변(辨)을 들어 이로써 양지학(良知學)의 실공(實工)을 환기(喚起)할 뿐 아니라, 그의 명안(明眼)이 이미 허실을 가름에 소철(昭徹)하매 무엇에든지 실(實)을 세우기에 노력하여 정치로는 수고(守古)보다 인변(因變)함을 주(主)하여, "어떻게 하든 이국(利國), 편민(便民)할 것이면 하자." 하였으며 ……40)

그의 실용주의적 정치개혁의 궁극적 목표는 실제로 나라를 이롭게 하고 백성을 편하게 하는 것이었다.

하곡의 개혁사상은 사민평등(四民平等), 만민개로(萬民皆勞)의 정신이 그 기초를 이루고 있다. 하곡은 귀천(貴賤)의 구분은 반드시 없어져야 한다고 주장하였다.

> 귀천의 구별은 대개 900년 동안 자식에게 전하고 손자에게 전하여 양민(良民)이 모두 천인(賤人)이 되었다. 온 나라를 들어 양민이 하나이면 천인이 둘이다. …… 나라를 다스리고자 하면서 천하에 이와 같은

---

40) 정인보(홍이섭 해제), 『陽明學演論』(삼성문화재단, 1972년 7월), 169쪽.

일이 있으면 나라를 다스릴 수 있겠는가? 하물며 조그만 고통이나 조그만 즐거움도 천지(天地)가 물(物)을 생(生)하는 뜻이 아니라면 그해는 홍수나 맹수보다 심한 것이다. 물(物)이 극(極)하면 변(變)하는 것인데 지금은 이미 극(極)이다. 마땅히 변해야 한다.[41]

하곡은 당시 조선사회는 백성의 3분의 2가 천민(賤民)으로 고통을 받고 있다고 보았다. 이러한 상태에서 나라가 다스려질 수가 없다고 한다. 또한 이처럼 대개의 백성들이 고통을 받고 있다는 것은 하늘이 만물을 낳은 이치에 어긋나는 것으로 나라에 미치는 해는 그 무엇보다도 큰 것이라고 한다. 그래서 이러한 사회제도를 바꾸어야 한다는 것이다.

"사람 중에 재능이 있는 자, 업적이 있는 자는 그들로 하여금 그 하는 바를 더욱 하게 한다."고 하였듯이, 외롭고 홀몸인 자[煢獨]나 고명(高明)한 자를 구별하지 않고 모두 진취시킨 것이 곧 이와 같습니다. 이들을 받아들이고 이들을 진취시키되 백성으로서 미치지 못하는 자도 역시 모두 받아들여서 포용하고 바로잡아 주며, 착하지 못한 자도 역시 모두 길러서 성취하게 하는 것이니, 이들에게 베풀어줌의 광대함이 이와 같았던 것입니다. 이들을 받아들이고 이들을 진취시키는 도(道)는 곧 아래 글에 "무편피무편당 회극귀극(無偏陂無偏黨 會極歸極)"이라고 한 것을 가지고 그 극(極)을 삼은 것이니, 그 극을 세우는 대도(大道)가 또한 이와 같았던 것입니다[42]

하곡은 치우침이나 편당을 지음이 없이, 신분이나 처지의 차별 없이, 부족하거나 착하지 못한 자까지도 두루 육성하고 진출시키며 포용해야 한다고 하였다.

---

41) 『霞谷集』, 卷22, 箚錄, 貴賤之分.
42) 『霞谷集』, 卷22, 箚錄, 消兩班

2. 관리의 임용과 책임

하곡은 대신(大臣)을 기용하는 원칙을 다음과 같이 제시하였다.

> 임금이 된 자는 대신(大臣)을 잘 임명하지 않으면 비록 현인(賢人)을 구하는 데 힘쓰더라도 반드시 현인을 쓸 수 없을 것이며, 정치를 하는 데 근면하더라도 좋은 정치를 반드시 세울 수는 없을 것입니다. 쓰이는 자가 혹 용렬(庸劣)하고 간교(奸巧)한 사람이거나, 행하는 자가 모두 편사(偏私)하여 구차한 정치이면 기강은 위에서 무너지고 풍속은 아래에서 허물어져 백성은 근심하고 병사(兵丁)는 원망하여 나라의 형세가 날로 기울어질 것이니, 어찌 크게 두려워할 일이 아니겠습니까? 끝에서 말한바 기뻐할 말을 구하지 말고 두려워할 말을 구하며, 나[임금]의 뜻에 맞는 것을 찾지 말고 나의 덕(德)을 도울 수 있는 것을 구하라고 하였습니다.[43]

하곡은 용렬(庸劣)하고 간사(奸邪)한 사람을 등용하거나, 편사(偏私: 사사로움에 치우침)하고 구차(苟且: 일시적인 미봉책)한 정치를 시행하면 기강(紀綱)은 위에서 무너지고 풍속은 아래에서 허물어져 백성은 근심하고 병사(兵士)는 원망하여 나라의 형세가 날로 기울어질 것이라고 한다. 따라서 하곡은 대신을 잘 임명해야 한다는 것이다. 하곡이 보는 바람직한 대신이란 임금에게 두려워할 말을 하고, 임금의 덕(德)을 보조할 수 있는 자라고 하는 것이다. 하곡이 이러한 말을 하게 된 이유는 나라 정치를 주도하는 임금의 올바른 판단과 정치권력의 정당성을 뒷받침하기 위한 것이다.

하곡은 신분의 고하를 막론하고 가진 바 능력에 따라 인재를 등용해야 한다는 것이다. 이것이 바로 치우침이나 비뚤어짐도 무리지음도 없

---

43) 『霞谷集』, 卷5, 筵奏, 戊申 4월 28일.

이 극(極)을 세우는 것이며, 탕평(蕩平)이요, 대도(大道)라는 것이다.

> 관직의 길을 좁히고, 현자를 택하여 오랫동안 재직하게 하고, 벼슬을 대대로 전하지 못하도록 한다. ○ 취재(取才)에는 소속[屬]이 있고 음사[蔭]가 있고, 속리(屬吏)의 나머지는 모두 백성으로 돌아가게 하여 헛되이 노는 자[空遊之士]가 없도록 한다. ○ 그렇게 한다면 한전제(限田制)의 법은 길쌈의 이익을 줄 것이고, 관전(官田)을 공급하여 병작(并作)하는 것을 시행하지 않을 수 없을 것이다. 개가(改嫁)의 법 또한 고쳐야 할 것이다.44)

하곡은 관직을 축소하고 재능이 있는 자, 현자(賢者)를 등용하여 책임행정을 실현하도록 보장하되, 양반들이 벼슬을 세습화하는 것을 막고자 하였다. 그리하여 공직을 얻지 못한 양반이나 선비들은 농사짓도록 해야 한다는 것이다. 이는 무능하고 무위도식(無爲徒食)하는 선비 또는 양반들을 점차 없애고자 하는 제도라고 하겠다. 또한 서얼(庶孼)이나 천민(賤民) 가운데에서 인재를 두루 관리로 등용하고, 반면 양반이 관직을 세습화할 수 없도록 함으로써 점차 양반과 서인(庶人)의 구별을 없애고자 한 것이다.45) 그는 인재등용의 방법으로서 과거시험제도를 점차 폐지하고 재능과 덕성이 뛰어난 자를 추천에 의해 등용하여야 한다는 것이다.46)

---

44) 『霞谷集』, 卷22, 箚錄, 消兩班.
45) 『霞谷集』, 卷22, 箚錄 341쪽: 庶賤漸通用 兩班多不世任 使無兩班庶人 而置吏士各藝業之任 處兩班之道也.
46) 『霞谷集』, 卷22, 箚錄 〈下詔集四方之群才〉, 〈破科學消躁競之風〉, 〈破科學務育才〉, 〈敎士制〉, 343쪽 참조.

3. 토지제도와 세제(稅制)

하곡은 국가의 재정을 늘리고 백성의 부(富)를 성취하기 위한 토지
제도와 세제(稅制)를 제시하였으며, 공정한 군역(軍役)을 위한 제도를
주장하였다.

> 대개 토지세[田稅]가 국유지는 백분의 일로 가볍고, 사유지는 십분의
> 오로 무겁다. 한 나라의 땅의 소출의 반이 앉아서 노는 사문(私門)에
> 들어가고, 나라에서는 그 백분의 일만 거두고 또한 면세(免稅)와 긴집
> (間雜)으로 빠져나가니 어찌 나라를 다스릴 수 있겠는가? 백성[民]은
> 일 년 내내 수고롭고 고통스러운데, 그 과반의 세를 내니 백성이 어찌
> 굶주리지 않겠으며, 나라가 어찌 가난하지 않겠는가?47)

하곡은 국유지의 토지세는 적고 사유지의 토지세는 많은 당시의 토
지제도는 결국 백성들을 굶주리게 하고, 나라를 가난하게 만드는 제도
라고 보았다. 그래서 하곡은 개인의 토지소유를 제한하는 이른바 한전
제(限田制)를 시행함으로써 궁극적으로 토지소유를 균등하게 하자는
주장을 하였다.48) 또한 세금을 똑같이 십분의 일로 할 것을 주장하였
다. 이렇게 한다면 백성의 궁핍이 덜어지고 나라의 부도 증가할 것이
라고 한다.

---

47) 『霞谷集』, 卷22, 箚錄.
48) 『霞谷集』, 卷22, 箚錄 限民田과 卷22, 箚錄 限田從歸自均 349쪽 참조.

4. 군역(軍役)제도

하곡은 군역(軍役)을 신분제와 결부시켜, 어떠한 신분이건 똑같이 군역에 포함시켜야 한다고 주장하였다.

> 양반에서 상인(常人), 천인(賤人)에 이르기까지 모두 군대에 편입되어야 한다. 직역(職役)이 없거나 직역이 있거나 모두 들어간다. 면할 수 있는 자는 없다.[49]

궁극적으로 신분제의 차별을 없애고자 한 하곡의 주장은 양민(良民)의 확보에 초점이 맞추어져 있다고 하겠다. 하곡은 여러 가지 제도를 통해 양반과 천민의 수를 제한함으로써 놀고먹는 선비와 노비가 점차 줄어들게 될 것으로 보았으며, 양반이 줄어드는 데 따라 붕당(朋黨)도 저절로 없어질 것으로 기대하였다. 또한 양민(良民)의 수가 증가한다는 것은 곧 세금을 부담하는 계층이 늘어나서 국가재정이 확보된다는 것이다.

5. 왕권강화와 책임행정

하곡은 붕당(朋黨) 정치의 폐해를 없애고자 왕권을 강화하고 책임정치를 구현하고자 하는 다음과 같은 정책을 제시하였다.

> 임금이 직접 정치하며, 정목(政目)을 제거하며, 사로(仕路)를 좁히고,

---

49) 『霞谷集』, 卷22, 箚錄: 自兩班至常人賤人 皆作編伍 無職役有職役皆入 無有免者.

잦은 이동을 없앤다. ○ 관리는 오랫동안 재임토록 하여 효과를 이루도록 책임을 지운다(責成效). ○ 공도(公道)를 넓히고[恢] 정치를 행함에 엄하고 밝게 한다. ○ 불화(不和)하는 말[軋言]을 버리고 헛된 의논[浮議]을 지양한다. ○ 사부(士夫)를 우대[優]하고 원쟁(怨爭)을 바로잡는다[平].50)

하곡은 붕당(朋黨) 정치의 폐해를 줄이기 위하여, 임금이 친히 정치를 행하며, 공직을 줄이고 공직의 이동을 줄인다는 것이다. 관리에게는 책임행정을 하도록 충분한 기간과 권한을 준다는 것이다. 또한 임금은 공도(公道), 즉 보편적인 원치을 시행하고, 위엄을 지키면서 공명정대(公明正大)하게 정치를 행하며, 다투는 말과 쓸모없는 논의를 지양해야 한다고 한다.

하곡은 지방행정을 펴나감에 있어서 우선 번쇄(煩瑣)함을 막고, 행정구역을 통폐합하고 관리들의 수와 이들의 임기를 정하는 등 비용절감을 위한 방법을 꾀하였으며, 서리(胥吏)와 아전(衙前)의 봉록(俸祿)을 후하게 줌으로써 행정적 부조리를 없애고자 하였다.51)

하곡은 지방수령의 구임(久任: 장기간의 임기)과 권한의 강화를 통해 군왕(君王)과 백성의 거리를 좁히는 한편, 수령의 권력 강화가 전횡(專橫)으로 이어지지 않도록 어사(御使)를 파견하여 감독하도록 하였다.52) 또한 하곡은 말단 행정기구로서 5개의 리(里)마다 이장(里長)을 두어 인구조사[戶口]와 토지측정[量田]을 관장하는 권한을 부여하고, 이들에게 관청에서 급료를 지불하도록 하고, 중앙에 직접 보

---

50) 『霞谷集』, 卷22, 箚錄, 消朋黨.
51) 『霞谷集』, 卷22, 箚錄, 合州郡 343쪽: …… 胥吏衙前 不可不厚料祿, 厚料祿然後奸僞可禁 又不可不定限以爲有常任 而無浪料也.
52) 『霞谷集』, 卷22, 箚錄: 遣御使 繩官吏民之違法: 凡立法擇遣御史 簡其供率 曉喩坊坊曲曲 使人人皆曉無疑 然後付里長奉行.

고하도록 하였다.[53]

하곡은 지방행정에 있어서 지방의 수령의 임기를 장기간 보장하고 그 권한을 강화하여 책임정치를 구현하도록 하였으며, 최소단위의 행정구역의 장의 지위와 역할을 향상시킴으로써 군민(君民)의 거리를 해소하고, 토지개혁과 양민층의 확대를 위한 신분제 해소를 통해 왕권의 물질적 기반을 마련하고자 한 것이다.

VI. 맺는 말

이 주제에서는 『대학』을 비롯하여 정치에 관해 언급한 유학의 경전들에 대한 하곡의 이해를 통해 하곡의 정치철학을 살펴보았으며, 당면한 정치적 문제에 대한 의견이나 제도의 개혁에 대한 하곡의 견해를 고찰하였다.

하곡은 『대학』의 궁극적 목적을 정치적 교화에 두고 있기보다는 자타가 서로 사랑하며 신뢰하여 한몸처럼 조화(調和)를 이루는 사회에 두었다고 할 수 있다. 이러한 사회를 실현하는 방법은 각자에게 주어진 본연의 내적 도덕성인 덕(德)을 밝히는 일[明明德]이라고 한다. 결국 하곡은 정치의 본질 또는 핵심이란 내[정치의 주체]가 인간 보편의 선천적인 도덕성을 깨닫고 구현하는 것이며, 이러한 도덕성을 확충하여 타인에게 영향을 끼쳐서 그를 변화시켜 도덕사회를 이루는 것이

---

53) 『霞谷集』, 卷22, 箚錄: 立里長五里各一: (里長)令里中擇立　自官給料給具
　　親至京廳三令五申.

라고 보았다고 하겠다.

하곡은 정치에 있어서 가장 근본이 되면서 우선적으로 해야 할 일이란 왕이 자신의 도덕성[聖德]을 함양하는 것이며, 그리하여 치우침이 없는 올바른 마음으로 민생(民生)을 돌보는 것이라고 한 것이다.

하곡은 만물의 질서와 육성을 가능하게 하는 것은 근원을 거슬러 올라가면 신독(愼獨)에 있다고 한다. 그는 신독(愼獨)이야말로 기강을 세우는 근본일 뿐만 아니라, 나아가 나의 덕(德)을 넓히고 궁극적으로는 왕도(王道)를 구현하는 근본이며, 천지 질서와 만물 육성(育成)의 도(道)를 완성하는 치중하(致中和)도 개개인이 신독(愼獨)함으로써 달성할 수 있다고 하는 것이다.

하곡은 공직자는 개인적 이익을 떠나서 의리(義理)만을 따라야 하며, 그 의리란 "각각 그 직분에 따라 그 마땅함을 행하는 것일 뿐이다."라고 하며, 의(義)란 각각 그 사람의 실덕(實德)에 있다고 한다. 그런데 그 덕(德)이 벼슬에 나아가면 천하에 혜택을 미치게 하고 물러나면 만세에 가르침을 남길 수 있는 경우에야 첫째가는 의리라고 할 수 있을 것이라 한다.

하곡은 당시 공직자들에게는 세 가지 종류의 폐단이 있다고 한다. 나라와 백성을 달리 보는 것, 문교(文敎)와 무사(武事)를 두 가지 일로 보는 것, 신중하지 못하고 일만 벌리거나 나약하여 편안함만 취하는 것들은 관리로서 경계해야 할 것이라고 한다. 하곡은 관리란 오직 나라를 다스리고 백성을 편안하게 하는 일에 애쓰되, 자신의 한 몸은 버리고 오로지 만물을 자신과 같은 한몸처럼 삼는 도(道)를 실천해야 한다고 한다.

하곡은 지방수령으로 떠나는 후배 문인들을 격려하면서 보낸 글에서 자신을 다스리는 일[自治]과 백성을 다스리는 일[治人]이 하나의 일이라고 하였다. 하곡은 진정한 자아를 위하여, 스스로 노력하는 이른바 자위(自爲) 또는 자무(自懋), 자치(自治)가 곧 다른 사람을 위하고[爲人] 백성을 다스리는[治人] 일이라고 한다.

하곡은 나라가 잘 다스려지려면 무엇보다도 먼저 요순(堯·舜)과 같은 지혜로운 왕과 어질고 지혜로운 신하들이 모여 함께 나라의 일을 의논해야 한다는 것이다. 따라서 무엇보다 왕은 현자와 소인을 분별하여, 현자와 가까이하며, 대신을 모아 그들과 함께 주야(晝夜)로 나라를 다스릴 방도를 논의하고 강구해야 한다고 한다. 또한 하곡은 군주와 신하, 즉 사대부 계층의 관료들과의 의사소통(意思疏通)뿐만 아니라, 일반 백성들[下民]과의 소통도 이루어져야 한다고 보았다. 그래서 그는 언로를 열어서 백성의 실정을 살피도록 해야 한다고 하였다.

하곡은 『서경』(洪範)에서 말한 개인적인 호오(好惡)나 치우침과 삐뚤어짐이 없이 중(中)을 잡으며, 사물의 시비곡직(是非曲直)을 헤아려 공정하게 가치나 재화를 분배하는 것이 정치에 있어서 지켜야 할 가장 중요한 원칙이라고 한다.

하곡은 변화하는 현실에서 갈등하는 원칙들을 정치의 궁극적 목적이나 백성의 편의에 비추어 경중(輕重)을 헤아려 보다 중요한 원칙을 선택해야 한다는 것이다. 일단 선택된 의리나 명분은 실제와 일치해야 한다고 한다. 명실(名實)이 부합하지 않는 것은 마치 신하 또는 제자이면서 명분을 내세워 절하지 않고 배우지 않는 것과 같으니, 이것은 오히려 명분(名分)과 실제(實際)를 어그러뜨리는 것이라고 비판한다.

현실개혁에 관한 하곡의 기본원칙은 ① 명분(名分)에 집착하기보다는 변화하는 현실에 따라 의리(義理)를 변통(變通)할 것을 중시하는 실용주의(實用主義)이다. ② 실용주의적 정치개혁의 궁극적 목표는 실제로 나라를 이롭게 하고 백성을 편하게 하는 것이다. ③ 치우침이나 편당을 지음이 없이, 신분이나 처지의 차별 없이, 부족하거나 착하지 못한 자까지도 두루 육성하고 진출시키며 포용하는 것이다.

인재를 잘 분별하여 유능한 자를 등용하며, 벼슬의 세습제를 막고, 무위도식하는 양반층을 없애고, 인재를 널리 다양한 분야에서 등용한다는 것이다.

하곡은 국가의 재정을 늘리고 백성의 부(富)를 성취하기 위한 토지제도와 세제(稅制)를 제시하였으며, 공정한 군역(軍役)을 위한 제도를 주장하였다.

하곡은 붕당(朋黨) 정치의 폐해를 없애고자 왕권을 강화하는 정책과 책임정치를 구현하기 위한 여러 방안들을 제시하였다.

하곡 정제두의 지행론

I. 들어가는 말

인간은 삶의 과정에서 가치판단이나 행위의 선택을 피할 수 없다. 따라서 올바른 판단과 선택을 위해서 보편타당한 지식이 요구된다는 것은 자명한 진리이다. 그러나 우리는 가끔 주관적 편견과 독단에 따라 행동하거나, 맹목적 실천주의에 빠지기도 한다. 또한 흔히 우리 자신에게서 관념 또는 앎과 행위의 분열, 대립 등 심각한 괴리현상을 체험하게 된다.

이러한 지(知)·행(行)에 대한 반성적 사유는 동서(東西)를 막론하고 매우 오랜 역사를 지니고 있다. 대체로 기원전 14세기경 은대(殷代)의 부열(傅說)은 "아는 것이 어려운 것이 아니라 행하기가 어렵다"[1]라고 한 바 있으며, 또한 공자(孔子)는 "아는 자는 좋아하는 자만 못하고, 좋아하는 자는 즐기는 자만 못하다"[2]라고 하였다. 이들은 실천의 중요성을 강조하고, 실천을 수반하지 않는 지(知)를 경계하였다. 이와 같은 지행(知行)의 불가분리성(不可分離性)과 실천의 중요성에 대한 주장은 동양적 전통이 되어 왔다고 할 수 있다. 한편 서양의 지성 소크라테스는 이성적 사유와 논리적 추론을 통해 얻어진 보편적이고 확실한 지식은 실천에 있어서 선(善)과 행복을 위한 확실한 길잡이가 된다고 보았다. 그에게 있어서의 지식은 곧 행위의 경향성으로

---

1) 『書經』, 商書, 說命 中.
2) 『論語』, 雍也.

서 덕(德)과 일치하는 것이었다. 그러나 이론지(理論知)와 실천지(實踐知)를 구별하는 아리스토텔레스 이후, 이론과 실천을 분리하는 경향이 초래되었다. 또한 보편타당하고 필연적인 지식의 추구를 목표로 삼은 결과 실천적인 윤리적 지식보다 사실에 관한 이론적 지식의 우월성을 고양하는 전통이 형성되었다.

하곡(霞谷) 정제두(鄭齊斗, 1649~1736, 인조 27~영조 12년)는 당시 사회가 안고 있던 문제점을 비판하면서 참다운 앎과 진실한 행위를 추구하고자 하였다. 하곡은 당시의 쟁론(爭論)이 의리(義理)에 있지 않으며, 또한 시비(是非)를 따져 공론(公論)을 결정하는 것이 아니라 성세(聲勢)를 겨루어 공론을 정하는 폐단이 있다고 비판하였다.[3] 또한 파당(派黨)의 분열과 대립에 의한 이기적 편협성,[4] 예의(禮儀) 및 의리(義理)의 고정화와 형식주의,[5] 염치와 의리를 도외시하는 출세주의와 공명(功名)·사리주의(私利主義),[6] 실심(實心)을 결여한 지식과 행동 등을 우려하고,[7] 이를 바로잡고자 하였다.

하곡 정제두는 지행일체(知行一體)야말로 인간 본래의 참모습이라고 보았다. 문인들에 의해 그 자신 "실심(實心)으로 실리(實理)를 실천했던" 인물로 평가되었듯이,[8] 그는 진실한 마음에 바탕을 둔 참다운 이(理)를 실천하고자 하였던 것이다. 그것은 인간의 선천적 앎에 대한 온전한 주체적 자각과 이러한 앎을 구체적 현실에서 주체적으로 구현하는 일이다. 그는 참다운 인간이란 앎과 실천의 주체이며, 그 안에서 앎과 실천이 간격 없이 통일됨을 주장한다. 이러한 통일은 단지

---

3) 『霞谷集』, 卷1, 書1, 上朴南溪書(甲子).
4) 『霞谷集』, 卷5, 筵奏, 戊申 4월 24일.
5) 『霞谷集』, 卷1, 書1, 上朴南溪書(庚申).
6) 『霞谷集』, 卷3, 書5, 答李伯祥書: 卷11, 遺事 참조.
7) 『霞谷集』, 卷7, 雜著(拾遺), 雜著: 卷5, 筵奏 참조.
8) 『霞谷集』, 卷11, 祭文, 盧述 撰.

가능성이 아니라 인간의 본질이라는 것이다.

이제 하곡의 지행(知行) 이론을 주자(朱子) 및 왕양명(王陽明)의 사상과 비교, 고찰해 보자.

Ⅱ. 지(知)의 의미

1. 주왕(朱·王)의 지(知)

주자에 있어서 지(知)는 대체로 네 가지 의미로 사용되고 있다.

첫째, 지각능력을 지칭한다. 인식주체의 선천적 지각능력으로서의 지는 대상을 지각하게 하는 이(理)와 능히 지각하는 영기(靈氣)로 형성되어 있다.[9]

둘째, 인식작용으로서의 지(知)를 지칭한다. 그는 사물의 이치를 궁구(窮究)하는 것을 지라고 하여, 객관적 사물의 이치에 대한 경험적 탐구 과정을 통해 인식하는 것을 지라고 보았다.[10]

셋째, 경험적 탐구를 통해 알려진 것, 즉 일상적 의미의 지식(知識)을 뜻한다.[11]

---

9) 朱子는 『大學章句』 格物致知補亡章에서 "人心之靈莫不有知, 天下之物莫不有理"라고 하여 知를 객관적 物理의 知覺能力으로 설명하고 있다. 또한 『朱子語類』(권5)에 의하면 "理與氣合便能知覺, 所覺者心之理也. 能覺者氣之靈也"라고 한다.

10) 朱子는 『大學章句』에서 "惟於理有未窮故其知有不盡也"라고 하였으니, 知란 物理를 더욱 궁구함으로써 그 知를 다하고자 하는 과정이라고 할 수 있다.

11) 『大學章句』에서 "知猶識也"라 한다.

넷째, 이러한 지식은 그 자체로서 완전한 것이 아니라, 외적 대상에 대한 경험적 탐구의 축적을 통해 온전하기를 기다리는 지이다.[12]

주자가 지칭하는 지(知)의 특징은 첫째, 즉물궁리(卽物窮理)를 통해 획득된 지, 즉 객관적 대상에 대한 경험적 탐구를 통해 그 사물의 이치로부터 모사(模寫)된 지식이다. 그리고 이러한 개별적 사물에 대한 경험적 지식의 축적을 통해 궁극적이고 포괄적인 지식에 이를 수 있다. 둘째, 지란 외적 대상을 지각하는 능력 또는 작용으로, 선천적인 것이긴 하나 그 자체로서 완전한 것이 아니라 경험적 궁리(窮理)에 상응해서 계발되는 불완전한 지성(知性)인 것이다.

한편 양명에게 있어서 지(知)란 매우 포괄적인 의미를 갖는다. 그는 『대학』의 치지(致知)의 지를 『맹자』의 양지(良知)와 동일시한다. 양명의 양지설(良知說)에 대해 박은식(朴殷植)은 말하기를 "양지는 자연명각지지(自然明覺之知)요, 순일무위지지(純一無僞之知)요, 유행불식지지(流行不息之知)요, 범응불체지지(泛應不滯之知)요, 성우무간지지(聖愚無間之知)요, 천인합일지지(天人合一之知)이니……"[13]라고 하였다. 또 송하경(宋河璟)은 양지 개념을 내용적 성격에 따라 "존재의 이(理), 생성의 이(理), 인식의 이(理), 도덕의 이(理)"로 나누어 보았다.[14] 양지에 관한 왕양명의 설명을 다음과 같이 정리해 볼 수 있다.

첫째, 양지는 선천적(先天的) 직관지(直觀知)라고 할 수 있다. 그것은 경험으로부터 획득된 것이 아니며, 추리(推理)의 절차를 거치지 않고 아는 능력이며, 천(天)이 명한 것이요 자연영소명각자(自然靈昭明覺者)이다.[15]

---

12) 『大學章句』에서는 "知有不盡"을 말하고 "益窮之"를 말한다.

13) 『朴殷植全書』, 王陽明實記, 10면.

14) 송하경, 「王陽明의 良知說에 관한 研究」, 『유교사상연구』 1집(유교학회, 1986), 220쪽.

15) 『王文成公全書』, 卷26, 大學問: "不待慮而知, 不待學而能, 是故謂良知, 是乃

둘째, 양지는 창조적(創造的) 지성(知性)이다. 그것은 다양하고 구체적인 개별적 상황에서 그에 합당하게 판단하고 처리하는 능력이다.[16]

셋째, 양지는 완전한 지성이다. 그것은 그 자체로서 자족적(自足的)이며 지선(至善)한 것이라고 한다.[17]

넷째, 양지는 도덕적 지성이며 감성이다. 그것은 시비지심(是非之心)이요, 진성측달(眞誠惻怛)이요, 혈구지도(絜矩之道)의 마음이다.[18]

다섯째, 양지는 천지의 생성(生成), 조화(造化)의 원리이다.[19]

여섯째, 양지는 인간 보편의 지성이다. 성인(聖人)이나 범인(凡人)이나 누구나 본래 지니고 있는 지성이다.[20]

일곱째, 양지는 천인합일(天人合一)의 지이다. 양지는 내 마음의 천리로서 주관적인 지이면서 동시에 궁극적이고 보편적인 원리이다.[21]

양명이 주장하는 양지의 특징은 첫째, 경험을 통해 얻어진 지식이나 단순히 외적 대상을 수동적으로 지각하는 작용 또는 그 능력이 아니다. 그것은 선천적인 직관력으로 구체적 사리를 판단하는 완전한 창조적 지성이다. 둘째, 그것은 전 우주적 생성과 조화의 원리이다. 이것은 보편성으로 인해 이 우주의 생성과 조화가 가능하다고 본 것이다.

天命之性, 吾心之本體, 自然靈昭明覺者也."
16) 『王文成公全書』, 卷2, 「答顧東橋書」에서는 節目時變에 대한 良知는 마치 方圓長短에 대한 規矩尺度와 같다고 비유적으로 설명하고 있다. 또 卷2, 「答聶文蔚書」에서는 "良知之妙用所以無方體"라고 표현하기도 한다.
17) 『王文成公全書』, 卷26, 大學問에서 良知를 天理로서 至善의 발현이며 明德의 本體라고 하였다.
18) 『王文成公全書』, 卷2, 答聶文蔚書에서 '眞誠惻怛'로 말하며, 卷3에서는 "所惡於上是良知, 毋以使下卽是致知"라고 표현한다.
19) 『王文成公全書』, 卷3에서는 '造化의 精靈'으로 말한다.
20) 『王文成公全書』, 卷2, 答陸原靜書에서는 '人人之所同具者'로 말한다.
21) 『王文成公全書』, 卷3에 의하면 "人孰無根, 良知卽是天植靈根, 自生生不息" 이라고 한다.

2. 하곡에 있어서의 지

하곡에 있어서의 '지(知)'는 다음과 같은 의미를 지닌다.

첫째, 그의 지는 경험으로부터 획득된 지식도, 경험을 가능케 하는 지각도 아니다. 그는 성체(性體)의 지, 성(性)의 대본(大本), 명덕(明德), 오상(五常)의 지 등으로 말함으로써 인식론적 의미보다는 존재론적 의미의 지를 말하였다.

> 양지(良知)란 『대학』의 명덕(明德)이요, 오상(五常)의 지(知)이니 바로 성(性)이다. 만약 지자(知字)만 말하면 정(情) 한쪽에 떨어져 그것이 지식, 지각의 지의 얕고 깊음과 정밀함과 조야함과의 구별이 없게 될까 두려워 특히 양지라고 말한 것이니, 바로 그것이 성체(性體)의 지(知)요 본연(本然)의 선(善)으로 즉 오상의 지이며, 성(性)으로 대본(大本)이 됨을 밝힌 것이다.[22]

양지는 지식이나 지각의 지와 구별되며, 그것은 선천적인 명덕이며 그 자체로서 본래 선한 인간 본성을 이루는 지라는 것이다.

둘째, 하곡에 의하면 양지는 마치 밝은 거울이나 수평을 유지하는 저울과 같이 무수한 대상에 적절하게 응하는 일종의 궁극의 표준이요 창조적 지성이라 할 수 있다.

> 이것[良知]은 마치 거울이 빈 것과 같아서 검고 흰 것이나 아름답고 추한 것이 이 오직 밝은 거울에만 있으며, 저울이 수평한 것과 같아서 저울대가 오르내리는 것을 맘대로 지배할 수 없는 것이다. 이것이 곧 이

---

22) 『霞谷集』, 卷1, 書2, 答閔彦暉書: 良知者卽大學之明德, 而卽五常之知也性也. 若只言知字, 則恐落情一邊, 其與知識知覺之知深淺精粗無可以別. 故特曰良知, 正明其爲性體之知本然之善, 而卽五常之知也性也大本者也.

른바 의(義)인 것이며, 그 체(體)가 인(仁)이 되는 것이다.[23]

양지로서의 지는 저울이나 거울처럼 상황에 따라 수시로 변역(變易)하여 그 상황에 따라 마땅하게 하는 것, 즉 시중(時中)의 의(義)를 구성해 내는 일종의 창조적 지성이다. 하곡은 지를 개별적 사물들의 상대적 가치와 중요성 및 과부족을 평가하는 능력, 즉 구체적 상황에서 시의(時宜)에 합당하게 판단하는 시중의 지로 보았다고 할 수 있다. 그는 공자가 순(舜)을 대지자(大知者)로 일컬었을 때의 그 지란 바로 시중, 대중(大中)을 의미한다고 보았다.[24]

셋째, 하곡은 지를 시비(是非)를 분별하고 사물의 조리(條理)를 다하는 마음으로 말한다.

> 시비지심(是非之心)은 지(知)이니, 천지만물에 이르러서는 그 시비를 알고 조리를 다하며 분별하지 않음이 없고 능하지 아니함이 없는 것이다.[25]

하곡에 의하면, 지는 옳고 그름을 분별하고, 사물의 궁극의 원리를 알며, 개별적 사물들의 이치를 분별하고, 그에 따라 능히 사물을 처리하는 것이라 할 수 있다. 이것은 사물의 궁극적 원리와 사물들의 일반 원리, 그리고 사물들 간의 상호관계 및 상대적 중요성에 대한 평가의 능력으로서, 이른바 지식이 아니라 지혜에 해당하는 것이라 할 수 있다.

---

23) 『霞谷集』, 卷9, 存言 下: 如鑑之空, 黑白姸媸, 只在明鏡也. 如衡之平, 權衡進退不可典要也. 此則所謂義而其體則爲仁也.
24) 『霞谷集』, 卷12, 中庸說, 中庸: 用中者擇乎善而時中 …… 時中則是大中矣. 舜之爲舜, 此其爲大者, 是其精一執中故.
25) 『霞谷集』, 卷8, 存言 上, 聖學說: 是非之心之知也. 以至於天地萬物而知其是非, 極其條理無不辨焉能焉矣.

넷째, 하곡은 양지를 인간의 이지(理知)에 한정하지 않고, 본연의 심리적 작용, 즉 아픔, 측은(惻隱), 상심(傷心) 등 감정 그 자체로 말한다.

> 그 아파함이 곧 지이며 가려워함이 곧 지이며 그 측은함이 곧 지이며 상심하는 것이 곧 지이다.…… 이것들 외에 따로 한 가닥의 지란 것이 있어 이른바 알게 하는 것이 다시 그 뒤에 있겠는가?26)

그는 일종의 감정인 측은지심(惻隱之心)과 별개로 그 감정의 근원을 양지로 보는 견해에 반대하여 측은지심 그 자체가 곧 양지라고 한다. 그 양지란 능히 앎을 가지는 마음의 본체 전부를 가지고 말하는 것으로 단지 사유와 통찰만을 지칭하는 것이 아니다. 이 점에서 서양 철학에서 지성을 감정과 구별하는 것과는 대조를 이룬다고 하겠다.

다섯째, 하곡은 양지를 인간의 보편적 생명의 원리, 즉 생리라고 한다.

> 대개 사람의 생리(生理)는 밝게 깨닫는 바가 있어 저절로 능히 두루 통하여 어둡지 않으니, 이에 측은(惻隱), 수오(羞惡), 사양(辭讓), 시비(是非) 어느 것이나 다 능히 못하는 것이 없으니, 이것이 그 고유한 덕으로서 이른바 양지(良知)란 것이며 또 이른바 인(仁)이라는 것이다.27)

하곡은 고유한 덕으로서 양지(良知)를 인심의 생리라고 하고 양지의 선천성과 무한한 변통성을 주장한 것이다. 하곡은 나정암(羅整庵)이 양지를 지각으로서의 용(用)이라 하고 천리를 성(性)으로서의 체

---

26) 『霞谷集』, 卷1, 書2, 與閔彥暉論辭言正術書: 其痛焉者卽知, 其痒焉者卽知, 其惻隱焉者卽知 其傷切焉者卽知 …… 豈其於痛痒惻傷之外別有一端, 所謂知之者更在於後耶.

27) 『霞谷集』, 卷1, 書2, 與閔彥暉論辨言正術書: 蓋人之生理能有所明覺, 自能周流通達, 而不昧者, 乃能惻隱能羞惡能辭讓是非, 無所不能者, 是其固有之德, 而所謂良知者也. 亦所謂仁者也.

(體)라고 하여 천리와 양지를 실체(實體)와 묘용(妙用)으로 갈라 본 것은 잘못이라고 비판하고, 양지가 곧 천리라고 한다.[28] 하곡은 양명의 심즉리설(心卽理說)을 마음의 조리(條理)가 곧 이(理)라고 풀이하고, 이러한 심체(心體)가 밝으면 만 가지 이치가 밝아지며 만 가지 이치가 모두 이로부터 나와서 부족함이 없고 다함이 없다고 하였다. 심체의 지인 양지 자체는 생리 즉 생생(生生)의 이(理)로 측은지심과 같은 만 가지 이치를 스스로 발현한다. 하곡은 마음의 생리란 마음에 있는 법칙으로서 내 몸을 낳아 준 생명의 근원이며 영통묘용(靈通妙用)하여 만 가지 이(理)를 주재하니, 만사(萬事)와 만리(萬理)가 이로부터 나온다고 한다.[29]

여섯째, 하곡은 천지가 유행(流行)하고 발육(發育)하며 만물이 화생(化生)하는 것 일체가 다 양지양능(良知良能)이 아닌 것이 없다고 한다.

> 천지가 능히 유행, 발육하고 만물이 능히 화화생생(化化生生)하는 것, 그것은 양지양능이 아닌 것이 없다. 자연의 이치는 다 이 체(體) 아님이 없다. 우리가 능히 측은(惻隱)하고 수오(羞惡)하며 백성을 사랑하고 만물을 아끼며, 이로써 중화(中和)를 이루어 천지를 자리잡게 하고 만물을 길러나게 하는 것까지도 모두 우리의 양지양능이 아닌 것이 없다. 하늘이 나에게 준 생각지도 않고 배우지도 않고 저절로 가지는 본연의 체(體)도 이 체인 것이다. 그러므로 마음[心]과 이치[理]를 하나로 하고 지(知)와 행(行)을 합하여 나눌 수 없는 것이다.[30]

---

28) 『霞谷集』, 卷1, 書2, 與閔彦暉論辨言正術書.
29) 『霞谷集』, 卷8, 存言 上, 一點生理說.
30) 『霞谷集』, 卷1, 書2, 答閔誠齋書: 天地之能流行發育 萬物之能化化生生無非其良知良能 自然之理無非是此體也 吾人之能惻隱羞惡能仁民愛物 以能中和位育也無非其良知良能 天之所與我不慮不學而有之 本然之體卽亦無非是此體也 故一心理合知行而有不得以分岐者也.

이처럼 그는 양지를 모든 존재가 지니는 생명의 본원으로 보았다. 또한 우리가 일체의 존재에 대해 가지는 사랑과 정의감을 바탕으로 중화를 이루어 질서와 번영의 세계를 이루는 것도 나의 양지양능에 의한 것이다. 따라서 하곡은 양지를 보편적 생명 및 질서의 원리 또는 그 힘으로 보았다고 할 수 있다. 그리고 그것은 생명의 기운에 대한 영명처(靈明處)요, 만물에 통하는 도리(道理)이다.

하곡에 있어서 지의 특징은 첫째, 생리(生理)로서, 그것은 선천적인 명덕(明德) 즉 그 자체 능히 깨닫는 지성이며, 사단(四端)의 마음과 오상(五常)의 성을 그 내용으로 삼는다. 동시에 그것은 이것들을 능히 두루 실현하는 기능을 갖는다. 둘째, 그것은 이지(理知)와 감정을 포괄하는 것으로서, 중화를 이루어 개별적 사물의 이치를 구현하여 질서 지우며 천지의 유행, 발육을 가능하게 한다.

Ⅲ. 지행(知·行)의 이론

1. 주왕(朱·王)의 지행론

지행(知·行)의 관계에 대한 주자의 이론은 다음과 같이 요약될 수 있다.

첫째, 지행은 상호의존적(相互依存的) 관계에 있다. 그것은 마치 눈과 다리의 관계와 같다.[31]

---

31) 『朱子語類』, 卷9 참조.

둘째, 지행은 상호계발적(相互啓發的) 특성을 지닌다. 지(知)가 더욱 밝아지면 행(行)이 더욱 독실해지고, 행이 더욱 독실해지면 지는 더욱 밝아진다.[32]

셋째, 지행은 호진(互進)한다. 사실적 선후에 있어서 지와 행은 번갈아 나아간다.[33]

넷째, 공부의 선후에 있어서는 지(知)가 선(先)이고 행(行)은 후(後)이다.[34]

지행의 관계에 대한 주자(朱子)의 학설을 한마디로 말하기는 어려우나 대체로 선지후행설(先知後行說)로 볼 수 있으며, 이 점에서 주자의 학설은 주지주의(主知主義)로 정의되기도 한다.

한편 왕양명(王陽明)의 지행이론은 흔히 지행합일설(知行合一說)로 일컬어지고 있으나, 그것은 지행이 하나라는 사실적(事實的) 의미와 지행은 합일해야 한다는 당위적(當爲的) 의미를 동시에 함축하고 있다.

첫째, 양명은 심즉리설을 토대로 지행합일을 주장한다. 그는 심(心) 밖에서 이(理)를 구하는 것은 지(知)와 행(行)을 둘로 하는 것이라고 한다.[35] 즉 궁리(窮理)와 행의(行義)가 둘이 된다는 것이다. 그의 지행합일론은 인식론적 관점에서 제출된 것이다. 치지(致知)는 주체의 측에서 보면 지를 구현하는 것이며, 대상의 측에서 보면 그것은 그 당연한 이치를 얻는 것이다. 그런데 대상이 그 당연한 이치를 얻는다는 것은, 그 대상이란 주체의 의식이 지향하는 것이기 때문에 주체가 지

---

32) 『朱子語類』, 卷14 참조.
33) 『朱子語類』, 卷9 참조.
34) 『朱子語類』, 卷9, 참조. 卷3에서는 '先致知後涵養'을 말하고, 또 卷13에서는 도리에 不能行이 있음은 나의 道理에 未盡함이 있기 때문이라고 하여 도리에 대한 앎이 행에 우선함을 주장한다.
35) 『王文成公全書』, 卷2, 答顧東橋書 참조.

향하는 대상과의 관계에서 그 지를 실제로 실현하여 일을 바르게 처리하는 행위를 의미한다.[36) 따라서 지행(知·行)은 하나이다.

둘째, 양명에 있어서 지행합일은 심리적 사실을 지칭하는 것이다. 그는 심리적 사실로서 지(知)와 의(意)에 관해 말할 때, 의(意)의 본체를 지(知)라 하고 의(意)를 행(行)의 시작[始]이라 한다.[37) 따라서 의(意)를 매개로 지(知)와 행(行)은 하나가 된다.

셋째, 양명은 지(知)의 진절독실(眞切篤實)한 것을 행(行)이라 하고, 행(行)의 명각정찰(明覺精察)한 것을 지(知)라 하여,[38) 지 가운데 행이, 행 가운데 지가 포섭되어 있음을 주장한다.

넷째, 당위(當爲)로서의 지행합일은 본체로서의 지(知)를 옮기는 의(意)를 어떻게 하느냐에 달려 있다. 즉 지행합일의 관건은 성의(誠意) 여부에 있는 것이다.

2. 하곡(霞谷)의 지행론

하곡은 심(心)과 이(理), 양지(良知)의 체(體)와 용(用), 명덕(明德)과 친민(親民)은 모두 하나의 일이어서 나눌 수 없다고 하면서, 동시에 지행(知行)이 합일(合一)임을 말한다.

왕씨(王氏)는 심(心)으로 이(理)를 삼았으니 곧 양지(良知)이다. 마음의 양지는 체(體)가 되며 사물의 작용은 용(用)이 되니 사물의 이

---

36) 『王文成公全書』, 卷2, 答顧東橋書. 格物을 窮理라 하고, 窮理를 知에 귀속시킴으로써 바로 格物에 行이 없게 되었다고 朱子의 학설을 비판한다.
37) 『王文成公全書』, 卷2, 答顧東橋書 참조.
38) 『王文成公全書』, 卷2, 答顧東橋書 참조.

(理)라고 한다. 이(理)는 모두 마음에 갖추어져 있고 심(心)에는 저절로 양지가 있으니 알지 못하는 이(理)가 있지 않은 것이다.…… 이런 까닭에 체와 용은 있어도 내외정추(內外·精粗)가 없으니, 그러므로 명덕(明德)과 친민(親民)은 하나로 나눌 수 없는 것이다. 지와 행은 합일이다. 지란 행의 시작이요, 행은 지지지(知之至)이다. 그러므로 도(道)는 하나일 뿐이고 성(誠)일 뿐이다. 둘이 아니며 갈라질 수 없다. 내 몸으로부터 사물에 이르고 천하 만물에 이르기까지 다만 이 하나로 관통할 뿐이다. 그래서 천지를 일체(一體)로 삼고, 천하를 일가(一家)로 삼는다. 비록 다스리지 않아도 다스려질 것이며,…… 다만 성심(誠心)으로 실(實)에 힘쓸 뿐이다.39)

주자가 사물의 당연한 이(理)를 궁구하는 것을 지(知)로, 그 당연한 법칙을 지키는 것을 행(行)으로 이해한 것과 달리, 하곡은 지와 행이 하나임을 주장하는 근거로서 마음의 양지(良知)와 사물의 이(理), 즉 심지체(心之體)로서의 양지와 심지용(心之用)으로서의 사물의 작용[理]은 내외정조(內外精粗)가 없다는 것에서 찾는 것이다. 또한 이러한 까닭에 명덕(明德)과 친민(親民)도 하나라고 한다. 말하자면 명덕은 체요 친민은 용으로 하나이며, 그러한 합일의 도(道)를 성(誠)이라고 주장하고 있는 것이다.

하곡은 인심(人心)의 생리(生理)를 중심으로 설명하는 가운데 지행이 하나가 됨을 설명하고 있다.

사람의 생리란 능히 밝게 깨닫는 바 있어 스스로 능히 주류통달(周流

---

39) 『霞谷集』, 卷9, 存言 下: 王氏以心爲理卽良知也 心之良知爲體 凡事物作用爲用而謂事物之理 理皆具於心 心自有良知 未有不知之理 …… 是故有體用而無內外無精粗 故明德與親民一而無分 知與行合一 知者行之始 行者知之至故其道一而已 誠而已 不貳不岐 自吾身至事物以至天下萬物 只是一以貫而已故曰以天地萬物一體 天下爲一家 …… 只以誠心務實.

通達)하여 불매(不昧)하며 능히 측은(惻隱), 수오(羞惡), 사양(辭讓),
시비(是非) 어느 것이나 다 못하는 것이 없으니, 이것이 그 고유한 덕
으로서 이른바 양지(良知)인 것이며 또한 인(仁)이라고 하는 것이다.40)

그는 사람의 생리(生理)에 대해 설명하기를, 명각(明覺)하여 주류
통달(周流通達)하며 사물을 밝게 아는 데 그치는 것이 아니라 능히
사단(四端)의 마음을 다하는 것이라고 한다. 생리는 곧 고유의 덕이요
양지인 것이다. 따라서 생리는 일종의 그 자체로서 좋은 지(知)인 동
시에 인(仁)으로 대표되는 인간 고유의 덕성의 실천력이므로, 지행(知
行)은 일체(一體)라고 말하게 된다.

또한 인심(人心)의 생리(生理)는 사단(四端)의 덕(德)을 그 내용으
로 하며, 마음의 생리의 발용유행은 마치 나무의 가지와 줄기가 나오
고 성장하는 것과 같다.

마음의 생리가 전체 충만하여 이 네 가지 덕을 갖추고 있어, 그 발용
유행(發用流行)이 이 이치가 아님이 없다. 마치 나무에 생리가 있어 줄
기가 발(發)하고 달(達)하는 것과 같다.41)

하곡은 마음의 생리는 사덕(四德)에 대한 앎과 그 자체 스스로 발
용 유행하는 것임을 설명하고 있는 것이다. 말하자면 인간의 생명 원
리는 덕에 대한 자각과 그것의 실현을 함축하고 있다는 의미이다.

하곡은 인간의 생리이며 성체(性體)로서의 양지를 고정된 것이나

---

40) 『霞谷集』, 卷1. 書2, 與閔彦暉論辨言正術書: 蓋人之生理能有所明覺 自能周
流通達 而不昧者 乃能惻隱能羞惡能辭讓是非 無所不能者 是其固有之德 而
所謂良知者也 亦所謂仁者也.
41) 『霞谷集』, 卷15, 孟子說下, 四端章解: 心之生理全體充滿有是四端之德 發用
流行無非此理 如木之有生理而枝幹發達者.

단순한 잠재태(潛在態)로만 보는 것이 아니다. 양지 그 자체는 유행을
함축하고 있다는 것이다.

> 어찌 다만 그 혈기(血氣)만이 생생(生生)하여 쉬지 않겠는가? 그 양
> 지(良知)도 역시 생생하여 쉬지 않는 것이다. 이것은 성(性)의 체(體)
> 인데 연어(鳶魚)와 천류(川流)에다 비유한 것을 무슨 까닭에 의심하는
> 지 알지 못하겠다.42)

하곡은 『중용』에 "솔개가 하늘을 날고 고기가 연못에 뛰논다. 그것
은 천지의 진리가 드러남을 말한 것이다"43)라는 구절과 "소덕(小德)
즉 개체(個體)의 덕성(德性)은 시내의 흐름처럼 함께 유행한다."44)라
는 구절을 통해 성체(性體)로서 양지가 부단히 유행한다는 것임을 주
장하였다. 따라서 생도(生道)로서의 양지는 그 자체 유행하는 작용을
지니고 있는 것이다.

결국 생리(生理)는 전체(全體)의 덕(德)으로써 말하면 인(仁)이요,
그 본체(本體)의 밝음으로 말하자면 양지(良知)라고 하는 것이다.

> 대개 그 전체의 덕으로 말하면 인이라 하고 그 본체의 밝음으로 말하
> 면 양지라 하니, 그 가리켜 부르는 이름은 비록 이러하나 그 전체가 어
> 찌 본체가 아니겠는가? 본체가 어찌 전체의 밖에 있겠는가? 오직 하나
> 의 물이기 때문이다.45)

---

42) 『霞谷集』, 卷9, 存言 中: 豈獨其血氣生生不息 而其良知生生不息也 此乃性
　　體也 不知於鳶魚川流之喩何故疑之
43) 『中庸』, 12章.
44) 『中庸』, 30章.
45) 『霞谷集』, 卷1, 書2, 與閔彦暉論辨言正術書: 夫以其全體之德謂之仁 以其本
　　體之明謂之良知 其所指而名者雖如此 然其全體亦何嘗非本體也 本體亦豈外
　　於全體也 惟一物故也.

하곡에 있어서는 인(仁)이나 양지(良知), 덕[明德] 등은 다 인심의 생리(生理)에 대한 별명으로, 생리란 그 자체 지행의 일체(一體)를 이루고 있다고 본 것이다.

하곡은 인심의 본체로서의 양지를 체와 용으로 주장하면서 그 자체가 지니는 밝음을 체로, 비추는 작용을 용으로 말한다.

> 양지란 그 영명(靈明)한 체(體)로써 말하면 상제(上帝)요, 그것의 알고 깨닫는 작용으로써 말하면 화공(化工)이니, 곧 하나의 마음을 이르는 것이다.…… 그 체를 가리켜 양지를 말할 때가 있는데, 마음의 본체이며 미발(未發)의 중(中)이란 것이 이것이다. 그 용을 가리켜 말할 때가 있으니, 선을 알고 악을 안다고 하는 것이 그것이다.…… 마치 불이 본래 밝음은 그 본체요 그 빛이 물(物)에 비추임은 그 용(用)이니, 밝음은 하나뿐으로서 불의 밝음과 비춤에 있어서의 밝음은 분별할 필요가 없는 것과 같다.[46]

하곡은 양지를 본연의 영명한 마음의 본체[體]로 그 자체 미발의 중(中)이며 지선(至善)이라고 한다. 또한 동시에 그것은 스스로 선악을 구별하는 작용[用]을 한다고 보았다. 이처럼 구체적 사건에서 선악을 구별하고 판단하는 작용 즉 행위가 바로 양지의 용(用)인 것이다.

양지(良知)의 체용(體用)은 곧 마음의 체용이요, 중화(中和)로 하나인 것이다.

> 그 본체(本體)는 순수하여서 치우치고 얽매임이 없는 까닭에 중(中)

---

46) 『霞谷集』, 卷1, 書2, 答閔誠齋書: 良知者以其靈明之體言之則帝也 以其知此覺此之用言之則化工也 …… 其有以指體而言 曰良知是心之本體則未發之中是也 其有以指用而言 曰良知是知善知惡是也 …… 如火上本明其體也 其光輝燭物其用也 而其明卽一耳 不可以火上與照上分別其明 苦統以一良知言之 卽猶此耳.

이라 이르는 것이고, 그 품절(品節)이 이(理)에 타당하여 알맞게 되지
않은 것이 없는 까닭에 화(和)라고 이르는 것이다. 그러므로 이(理)에
알맞고 옳은 데 부합하는 것은 치우치고 얽매임이 없는 것의 용(用)이
요, 치우치고 얽매임이 없는 것은 이(理)에 알맞고 옳은 데 부합하는 것
의 체(體)이다. 체 가운데 용이 있고 용 가운데 체가 있으니, 체와 용은
두 가지가 아니다.…… 용(用)은 체(體)가 아니면 능(能)할 수 없고 체
는 용이 아니면 행할 수 없으므로 체와 용은 서로가 없어서는 아니 되
는 것이다.47)

하곡이 체용이 하나임을 주장한 것은 순수하여 치우침이나 얽매임
이 없는 마음의 본체와 이러한 마음이 다양한 사건에 합당한 이치를
구현하는 작용이 분리될 수 없으며 하나가 된다는 것을 의미한다. 즉
본체[體]의 중(中)과 그 작용[用]의 화(和) 사이에 단절이나 간격이
없으며 하나라는 것이다.

결국 양지의 체용(體用)은 양지(良知)·양능(良能)을 의미하는 것
으로 그것은 일체(一體)요 곧 지행(知行)이 하나임을 지칭하는 것이다.

지(知)와 행(行)은 하나의 양지(良知)요 양능(良能)인 것이며, 명
(明)이요 성(誠)이며, 박학(博學)이요 독행(篤行)이다.48)

하곡은 『대학』의 명명덕(明明德)이나 치지(致知), 명호선(明乎善)
이란 양지의 지(知)를 이루는 것이라고 주장하였다. 이는 양지와 양지
를 실현하는 양능이 하나임을 의미한다. 즉 양지와 양능을 구분하지
않고 천지만물에 이르러 그 시비를 알고 조리를 다하여 분별하지 않

---

47) 『霞谷集』, 卷8, 存言 上, 四端七情說: 以其本體純粹無所偏累 故謂中 以其品
    節當理無不合宜 故謂和 故當理合宜者 無所偏累者之用也 無所偏累者 當理
    合宜者之體也 體中有用 用中有體 體用非有二也…… 用非體無能體非用無
    行 體用不相無也.
48) 『霞谷集』, 卷9, 存言 中: 知行一良知良能也明也誠也 博學也篤行也.

음이 없고 능하지 않음이 없는 지라고 함으로써 지 자체에 지와 행이
함께 있음을 주장한 것이다.

> 우리가 능히 측은(惻隱)하고 수오(羞惡)하며 백성을 사랑하고 만물
> 을 아끼며, 이로써 조화(調和)를 이루어 천지를 자리잡게 하고 만물을
> 길러나게 하는 것까지도 모두 우리의 양지양능이 아닌 것이 없다. 하늘
> 이 나에게 준 생각지도 않고 저절로 가지는 본연(本然)의 체(體)도 이
> 체인 것이다. 그러므로 마음[心]과 이치[理]를 하나로 하고 지(知)와
> 행(行)을 합하여 나눌 수 없는 것이다.49)

말하자면 양지는 그 자체 사랑으로 만물을 화육(化育)하는 유행(流
行)의 공능(功能)으로서 양능과 하나라는 것이다. 그러므로 지는 곧
행과 하나이다.

또한 그는 치양지(致良知)를 본연의 지에 따르는 것이며 솔성(率性)
하는 것이라 하여 지행(知行)이 일체(一體)임을 거듭 강조하고 있다.

> 치양지(致良知)는 그 본연(本然)의 지(知)에 따르므로 이미 성(性)
> 을 따르는 것이 되어 성에서 떠날 수 없다. 오직 그 실(實)을 채우고 그
> 체(體)를 따르면 지(知)는 이미 행(行)을 가지게 되고 행(行)은 그 지
> (知)를 지니게 된다. 그 이른바 지행(知行)이 이러할 뿐이다. 그 체용(體
> 用)은 동정(動靜)에 무관하여 하나가 될 따름이다. 그러므로 그 본체(本
> 體)를 지(知)라 하고 그 공용(功用)을 행(行)이라 한다. 그 지(知)의
> 체(體)는 대본(大本)이 되고, 그것을 행(行)에 이르게 하면 달도(達道)
> 가 되고, 그것이 자기에게 있으면 명덕(明德)이 되고, 물(物)에 드러나면
> 친민(親民)이 되니, 다 하나로서 둘로 나눌 수 없는 것이다.50)

---

49) 『霞谷集』, 卷1, 書2, 答閔誠齋書: 吾人之能惻隱羞惡能仁民愛物 以能中和位
　　育也無非其良知良能 天之所與我不慮不學而有之 本然之體即亦無非是此體也
　　故一心理合知行而有不得以分岐者也.
50) 『霞谷集』, 卷1, 書2, 答閔彦暉書 小註: (致良知)循其本然之知 則已率性而無

하곡에 의하면, 이미 양지를 이루었다고 한다면 그 지(知) 가운데
에는 이미 행(行)이 있고 그 행에는 또한 지가 있다고 한다. 즉 치양
지란 본체로서의 지와 공용으로서의 행을 함축하고 있다는 것이다. 따
라서 그 체용은 하나이다. 그 지(知)의 체(體)는 대본(大本)이고 그것
이 행위로 구현될 때 달도(達道)가 된다. 그것이 자신에게 있는 것은
명덕(明德)이고 물(物)에 드러나는 것은 친민(親民)이 된다. 이 모든
것은 하나일 뿐이며 둘로 나눌 수 없다는 것이다. 따라서 여기서 지행
(知行)이 하나라고 하는 것은 인간주체의 본연(本然)의 지(知), 즉 양
지나 심성을 따르는 상태를 두고 하는 말이다.

하곡은 지행일체의 본체인 명덕을 은폐시키거나 이의 실현에 장애
가 되는 것들을 마음 가운데 기품(氣稟)의 매임과 사욕(私欲)의 가림,
습염(習染)의 어두움 등으로 말한다.

> 자기가 마음 가운데 기품이 이를 얽매고 사욕이 가리며 습염이 어둡
> 게 하기 때문에 비록 지극히 넓고 지극히 밝은 체가 있다 해도 능히 이
> 것을 확충시키지 못한 것이다. 그러므로 오직 능히 그 가려진 것을 제거
> 하여 밝히고 그 단서를 넓혀 확충한다면 자연 밝아져서 옳게 되지 않음
> 이 없다.51)

하곡은 옳은 행위를 본래 마음의 명덕을 회복하는 것, 즉 기품의 매
임과 사욕에 의한 은폐, 습염으로 인한 무지(無知) 등을 제거함으로써

可離矣 惟充其實 順其體焉而知已有行矣 行已有知矣 其所謂知行矣者惟如此
其體用無動靜而一而已 故有本體謂之知 而功用謂之行 其知之體爲大本 其致
之於行爲達道 其在於己者爲明德 而著於物者爲親民 皆一而不可分二也
51) 『霞谷集』, 卷8, 存言 上, 致知說: 其自心之中 氣稟拘之私欲蔽之習染昏之 雖
有至廣至明之德 而不能明之而充之 故惟能去其蔽而明之 擴其端而充之 則自
無不明而可者邪.

이루어지는 것이라고 보았다. 따라서 명덕을 밝히는 것과 옳은 행위는 별개의 것이 아니며, 그것은 곧 지행일체의 경지에 이르는 것이다.

하곡은 덕을 밝히고 확충하여 본체의 지행일체인 상태에 이르기 위한 방법으로 성의(誠意)와 정심(正心)을 말한다.

> 중용(中庸)의 미발(未發)의 중(中)과 중절(中節)의 화(和)는 성정(性情)의 본체(本體)를 가지고 말한 것이니 이것은 도심(道心)과 천리(天理)의 조목이요, 대학의 성의(誠意)와 정심(正心)은 심성의 공부를 가지고 말한 것이니 곧 중화(中和) 공부를 하는 순서이다.…… 대저 성의란 그 사사(私邪)와 죄악(罪惡)의 공(功)을 중화에서 이기고 다스려서 초절(初節)의 공부를 삼은 것이고, 정심이란 것은 그 얽매고 얽히거나 치우치고 편벽된 일을 중화에서 소융(昭融)한 것이니, 이것은 정미롭고 극진한 공부인 것이다.…… 사사와 악욕(惡欲)이 없어졌다 하더라도 그 착한 가운데에 나아가 동(動)하는 기(氣)에 매여 호오(好惡)를 짓고 의필고아(意必固我), 편의부정(偏倚不正), 혼타방일(昏惰放逸), 장영기복(將迎起伏) 등에 있어서 일체의 은미한 병통이 모두 부서지고 없어져서 얽힌 것이 없다면, 이것은 심체(心體)의 올바른 것이 되어 감공(鑑空)하고 형평(衡平)하여서 치우친 바가 없는 것이다. 이른바 미발(未發)의 중(中)의 대본(大本)이요, 이른바 명덕(明德)이요, 도심(道心)인 것이다.52)

명덕, 중화, 도심을 이루기 위해서 우선 사심과 악념을 제거하는 노력으로서의 성의가 요구된다는 것이다. 여기서 더 나아가 기에 얽매이

---

52) 『霞谷集』, 卷8, 存言 上, 四端七情說: 中庸之未發之中 中節之和 以性情本體言 是道心天理之條目也 大學之誠意正心 以心性工夫言 卽中和用功之次第也 …… 夫誠意者是克治其私邪罪惡之功於中和爲初節工夫 夫正心者昭融其係累偏倚之事於中和 是精盡之功 …… 私邪惡欲 雖已決去又就其善之中 如其係累動氣作好作惡意必固我偏倚不正昏惰放逸將迎起伏 一切隱微之病 一皆燭破消融 無有所累則是爲心體之正 而鑑空衡平無所偏倚者也 所謂未發之中之大本也 所謂明德也 所謂道心也.

거나 편협하고 치우친 병통을 없애는 것이 정심이다. 이것은 양명이 성의로서 『대학』의 성의·정심이나 『중용』의 계신·공구를 총괄해서 설명한 것과 다르다. 하곡은 오히려 성의·정심의 선후를 말하고 있는 것이다. 그는 의(意)가 성(誠)해야 할 뿐 아니라 심체(心體)의 중(中)과 그 용(用)이 절도에 부합하는 실(實)이 있어야 함을 주장한 것이다. 그래서 그는 『논어』의 절사(絶四)의 가장 중요한 의미를 고집하거나 기필(期必)하는 마음이 없어야 함을 강조한 것으로 이해하였다. 이러한 노력으로 지행일체(知行一體)의 명덕(明德)을 이룰 수 있는 것이다.

또한 순(舜)의 대지(大知)라는 것도 의필(意必)과 주객(主客)의 단절, 이기적 계산을 배제함으로써 도달할 수 있는 것이다.

> 대개 그 도심(道心)의 유행(流行)이 인심의 이(理)에 광명통철(光明洞徹)하여 의필(意必)하는 바가 없고, 가리고 막힌 바가 없으며, 천하의 뜻에 통하여 사이가 없고, 천하의 선(善)에 합하여 하나가 되어 사사로운 감정이나 조그만 잔꾀를 용납하지 않으며, 이로써 광대고명(廣大高明)의 지극함을 다하니 순(舜)이 순이 되는 소이(所以)가 여기에 있다. 이것이 성(誠)으로부터 명(明)에 이르러 도(道)가 행해지는 것이다.53)

인간 본심(本心)으로서 도심(道心)은 밝고, 내외(內外)를 두루 관통하여 살피는 것으로서 그 어떤 것에도 집착하거나 치우침이 없는 대지(大知)요, 그것은 성(誠)에 근본한 지(知, 明)로서 행도(行道)와 하나가 되는 것이다.

하곡은 명덕을 밝히는 것[明明德]과 치지(致知)를 동일시하며, 그 공부는 곧 무자기(毋自欺)라고 한다.

---

53) 『霞谷集』, 卷12, 中庸說, 中庸5: 皆其道心之流行 光明洞徹 於人心之理 無所意必 而無所遮隔 通天下之志而無間 合天下之善而爲一 無所容乎私好小知 而有以盡夫廣大高明 則舜之所以爲舜其以此也 是謂誠之有明者也 而道行矣.

이것은 명덕이 하늘로부터 부여받은 것이어서 어둡지 않기 때문이며, 이것은 천리(天理)의 밝은 곳이 사물의 법칙이 되는 것이니, 밖에서 구하여 쓸 수 없는 것이다. 그 공부는 오직 그가 아는 것에 스스로 만족하고자 하여 그 아는 것을 속이지 않는 것일 뿐이다. 이것을 치지(致知)라고 하는 것이다.54)

하곡에 의하면 본(本)으로서의 명덕(明德: 덕을 밝힘)은 말(末)인 친민(親民: 백성을 친애함)과 하나이다. 따라서 자기의 덕을 밝히는 일은 곧 백성을 사랑하는 일이다. 하곡은 이러한 명덕의 방법을 "자신을 속이지 않음" 즉 자신의 양지를 속이시 않으며, 스스로 자신의 양지에 만족함이라고 하고, 그것을 곧 치지(致知)라고 한다.

그런데 치지는 곧 심체의 본연의 지, 즉 양지에 이르는 것을 의미하는 것이며, 그때 곧 지행(知行)은 일체(一體)라는 것이다.

대저 심체(心體)는 본래 알지 못하는 것이 없는데, 다만 사람이 그것을 이르게 하지 못했을 뿐이다. 그러므로 오직 그 지(知)를 이르게 하여 다하지 않음이 없으면, 생각하지 아니하고 힘쓰지 아니해도 강물 터놓은 듯이 줄기차게 흘러나오게 되는 것이다. 지(知)가 진실로 이르게 되면 앎이 곧 행이요 행이 곧 앎이다. 그 가리킨 명목은 비록 두 가지이나 그 일은 하나일 뿐이다.55)

마음이 본체가 지니고 있는 온전한 지에 이르면 곧 지행은 하나이다. 지행의 분리는 단지 그러한 지에 이르지 못했기 때문에 생기는 것이다.

---

54) 『霞谷集』, 卷8, 學辯: 是明德之得之乎天而不昧者也 是其天理之明處爲事物之則者也 非有可求資於外者也 其功也惟求自謙其知 毋自欺其知而已矣 是謂之致知.
55) 『霞谷集』, 卷1, 書2, 與閔彦暉論辨言正術書 : 夫心體本無有不知 惟人不能致之耳 故惟致其知而無不盡不思不勉 正所謂沛然若決江河者也 知苟至焉 則知卽是行也 行則是知矣 其所指之目 雖二 其事卽一.

그러나 하곡은 이러한 노력은 신독(愼獨)으로 귀결된다고 주장한다.

> 성인(聖人)은 하늘의 명(命)이 심원(深遠)하여 그치지 않는 것과 같
> 으니 어느 곳에 공리(功利)의 사사로운 뜻이 협잡(挾雜)할 수 있겠는
> 가? 정자(程子)가 공부를 강(講)하고 넓힐 때에는 반드시 신독을 주로
> 하였으니, 이것이 곧 심원하여 그치지 않는 것이며 곧 천명(天命)의 성
> (性)이다. 천지를 자리잡게 하고 만물을 기르는 것이라도 중화(中和)
> 위에서 기르지 않음이 없으니, 그 사이에는 별도의 다른 일이 없다. 오
> 직 신독(愼獨)하면 중화(中和)를 이루는 것이고, 중화를 이루면 천지가
> 자리를 잡고 만물이 길러지는 것이다.56)

하곡은 부단한 신독(愼獨)의 공부야말로 곧 중화(中和)를 이루는
길이라고 하여, 모든 일을 함에 있어서 근본처가 된다고 본 것이다.
그는 『대학』의 핵심을 이루는 성의(誠意)·정심(正心)과 『중용』의 계
신(戒愼)·공구(恐懼)가 다 신독(愼獨)의 뜻이라고 하였다.

또한 그는 신독이 천덕(天德)과 왕도(王道) 실현의 근본임을 주장한다.

> 무릇 천하의 모든 일의 원두(源頭)가 여기[紀綱]에 있다. 그러나 그
> 근본은 마음을 바르게 하는 데[正心] 있으며, 마음을 바르게 하는 근본
> 은 또한 신독(愼獨)에 있다. 천리(天理)와 사의(私意)를 팔자타개(八字
> 打開)하듯이 밝히는 것이 신독의 공부에 있고, 천덕(天德)과 왕도(王
> 道)의 공효(功效)가 넓어지는 것도 신독의 공부에 말미암는다.57)

---

56) 『霞谷集』, 卷5, 筵奏, 戊申 5월 2일 : 聖人如天之命於穆不已何處挾雜功私意程
　　子推演工夫必以愼獨爲主 此乃於穆不已處 此乃天命之性 雖位天地育萬物無不
　　自致中和上養得來 其間無別事 只愼獨則致中和 致中和則天地位萬物育矣.
57) 『霞谷集』, 卷5, 筵奏, 戊申 4월 3일: 蓋天下萬事源頭在此 然其本則在於正心
　　而正心之本又在於愼獨二字 天理私意八字打開者在於愼獨工夫 天德王道功效
　　普博者 由於愼獨工夫.

그는 정치의 기강은 정심에서, 정심은 신독에서 나오기 때문에, 천덕과 왕도의 공효가 넓어지는 것은 신독 공부로 말미암는다고 하였다. 신독은 인간의 덕성을 실현하고 확충하여 치중화(致中和)와 왕도(王道)를 실행하는 요체가 된다. 따라서 신독(愼獨)은 지행일체(知行一體)의 근본이 된다고 하겠다.

Ⅳ. 맺는 말

하곡이 지칭하는 지(知)는 양명의 양지설(良知說)에서 연유하여 나왔으며, 그 주장하는 내용 또한 대체로 양명과 일치하고 있다. 양명은 『맹자』의 양지(良知)를 빌려 『대학』의 치지(致知)를 설명함으로써 주자의 즉물궁리설(卽物窮理說)을 비판하였다. 이에 비해 하곡은 양지 또는 지를 주로 『대학』의 명덕, 『맹자』의 사단설(四端說)과 성론(性論), 『중용』의 성론(性論)과 중화론(中和論) 등과 관련시키고, 그 밖에 체용(體用)이나 생리(生理) 등으로 설명하고 있다. 이러한 점들은 양명과 하곡의 사상적 특색을 구별해 볼 수 있는 단서가 된다. 이들의 사상은 다음과 같은 특징을 드러낸다.

첫째, 양명이 양지를 주로 도덕적 인식, 즉 소당연(所當然)의 내재적 법칙의 차원에서 문제를 삼았다고 한다면, 하곡은 한 걸음 더 나아가 그것의 근거인 소이연의 연고(緣故)로서 양지를 고찰한 것으로 보인다. 그 이유로는 그가 양지를 존재론적 특성이 강하게 풍기는 명덕과 성, 생리 등으로 말한 점을 들 수 있다.

둘째, 양명은 양지를 내 마음의 천리라고 하여 개별적 사물의 이

(理)의 포괄적인 내적 근거로 주장한 것에 비해, 하곡은 경험을 통해 빌려온 이(理)에 대한 추상적 지와는 달리 양지를 생리로 주장함으로써 양지의 능동성과 창조성을 강조한 것으로 보인다.

한편 하곡의 지행일체론(知行一體論)은 근본적으로 양명과 마찬가지로 심(心)을 떠나 이(理)가 없으며, 마음에 내재한 이(理)란 곧 양지(良知)라고 하는 데서 출발하고 있다. 그러나 몇 가지 점에서 양명과 차이가 있다. 양명의 지행합일론(知行合一論)은 주로 치지(致(良)知)와 성의(誠意)를 중심으로 설명되고 있는데, 이것은 주로 인식적 차원에서의 합일을 의미한다. 말하자면 인식주체의 지(知)와 개별적 사물의 이(理)의 구현, 즉 주체의 선천적 지와 그 구체적 실현으로서의 행위가 일치한다는 것을 의미한다고 하겠다. 그러나 하곡은 지행의 일체를 인식론적 관점에서 논의하기보다는 존재론적 관점에서 주장함으로써 지행일체가 인간주체의 특성임을 강조한다.

첫째, 그는 인간주체의 선천적인 본질적 특성으로서의 명덕(明德)은 천리(天理)의 지각과 실현의 능력으로서의 지(知)와 능(能)을 지니고 있다고 말한다. 그것은 맹자와 양명이 주장하는 양지(良知)·양능(良能)의 일체처(一體處)라 할 수 있다. 그는 또한 명덕이란 전체의 덕으로서의 인(仁)과 그 본체의 밝음으로서 양지(良知)를 그 내용으로 한다는 것이다. 명덕 자체가 지니는 밝음과 그 비추임의 작용이 지(知)와 행(行)으로 별개가 아니라는 의미이다.

둘째, 생리(生理)는 그 스스로 명각(明覺)하는 것이며, 동시에 네 가지 덕을 갖추고 있어 이것들을 두루 스스로 능히 구현한다는 것이다.

셋째, 심성의 본체로서의 양지와 그 작용 또는 구현[用]으로서의 사물의 이(理)는 분리될 수 없다는 것이다.

넷째, 양지의 체용(體用)을 불의 밝음과 비춤에 있어서의 밝음을 분별할 수 없다는 것에 비유함으로써 양지 자체에 행(行)이 포함되어 있음을 주장한다.

다섯째, 대본(大本)과 달도(達道), 명덕(明德)과 친민(親民), 지(知)와 행(行) 등은 체(體)와 용(用)의 관계로서 하나라는 것이다.

결국 지행일체는 인간존재의 본질에 속하는 것이다. 다만 현실의 인간은 기품과 사욕, 세속의 그릇된 습관으로 지행(知行)이 일체(一體)인 본체(本體)를 가리고 은폐시켜 온전한 지(知)에 이르지 못하고 있다. 따라서 일상생활 속에서 항상 다음과 같은 지와 행에 대한 철저한 주체적 사사과 진지한 실천적 노력이 요구된다.

첫째, 소극적으로는 사욕과 육신의 제약, 악습을 제거하는 노력이 필요하다. 이것은 곧 지행일체의 본체를 회복하는 것으로, 곧 심체의 지에 이르는 것이다. 그런데 하곡은 치지란 명덕의 공부로서 자신의 지에 만족하고 그 지를 속이지 않는 것일 뿐이라고 한다. 결국 치지는 선천적으로 어둡지 아니하고 그 천리의 밝은 것이 사물의 법칙이 되는 명덕을 밝히는 일이 되며, 그것은 곧 지행일체의 상태라는 것이다.

둘째, 그는 능히 측은히 여기고 수오하며 인민애물(仁民愛物)함으로써 치중화(致中和)하여 천지를 자리잡게 하고 만물을 기르는 것 등을 양지양능이라 하였다. 또한 그는 그처럼 치중화를 통해 천지를 자리잡게 하고 만물을 기르는 것이나, 만사의 근본이 되는 정심보다 더 근원적인 것, 그리고 천리(天理)와 사의(私意)를 밝히는 것, 나아가 천덕(天德)과 왕도(王道)의 효용을 넓히는 것이 모두 신독(愼獨)이라 하였다. 따라서 신독이야말로 지행일체를 이루는 요체가 된다는 것이다.

하곡은 지행일체의 회복에 관해서 양명이 사사(私邪)를 극복하고 성의(誠意)를 강조한 것과 달리 신독을 주장하고 신독을 정심(正心)과 치중화의 근본으로 말하였는데, 이는 지행일체의 요체가 치우침이나 얽매임, 편벽됨을 지양하고 중을 지킴에 있다고 보는 것이다. 즉 주관적 편견에 집착하거나 외적 성세(聲勢)에 좌우됨이 없이 주체 스스로가 아는 것을 속이지 않는 것이다. 이것은 편당이 극심했던 당시의 시대상에 대한 반성적 결과라고 볼 수 있을 것 같다. 특히 그는 지(知)를 객관적 물리의 모사(模寫)로 보기보다는 명각(明覺)의 생리(生理)로 말하고, 경상(經常)에 집착함으로써 권변(權變)이 있음을 알지 못하는 것을 교주조슬(膠柱調瑟)이라 하여 비판하였는데,58) 이는 그가 살았던 시기가 그 어느 때보다도 능동적이고 창조적인 지성이 요구되던 시대였기 때문이다.

---

58) 『霞谷集』, 卷1, 書1, 朴南溪書(庚申).

주 제

8

하곡철학의 위상과 특징

I. 하곡 철학의 위상(位相)

하곡(霞谷) 정제두(鄭齊斗, 1649~1736)의 철학에 대한 현대의 최초의 연구자는 아마도 위당(爲堂) 정인보(鄭寅普)일 것이다. 정인보는 주자학(朱子學) 이외는 이단사설(異端邪說)이나 사문난적(斯文亂賊)이라고 배척받던 조선시대에 드러내놓고 학파를 수립하지는 못했으나, 양명학(陽明學)을 홀로 마음으로 받아들이거나 혹은 평생을 혼자서 연구하였던 학자들이 있었다고 한다. 그는 조선의 양명학파를 세 부류로 구분하였다. 첫째 뚜렷한 저서가 있거나 언론(言論) 사이에 분명히 징거(徵據)할 만한 것이 있는 자, 둘째 양명을 비난한 말이 있으나 전후(前後)를 종합하여 살펴보면 양명학을 주장한 자, 셋째 양명학을 한 마디로 언급한 것이 없고 주자(朱子)를 존숭(尊崇)하고 있지만, 그 평생 주장의 핵심이 양명학임을 알 수 있는 자 등이라고 한다.[1]

정인보는 최명길(崔鳴吉), 장유(張維) 등과 함께 하곡을 첫째 부류의 양명학자로 분류하면서, '조선 양명학파의 대종(大宗)'이라고 한다. 그가 평생 저술한 것은 양명학을 체구(體究)한 학설로 책수(冊數)로 수십에 달하며, 종박(綜博)한 학설을 세워 왕문(王門) 제자 중 어느 누구도 미치지 못할 대저(大著)를 남기었다고 한다. 하곡은 어렸을 때

---

1) 정인보(홍이섭 해제), 『陽明學演論』(삼성문화재단, 1972년 7월 31일), 148-149쪽 참조. 이 저서는 1933년 동아일보에 연재했던 것으로 한국 근대 양명학연구의 효시(嚆矢)라고 할 수 있다.

주자학을 공부하였으나, 격물치지(格物致知)에 대한 주자의 해석이 이치에 맞지 않는 것 같아 정자(程子)와 주자(朱子)의 학설을 소급하여 여러 경전의 대지(大旨)를 깊이 연구하더니, 중년에 양명의 글을 얻어보고 깨달아, 이후로는 일생 학문을 이에 오로지 기울였다고 한다. 또한 정인보는 하곡을 '양명학의 집대성자'로 평가하였다. 그는 말하기를 "양명 이후 양명학파의 저술로 가장 종밀(綜密)하고 가장 절근(切近)하고 또 가장 상술(詳述) 세전(細傳)하여 심재(心齋: 王艮)의 직지(直指)함이 있으되 서산(緒山: 錢德洪)의 규구(規矩)를 겸하고, 용계(龍溪: 王畿)의 초오(超悟)함이 있으되 염암(念菴: 羅洪先)의 검핵(檢覈)을 합하기는 하곡이니 ……"라고 하였다. 또한 그는 하곡이 남긴 저술로서 존언(存言)은 양명의 전습록(傳習錄)과 같고, 서(書) 7권, 성학설(聖學說) 1권, 논어해(論語解) 1권, 대학설(大學說) 1권, 중용해(中庸解) 1권, 맹자설(孟子說) 1권이 모두 양명의 종지(宗旨)를 조술(祖述)한 것이라 한다.[2]

한편 윤남한(尹南漢)에 의하면 하곡은 '육왕학(陸王學)을 그의 성학(聖學) 안에서 포괄하고 융해하려던 것'이었다고 한다.[3] 윤남한(尹南漢)은 종래 하곡학(霞谷學)을 양명학적(陽明學的) 심성학(心性學)이나 양주음왕(陽朱陰王)이라고 칭하는 것은 하곡 학문의 전체적 규모를 포괄하는 개념이 되지 못한다고 한다. 또한 하곡학은 '정주학(程朱學)에서 양명학으로, 다시 정주학으로 변천된 역사적인 사상현상'이었으며 동시에 그의 생애의 삼변과정(三變過程)과 병행하면서 단계적으로 완결된 것이라고 한다. 하곡학의 1단계는 24세 이전까지 정주학

---

2) 정인보(홍이섭 해제), 『陽明學演論』(삼성문화재단, 1972년), 163-164쪽 참조.
3) 윤남한, 「霞谷學의 기본방향과 단계성」(『인문학연구』 2집, 중앙대 인문학연구소, 1974년)과 「朝鮮時代의 陽明學 研究」(중앙대학교 박사학위논문, 1974년) 등 참고.

을 공부하던 시기이며, 제2단계는 주로 양명학을 연구하던 시기로 이 가운데 24세부터 33세 사이에 하곡은 주자학에서 양명학으로 전화(轉化)하였으며, 안산에서 거주하던 시기(41세부터 61세)에는 오로지 양명학 연구에 전념하던 시기였다고 한다. 하곡학에 있어서의 강화(江華) 시기는 주왕학(朱王學)의 연계성(連繫性)과 정주학에의 회귀선상(回歸線上)에서 그의 학이 완결되던 때로서, 이는 세 방향에서 단계적으로 진행되었다고 한다. 강화로 이거한 후, 하곡은 60대에 심성학(心性學)을 체계화하고자 「심경집의(心經集義)」, 「정성서해(定性書解)」, 「통서해(通書解)」 등을 지었으며, 70대에는 경전연구에 치중하여 「경학집록(經學集錄)」을 지었다. 영조(英祖)에 의해 탕평책(蕩平策)이 추진되고 소론(少論)이 비호(庇護)되던 80대에는 정치에 관심을 갖고 경세학(經世學)에 역점을 두었다고 한다.

윤남한은 하곡학이 주왕학의 대립이 아닌 연계성 위에 있으며, 중층구조(重層構造)라고 하는 주장의 근거의 하나로, 하곡이 주자학을 배우기를 청하면 주자학을, 양명학을 원하는 자에게는 양명학을 가르쳐 주었다는 것이다. 또한 하곡 자신이 주자학을 옹호한 것이나, 양명학에 대해 불만을 드러낸 부분을 들고 있다. 즉 하곡은 양명학과 주자학이 지향하는 바가 같다고 보았으며, 주자학이 선(善)하지 않음이 없고, 양명의 치양지설(致良知說)의 폐(弊)는 임정종욕(任情縱欲)할 걱정[患]이 있다고 한 것을 들고 있다.4) 이 밖에도 그는 다음과 같은 구절들을 들고 있다. 영조(英祖) 10년(1734년)의 『실록』에 의하면, "하곡이 젊어서 양명의 설을 좋아했으나 선배와 친우들이 서신을 통하여 견책하여 마침내 정주학으로 돌아왔다."5)고 기록되어 있다. 영조 12년(1736년)

---

4) 『霞谷集』, 卷1, 書1, 上朴南溪書. 卷8, 存言 上과 卷9 存言 下 참고.
5) 『英祖實錄』, 卷40, 英祖10년 甲寅.

의 졸기(卒記)에는 "정제두는 젊어서는 왕양명의 학설을 좋아했었는데, 선배와 사우(士友)들이 서찰을 보내어 규책(規責)한 탓으로 마침내 정주(程朱)의 법문(法門)으로 돌아왔다."[6]는 기록이 있다.

한편 금장태(琴章泰)에 의하면 하곡은 심학(心學)의 이론을 사서(四書) 해석을 중심으로 심학적 경학(經學)을 정립하였는데, 이는 양명학에 대한 극심한 배척의 도학 정통적 환경 속에서 자신의 심학을 더욱 확고하게 정립하기 위한 방법으로 경학이 제시되었다고 한다.[7]

김용재(金容載)는 강화에서의 하곡의 저술활동은 양명의 경전에 대한 해설과 관점을 적지 않게 받아들이고 주자의 경전 주석 방법에 회의적 시각과 견해차를 나타냄으로써 양명학적 입장을 견지하였다고 한다.[8]

금장태, 김용재 등 두 학자의 논문은 하곡의 경학(經學)을 분석한 것으로, 하곡의 경전에 대해 주해가 주자보다는 양명의 학설에 가깝다는 것이다. 따라서 하곡은 여러 경전에 대한 연구를 통하여 이제까지 그가 배웠던 양명의 학설을 이론적으로 또는 경전으로 뒷받침하고자 하였다고 보아야 할 것이다. 그렇게 함으로써 양명학에 대한 자신의 신뢰를 더욱 확고하게 할 수 있고, 논적(論敵)들로부터 자신의 양명학적 심학을 변호할 수 있기 때문일 것이다.

하곡은 스승으로 섬기던 윤증(尹拯, 1629~1714)과 박세채(朴世采, 1631~1695) 그리고 교우(交友)하던 민언휘(閔彦暉), 최석정(崔錫鼎), 박심(朴鐔) 등과 34세 이후 54세 사이에 주고받은 서신에서 양명학에

---

6) 『英祖實錄』, 卷42, 英祖12년 8월 11일 壬申.
7) 금장태, 「하곡 정제두의 심학과 경학」(『종교학 연구』 제17집, 서울대종교학연구소, 1998년), 37-38쪽 참조.
8) 김용재, 「하곡 정제두의 사서 경설 연구」, 성균관대 박사학위논문, 2002년 2월, 44-45쪽 참조.

268 하곡 정제두의 사상

대한 지지 의사를 분명하게 하였다.9)

하곡이 74세 때인 1722년[景宗 2년]의 『실록(實錄)』은 "그 학술이 왕양명(王陽明)을 종주(宗主)로 삼았으므로 세상에서 이단(異端)이라 하여 허물로 여겼다."10)고 기록하고 있다. 또한 하곡이 78세이던 해[영조 2년, 1726년]의 기록에 의하면, 지평(持平) 이정박(李廷樸)이 계(啓)를 올리기를 "정제두는 정주(程·朱)의 학문에 전적으로 배치하였고 대략 육왕(陸·王)의 학설을 답습하였으며, 감히 말하기를 '육왕·정주가 비록 모두 대도(大道)에 들어왔다 할지라도 육왕의 학은 숭례문(崇禮門)과 같고 정주의 학문은 돈의문(敦義門)과 같다.'고 하였는데, 이는 대체로 육왕학을 정도(正道)로 삼고, 정주학을 방계(傍系)로 갈라놓은 것이라 하겠으니, 그가 배우지 못하여 무식하고 두뇌가 전적으로 어두운 것은 이와 같이 심합니다."11)라고 탄핵하였다. 뿐만 아니라 영조 11년(1735년)에는 사학(四學)의 유생들이 그의 이름을 게시하고 이를 먹으로 지워버린 사건까지 있었다.12)

한편 하곡이 젊어서 양명학을 좋아했으나 마침내 정주학(程朱學)으로 돌아왔다고 한 위의 역사적 기록들은, 이미 앞에서 본 또 다른 기록에서 하곡이 양명학을 종주(宗主)로 삼았으며, 육왕학(陸王學)을 정주학(程朱學)보다 정도(正道)로 삼았다고 이정박이 탄핵했다는 것과 대조해 볼 때, 하곡을 보호하기 위하여 기록한 것으로 보인다.

그러나 하곡철학의 위상을 가장 잘 드러내는 것은 그가 주장하는

---

9) 『霞谷集』, 卷1, 擬上朴南溪書(壬戌), 答朴南溪書(丁卯), 答尹明齋書(壬午).
10) 『景宗實錄』, 卷6, 景宗2년 3월 12일 丁酉.
11) 『英祖實錄』, 卷10, 英祖2년 7월 18일 乙酉: 祭酒鄭齊斗 全背程朱之學 粗襲陸王之說 乃敢曰陸王程朱 雖可謂偕入於大道 而陸王之學如崇禮門 程朱之學如敦義門 此蓋以陸王爲正道 程朱爲旁歧也. 『承政院日記』, 英祖2년, 7월 16일. 『霞谷集』, 卷10, 年譜, 英祖2년 참고.
12) 『英祖實錄』, 卷40, 英祖11년 11월 16일 辛亥.

학설의 근본취지라고 할 수 있으며, 또한 그 학설의 중심을 이루는 명제와 개념들이라고 하겠다. 하곡은 양명학의 핵심명제인 '심즉리(心卽理)'·'지행합일(知行合一)'·'치양지(致良知)'·'천지만물일체(天地萬物一體)' 등을 정확히 이해하고 전적으로 수용하였을 뿐만 아니라, 여러 경전에 대한 연구를 통해 이를 뒷받침하였다고 하겠다. 또한 하곡은 왕양명이 존숭하던 주렴계(周濂溪)와 정명도(程明道)의 학설을 흠모하여 이들의 사상을 취하였으며, 양명학의 핵심개념인 성의(誠意)·양지(良知)·인(仁)·천리(天理) 등을 수용하여, 성(誠)·중(中)·양지(良知)·생리(生理)·진리(眞理)·신독(愼獨)·실심(實心)·실리(實理)·실행(實行) 등을 강조하였다.

Ⅱ. 하곡 철학의 특징

'철학(philosophy)'이라는 용어는 '사랑하다'라는 의미를 지닌 philein과 '지식' 또는 '지혜'를 의미하는 sophia라는 그리스어의 합성어로 지식 또는 지혜를 사랑하는 활동을 지칭한다. 다시 말해서 철학이란 참다운 지식, 즉 진리를 얻고자 하는 지적(知的)인 활동이다.

하곡(霞谷) 정제두(鄭齊斗)는 폐쇄적이고 위협적인 학문적 풍토 속에서 외롭게 그리고 죽음을 무릅쓰고 오로지 참다운 도(道)와 의리(義理), 즉 진리를 얻기 위해 헌신했던 '전형적인 철학자'였다. 진리를 얻기 위하여 하곡은 철학의 출발을 자신의 명성(名聲)과 권세(權勢)를 위한 일체의 거짓과 꾸밈[虛假]이나 집착[先入見과 偏見] 등을 타파하는 일로 삼았다. 하곡은 "학(學)을 허론(虛論)에서 구할 것이 아니라 일점(一點) 천량(天良)의 속일 수 없는 이 한 자리로부터 선악(善惡)의 변파(辨破)를 관두(關頭)로 하여 나가지 아니하고는 진학문(眞學問)을 바랄 수 없다."13)고 하였다.

하곡의 철학은 '심학(心學)'으로 특징지어진다. 하곡은 유학(儒學) 또는 성학(聖學)을 심학(心學)으로 규정한다. 하곡이 추구하였던 심학이란 도(道)와 의리(義理)를 밖에서 구하지 않고 안, 즉 마음에서 구한다는 것이다. 이것은 진리가 객관적 사물이나 사람들에게서 획득될 수 있는 것이 아니라, 자신의 마음에 있다고 하는 것이다. 하곡은 "이(理)가 심외(心外)에 존재한다면 이는 허조(虛條)요, 실리(實理)가 아니다."14)라고 한다. 따라서 하곡은 진리란 외적 사물로부터 경험적으로 학습되는 것이 아니며, 또한 세상 사람들이 옳다고 주장하는 것도 아니라는 것이다. 자신의 마음이 옳다고 하는 것, 그 마음이 만족해하는 것이라고 한다.

또한 하곡의 철학을 특징지어 '실학(實學)'이라는 말로 표현한다. 하곡의 제자들은 마음속의 실리(實理)에 대한 참된 지[眞知]로써 진실한 행동[實行]을 하는 것이 실학인데, 하곡 선생의 실심(實心)과 실학(實學)은 한 세상의 유종(儒宗: 선비들 가운데 으뜸)이었다고 한다.15) 또한 "선생의 도(道)는 상하가 밝고 투철하였으니[昭徹], 오로지 하나의 실(實) 자는 숨기고 없앨 수 없었다[不可微滅]. 진실한 충성[實忠], 진실한 효도[實孝], 진실한 치지[實致], 진실한 격물[實格]을 하였으며, 말에 과장이나 위엄[夸嚴]이 없고, 행실에 거짓이나 꾸

---

13) 정인보(홍이섭 해제), 『陽明學演論』(삼성문화재단, 1972년 7월 31일), 165쪽.
14) 정인보(홍이섭 해제), 『陽明學演論』(삼성문화재단, 1972년 7월 31일), 169쪽.
15) 『霞谷集』, 卷11, 請設書院儒疏 再疏.

믿[僞飾]이 없었다. …… 이것을 일러 심학(心學)이라 한다."16)고 한다. 따라서 하곡은 진실한 마음[實心]으로 참다운 이치[實理]를 실행(實行)했던 사람이었으며, 이러한 하곡의 철학을 실심(實心)으로 실리(實理)를 실행(實行)하고자 한 실학(實學) 또는 심학(心學)이라고 하는 것이다.

하곡은 실학 또는 심학이 구현하고자 하는 실심(實心)·실리(實理) 또는 본연(本然)의 마음, 마음의 본체(本體)란 명덕(明德)이며, 생리(生理)요 진리(眞理)라고 한다. 양명은 마음의 본체를 무수한 사물의 이치의 근원으로서 천리(天理)라고 주장하였는데, 하곡은 이러한 마음의 천리를 이기일체(理氣一體)의 생리, 진리라고 하여 중단 없이 생명을 낳는 이치요 그릇됨이 없는 이치라고 한다. 그 이유는 마음의 이치 스스로가 밝으며 마음은 그 이치를 자각하고 두루 통달하는 기능을 지니고 있기 때문이다. 하곡은 이러한 마음의 본체 또는 마음의 실리(實理)를 성(誠), 중(中), 인(仁), 양지(良知)라고 한다. 하곡이 주장하는 인심(人心)의 생리(生理) 또는 진리(眞理)란 생리 가운데에서 지극히 순수하고 한결같으며[至純至一], 치우침이 없는 중(中)으로, 영통묘용(靈通妙用)하여 만 가지 이치의 주재(主宰)가 된다는 것이다. 따라서 하곡은 무한히 생명을 창조하고, 자신과 만물을 막힘없이 감응하고 소통[感通]하게 하는 주체가 인간의 마음이라고 하는 것이다.

하곡은 이 세계를 부단히 창조적인 활동을 하며, 서로 영향을 주고받는 무수한 개체들로 구성되어 있는 하나의 유기적(有機的) 통일체(統一體)로 인식하였다. 이 세계를 이루고 있는 만물이 일체(一體)라고 하는 것은 각 개체의 성(性)·도(道)·이(理)·기(氣)가 근원적으로 동일하기 때문이라고 한다. 그는 민성재(閔誠齋)에게 보낸 이른바

---

16) 『霞谷集』, 卷11, 祭文, 盧述等.

「양지도(良知圖)」에서, 하나의 유기체로서 이 세계의 중심에 인심(人心)의 본연(本然)이며 양지(良知)의 체(體)인 심지성(心之性)을 위치시키고 있으며, 바로 외곽에 인심의 발(發)이며 양지의 용(用)인 심지정(心之情)을 위치시키고, 바깥 원에는 만물과 천지를 배치시키고 있다. 따라서 하곡은 천지만물이 본래 일체(一體)임을 자각하고 구현할 수 있는 것은 인심(人心)이라고 하는 것이며, 그것을 마음의 성정(性情)과 양지(良知)의 체용(體用)으로 설명한 것이다. 따라서 하곡은 인심의 본체로서 성(性)이나 양지의 본체를 고정, 불변하는 것으로 보지 않고, 무수한 사물과 감통하며 만물의 창조적 활동을 돕는 것으로 보았다고 하겠다.

하곡은 "선악(善惡)이 원래 정형(定形)이 있는 것이 아니다."[17]라고 하여, 사물마다 일정한 이치[理]가 있다거나 사물마다 일정하게 선(善) 또는 악(惡)으로 말할 수 있다는 주장에 반대한다. 따라서 하곡은 사물의 선악(善惡)이나 행위의 시비(是非)에 대한 불변하는 객관적 기준은 없으며, 대상과 상황에 따라 마음의 본체이며 천리(天理)인 양지(良知)가 개별적 이치를 구현한다는 것이다. 따라서 하곡은 도덕적 삶과 행위란 객관적 규범을 충실히 지키는 것이 아니라, 선악시비에 대한 선천적 판단력과 창의적 구현능력인 양지(良知)에 따르는 것이라고 한다. 이러한 하곡의 철학은 도덕과 삶의 주체로서 인간의 자율성과 창의성을 드높이고, 철저한 자기성찰과 자기극복을 통해 진정한 자아의 실현을 목표로 하였다고 하겠다. 그래서 그는 학문의 근본으로 성의(誠意)와 정심(正心), 특히 신독(愼獨)을 중시하였다. 양명이 치양지(致良知)의 핵심을 성의(誠意)로 주장하였으나, 하곡은 성의(誠意) 외에 성(誠)과 중(中)을 말하며, 더 나아가 신독(愼獨)을 주장한다.

---

17) 정인보(홍이섭 해제), 『陽明學演論』(삼성문화재단, 1972년 7월 31일), 168쪽.

　하곡은 지(知)와 행(行)을 일체(一體)로 보았다. 양지(良知)의 본체[體]와 작용[用], 명덕(明德)과 친민(親民)이 하나이듯이 지와 행은 하나라는 것이다. 또한 치지(致知)와 솔성(率性)이 곧 지행(知行)이 하나인 상태라고 한다. 양명이 지행합일(知行合一)을 의(意)를 매개로 하여 지행(知行)이 하나가 된다고 한 주장과 달리, 체(體) 가운데 용(用)이 있으며 용(用) 가운데 체(體)가 있으니 체용(體用)은 하나라는 논리로부터 체(體)로서 지(知)와 용(用)으로서 행(行)은 하나라고 한다. 하곡에게 있어서 지행합일(知行合一)이란 당위(當爲), 즉 인간의 의무가 아니라 인간 본연의 존재의 무슴이라고 히는 깃이다.

　한편 하곡은 정치사상 및 사회개혁에 있어서 실질(實質)과 실효(實效)를 중시하는 실용주의(實用主義)를 지지하는 온건한 개혁파에 속하는 인물이라고 볼 수 있다. 개혁의 궁극적 목표는 나라를 이롭게 하고 백성을 편안하게 하여, 모든 백성이 서로를 한몸[一體]으로 삼는 사회를 이루는 것이다. 그는 사대부 중심의 사회개혁을 옹호하던 기존의 주자학과 달리, 왕권을 중심으로 하는 개혁을 주장하였다. 하곡은 정치의 기본원리로 통치자의 도덕성, 즉 진실성[誠]과 공평무사성[中正], 인애(仁愛) 등을 함양하고 이를 구현하며, 명분과 실질[名實]을 일치시키며, 언로(言路)를 두루 개방하고, 만민평등(萬民平等)의 원칙 아래 널리 인재를 등용하며, 놀고먹는 자가 없는 만민개로(萬民皆勞)의 사회를 실현하는 것 등이었다.

| 참고문헌 |

〈단행본〉

● 金吉煥, 『韓國陽明學研究』, 一志社, 1981년 11월.
● 尹南漢, 『朝鮮時代의 양명학 연구』, 集文堂, 1982년 9월.
● 劉明鍾, 『한국의 양명학』, 同和出版社, 1983년 2월.
● 金吉洛, 『象山學과 陽明學』, 예문서원, 1995년 3월.
● 金敎斌, 『양명학자 鄭齊斗의 철하사상』, 한길사, 1995년 7월.
● 정차근, 『동양정치사상 - 한국양명사상의 전개』, 평민사, 1996년 9월.
● 최재목, 『동아시아의 양명학』, 예문서원, 1996년 10월.
● 朴連洙, 『양명학의 이해 - 양명학과 한국양명학』, 집문당, 1999년 9월.
● 金敎斌 편저, 『하곡 정제두』, 예문서원, 2005년 6월.
● 鄭仁在 · 黃俊傑 편, 『韓國江華陽明學 研究論集』, 臺灣大學出版中心,
　　　　2005년 9월.

〈박사학위 논문〉

● 윤남한, 「朝鮮時代의 陽明學 研究」, 중앙대학교, 1974년.
● 정차근, 「陽明思想對朝鮮政治思想之影響」, 대만 국립정치대, 1989년 2월.
● 박연수, 「霞谷 鄭齊斗의 思想에 있어서 人間理解에 관한 研究」, 성균대
　　　　학교, 1990년 8월.
● 김교빈, 「霞谷哲學思想에 關한 研究 - 存在論 · 人性論 · 社會意識에 대한
　　　　구조적 이해를 중심으로」, 성균관대학교, 1992년 8월.
● 송석준, 「한국 양명학과 실학 및 천주교와의 사상적 연관성에 관한 연구」,
　　　　성균관대학교, 1993년 2월.
● 전택원, 「하곡 정제두의 심체에 관한 연구」, 고려대학교, 1995년 8월.
● 傅濟功, 「霞谷哲學 研究」, 성균관대학교, 1997년 2월.

- 김용재, 「하곡 정제두의 四書 경설 연구」, 성균관대학교, 2002년 2월.
- 이상호, 「정제두 양명학의 양명우파적 특징」, 계명대학교, 2004년 8월.
- 민혜진, 「정제두의 誠 사상에 관한 연구」, 부산대학교, 2005년.

〈석사학위 논문〉

- 유철호, 「鄭霞谷의 哲學思想 硏究」, 성균관대학교, 1977년 2월.
- 송석준, 「한국 양명학파의 경학사상에 관한 연구」, 성균관대학교, 1979년 2월.
- 賓茂植, 「조선조 양명학에 있어서 강화학파 형성에 관한 연구」, 인하대학교, 1981년.
- 김종석, 「霞谷 鄭齊斗의 思想 硏究 - 畿湖學派의 主氣論과 關聯하여」, 한국정신문화연구원, 1985년 2월.
- 김재구, 「霞谷 鄭齊斗의 良知論硏究」, 동아대학교, 1985년 2월.
- 傅濟功, 「한국 근대사상과 양명학」, 성균관대학교, 1986년 2월.
- 정덕희, 「陽明學對韓國的影響」, 대만 사범대학교, 1986년.
- 민혜진, 「霞谷 鄭齊斗 思想의 背景과 性格에 관한 硏究」, 부산대, 1992년.
- 정재훈, 「霞谷 鄭齊斗의 陽明學 受容과 經世思想」, 서울대학교, 1992년.
- 박성호, 「霞谷 鄭齊斗의 理氣論과 心性論」, 한국정신문화연구원, 1992년.
- 박철홍, 「霞谷 鄭齊斗의 心性論에 關한 硏究」, 동국대학교, 1993년.
- 강문자, 「霞谷 鄭齊斗의 倫理思想 硏究」, 중앙대학교, 1993년.
- 이종태, 「鄭齊斗의 論語孟子說에 대한 연구」, 고려대학교, 1994년.
- 김지근, 「霞谷 鄭齊斗의 陽明學 硏究」, 원광대학교, 1994년.
- 임홍태, 「霞谷 理氣心性論의 體用的 構造 - '存言' 三篇을 中心으로」, 성균관대학교, 1995년.
- 정두영, 「18세기 군민일체사상의 구조와 성격 - 하곡 정제두의 양명학적 정치사상을 중심으로」, 연세대학교, 1997년.
- 이영일, 「율곡 이이와 하곡 정제두의 신체관 비교 연구」, 단국대학교, 1999년.
- 김지현, 「하곡 정제두의 한시연구」, 광운대학교, 2000년.

• 김윤경, 「하곡 정제두의 인식이론에 관한 연구」, 성균관대학교, 2002년.
• 강지은, 「하곡 정제두의 맹자설 연구」, 고려대학교, 2003년.
• 송태인, 「하곡 정제두의 격물치지설에 관한 연구」, 성균관대학교, 2003년.
• 김유미, 「정제두의 생애와 경세사상」, 전남대교육대학원, 2006년.

〈일반 논문〉

• 정인보, 「朝鮮陽明學派」, 『陽明學演論』, 동아일보 연재, 1933년.
• 이능화, 「朝鮮儒界之陽明學派」, 『靑丘學叢』 25호, 1936년.
• 高橋亨(다카하시 도오루), 「朝鮮의 陽明學派」, 『朝鮮學報』 4집, 일본조
        신사언구회, 1953년.
• 정인보, 「古書解題 - 霞谷全書」, 『澹園國學散藁』 所收, 1955년.
• 유승국, 「鄭齊斗 - 陽明學의 泰斗」, 『韓國의 人間像』 제4권 〈학자편〉,
        신구문화사, 1965년 5월.
• 유승국, 「霞谷集」 『한국의 고전백선』, 신동아 1969년 1월호 부록.
• 이상은, 「하곡집 해제」, 『국역 하곡집』 제1집, 민족문화추진회刊, 1971년.
• 유승국, 「霞谷集 解題」, 『한국 고전에의 초대』, 독서출판사, 1972년 5월.
• 이돈령, 「鄭齊斗 - 아웃사이더의 韓國思想」, 『문학사상』 2월호, 1973년 2월.
• 윤남한, 「하곡집 해제」, 『국역 하곡집』 2집, 민족문화추진회刊, 1973년 12월.
• 유승국, 「陽明學의 探索 - 鄭齊斗」, 『朝鮮의 儒學者 8人』, 청구문고15,
        청구문화사, 1974년 4월.
• 윤남한, 「霞谷學의 기본방향과 단계성」, 『인문학연구』 2집, 중앙대인문
        학연구소, 1974년.
• 윤남한, 「霞谷 鄭齊斗論」, 『實學論叢』, 전남대호남문화연구소, 전남대
        출판부, 1975년 12월.
• 유철호, 「霞谷 鄭齊斗의 人心道心說과 四端七情說」, 『首善學報』 2집, 성
        균관대 대학원학생회, 1977년 8월.
• 蔡茂松, 「韓儒鄭霞谷研究」, 『歷史學報』 5, 中華民國 成功大學, 1978년.
• 유명종, 「霞谷 鄭齊斗의 朝鮮陽明學派樹立」, 『한국철학연구』 9집, 해동

　　철학회, 1979년 5월.

● 유명종, 「江華學派의 陽明學 傳統」, 『철학연구』 29집, 한국철학연구회, 1980년 5월.

● 松田弘(마쓰다 히로시), 「朝鮮朝 陽明學의 特質과 그 理論構造 - 鄭霞谷 思想과 陽明學과의 비교에 의한 檢證」, 『한국학보』 25집, 일지사, 1981년.

● 김순임, 「霞谷哲學硏究」, 『韓國宗敎』 8, 원광대 종교문제연구소, 1983년.

● 유승국, 「霞谷哲學의 陽明學的 理解」, 『東洋哲學硏究』, 근역서제, 1983년 12월.

● 윤남한, 「鄭齊斗의 陽明學」, 『한국의 사상』 열음사상총서 Ⅰ, 열음사, 1984년 9월.

● 양태호, 「霞谷의 理氣觀」, 『東西哲學硏究』 2호, 한국동서철학회, 1985년 6월.

● 이해영, 「霞谷 鄭齊斗 哲學의 陽明學的 展開」, 『동양철학연구』 6집, 동양철학연구회, 1985년.

● 금장태, 「心學(陽明學)의 역할과 江華學派의 성립」, 『한국종교사상사 - 유교・기독교 편』, 연세대출판부, 1986년 8월.

● 박연수, 「하곡 정제두의 학문관」, 『육사논문집』 33집, 육군사관학교, 1987년 12월.

● 이해영, 「霞谷 鄭齊斗 哲學의 陽明學的 展開」, 『朝鮮朝 儒學思想의 探究』, 여강출판사, 1988년 3월.

● 박경안, 「하곡 정제두의 경세론 - [하곡집] 중 「차록」에 대한 고찰」, 『학림』 10, 연세대학교 사학연구회, 1988. 3.

● 박연수, 「하곡 정제두의 세계관」, 『육사논문집』 35집, 육군사관학교, 1988년 12월.

● 김교빈, 「霞谷哲學의 構造的 硏究1 - 理氣問題를 중심으로」, 『인문논총』 8, 호서대학교, 1989년 12월.

● 황의동, 「鄭齊斗의 陽明思想」, 『韓國思想』, 청주대 출판부, 1990년 1월.

● 김교빈, 「霞谷哲學의 構造的 理解2 - 心性論을 중심으로」, 『인문논총』 9, 호서대학교, 1990년 12월.

- 김교빈, 「霞谷哲學의 構造的 理解3 – 認識과 實踐問題를 중심으로」, 『인문논총』 10, 호서대학교, 1991년 12월.
- 박연수, 「霞谷 鄭齊斗의 知行一體觀」, 『韓國思想史: 釋山韓鐘萬박사회갑기념논문집』, 원광대출판국, 1991년 6월.
- 김길락, 「하곡(霞谷)의 철학사상」, 『自然과 人間 그리고 社會: 中天 金忠烈 선생 회갑기념논문집』, 형설출판사, 1992년 2월.
- 김낙진, 「하곡(霞谷) '중용설'(中庸說)에 대한 이해」, 『自然과 人間 그리고 社會: 中天 金忠烈 선생 회갑기념논문집』, 형설출판사, 1992년 2월.
- 김길락, 「하곡(霞谷)의 철학사상」, 『동양의 자연과 종교의 이해』, 형설출판사, 1992년 2월.
- 김낙진, 「하곡(霞谷) '중용설'(中庸說)에 대한 이해」, 『동양의 자연과종교의 이해』, 형설출판사, 1992년 2월.
- 朱七星, 「朝鮮朝 陽明學과 鄭齊斗」, 『儒敎思想硏究』 권4, 1호, 한국유교학회, 1992년 7월.
- 박홍식, 「陽明의 良知說과 霞谷의 生理說 比較硏究」, 『儒敎思想硏究』 4–5집, 유교학회, 1992년 7월.
- 유철호, 「周海門의 心體無善無惡論 – 鄭霞谷의 心體無善無惡論에 관한 연원적 고찰」, 『東方哲學思想硏究』(道原 柳承國 박사 古稀기념논문집), 동방문화연구원, 1992년 8월.
- 박연수, 「霞谷 鄭齊斗의 人間主體性 理論에 대한 硏究」, 『東方哲學思想硏究』(道原 柳承國 박사 古稀기념논문집), 동방문화연구원, 1992년 8월.
- 윤사순, 「鄭齊斗 陽明學의 硏究」, 『한국학연구』 4집, 고려대학교 한국학연구소, 1992년 12월.
- 김길락, 「霞谷의 心性論 硏究」, 『易과 哲學: 觀中柳南相선생정년퇴임기념논총』, 관중유남상선생정년퇴임기념논총간행위, 1993년 2월.
- 김교빈, 「霞谷 理氣論의 構造에 관한 硏究」, 『儒敎思想硏究』 6집, 유교학회, 1993년 6월.
- 정재훈, 「霞谷 鄭齊斗의 陽明學 受容과 經世思想」, 『韓國史論』 29집, 서울대 국사학과, 1993년 6월.

● 최재목, 「동아시아에 있어서 陽明學의 한 展開樣相 – 鄭霞谷과 中江藤樹의 '致良知' 해석을 중심으로」, 『철학논총』 9집, 영남철학회, 1993년 9월.

● 이해영, 「霞谷 鄭齊斗의 中庸 理解」, 『退溪學』 5집, 안동대 퇴계학연구소, 1993. 12.

● 강문자, 「霞谷 鄭齊斗의 倫理思想 硏究」, 『교육논총』 11, 중앙대학교, 1994년 6월.

● 최재목, 「양명학의 한국적 변용 – 하곡(霞谷) 양명학 사상의 동아시아적 위치」, 『철학논총』 10집, 영남철학회, 1994년 9월.

● 김길락, 「조선후기 陽明學에 있어서의 근대정신」, 『東洋學』 24집, 단국대학교부설 동양학연구소, 1994년 10월.

● 박홍식, 「鄭霞谷의 陽明學과 知」, 『東洋哲學』 5집, 한국동양철학회, 1994년 12월.

● 이종태, 「霞谷의 四端七情에 대한 論究 – 「孟子說」을 중심으로」, 『공군사관학교 논문집』 36, 1995년 7월.

● 朱七星, 「朝鮮陽明學派와 그 代表 鄭齊斗에 關하여」, 『儒學硏究』 3집, 충남대 유학연구소, 1995년 12월.

● 정인재, 「鄭霞谷의 良知說」, 『儒學硏究』 3집, 충남대 유학연구소, 1995년 12월.

● 최재목, 「霞谷 陽明學의 特質에 대한 비교론적 조명」, 『儒學硏究』 3집, 충남대 유학연구소, 1995년 12월.

● 김길락, 「정제두의 철학 사상과 그 현대적 조명」, 『기호학파의 철학사상』, 예문서원, 충남대 유학연구소편저, 1995년 12월.

● 김교빈, 「대학설을 통해 본 하곡 정제두의 경학사상」, 『제5회 동양학국제학술회의 논문집』, 대동문화연구원, 1995년 12월.

● 박광용, 「강화학파의 인물과 사상」, 『황해문화』 10집, 새얼문화재단, 1996년 3월.

● 김교빈, 「하곡 정제두」, 『韓國人物儒學史[3]』, 한길사, 1996년 6월.

● 김교빈, 「실심으로 살아간 양명학자들 – 강화학파」, 『조선 유학의 학파

들』, 한국사상사연구회 편저, 예문서원, 1996년 12월.

● 정두영, 「18세기 '君民一體' 思想의 구조와 성격 – 하곡 정제두의 경학과 정치운영론을 중심으로」, 『조선시대사학보』 5, 조선시대사학회, 1998년 6월.

● 금장태, 「霞谷 鄭齊斗의 心學과 經學」, 『종교학연구』 17집, 서울대 종교학연구회, 1998년 10월.

● 김성태, 「鄭齊斗 철학사상을 통해서 본 조선양명학의 위상」, 『대동철학』 1집, 대동철학회, 1998년 10월.

● 김용재, 「霞谷의 良知論에 대한 考察」, 『儒敎思想硏究』 10집, 한국유교학회, 1998년 11월.

● 유철호, 「정하곡의 치양지설」, 『한국사상과 문화』 2집, 한국사상문화학회, 1998년.

● 김교빈, 「霞谷 鄭齊斗의 道德 主體와 道德的 自然 理解」, 『東洋哲學의 자연과 인간』, 尙虛安炳周敎授停年紀念論文集 Ⅱ, 아세아문화사, 1998년 11월.

● 송석준, 「하곡 정제두의 학문세계와 생명사상」, 『누리와 말씀』 5호, 인천가톨릭대, 1999년 6월.

● 김교빈, 「조선후기 주자학과 양명학의 논쟁 – 정제두와 박세채, 윤증, 민이승, 박심, 최석정의 논쟁을 중심으로」, 『시대와 철학』 19호, 한국철학사상연구회, 1999년 12월.

● 유철호, 「霞谷 鄭齊斗의 『大學說』에 관한 고찰」, 『陽明學』 5호, 한국양명학회, 2001년 2월.

● 최일범, 「하곡 정제두의 이기론에 대한 연구(Ⅰ)」, 『儒敎思想硏究』 15집, 韓國儒敎學會, 2001년 6월.

● 심경호, 「강화학의 虛假批判論」, 『大同漢文學』 제14집, 대동한문학회, 2001년 6월.

● 송석준, 「한국 양명학의 형성과 정제두」, 『陽明學』 6호, 한국양명학회, 2001년 8월.

● 박연수, 「霞谷 鄭齊斗의 人間觀: 인간의 본질적 특성과 기능」, 『陽明學』

6호, 한국양명학회, 2001년 8월.

● 최재목, 「하곡 정제두의 자연학에 대한 예비적 고찰」, 『陽明學』 6호, 한국양명학회, 2001년 8월.

● 이상호, 「강화학파의 實心論」, 『철학』 69집, 한국철학회, 2001년 겨울.

● 김준석, 「조선후기 탕평정치와 양명학 정치사상 − 정제두의 양명학과 탕평정치론」, 『동방학지』 116권, 연세대 국학연구원, 2002년.

● 최일범, 「하곡 정제두의 공부론에 관한 연구」, 『동양철학연구』 30집, 동양철학연구회, 2002년 9월.

● 박원재, 「하곡 정제두의 [중용] 해석의 특징: 하곡의 사상적 경향성과 관련하여」, 『국학연구』 1호, 한국국학진흥원, 2002년 가을 · 겨울.

● 채광식, 「霞谷書堂 史蹟 考」, 『상주문화연구』 제3집, 상주대학교 상주문화연구소, 2003년.

● 유철호, 「정하곡의 심즉리설」, 『한국사상과 문화』 제20집, 한국사상문화학회, 2003년 6월.

● 김용재, 「하곡 정제두의 心善 · 性善의 合一 논증」, 『陽明學』 10호, 한국양명학회, 2003년 8월.

● 유철호, 「霞谷 鄭齊斗의 陽明學的 [中庸] 이해」, 『한국철학논집』 13집, 한국철학사연구회, 2003년 9월.

● 임선영, 「하곡 정제두의 양명학적 [중용] 이해」, 『한국철학논집』 제13집, 한국철학사연구회, 2003년 9월.

● 정재환 · 이영일, 「하곡 정제두의 신체사상 연구」, 『한국체육학회지』 제43권 1호, 한국체육학회, 2004년 1월.

● 최일범, 「하곡 정제두의 이기설에 관한 연구(Ⅱ)」, 『東洋哲學硏究』 36집, 東洋哲學硏究會, 2004년 2월.

● 이상훈, 「霞谷 鄭齊斗 사상 속의 양명학적 사유와 특성 − 심성설과 생리설을 중심으로」, 『동양학』, 단국대동양학연구소, 2004년 2월.

● 민혜진, 「하곡 정제두의 중용설 연구: 誠을 중심으로」, 『대동철학』 제25집, 대동철학회, 2004년 3월.

● 민혜진, 「鄭齊斗의 大學說과 그 一體的 지향」, 『철학논총』 36집, 새한철

학회, 2004년 4월.

● 윤종영, 「강화학파의 발자취를 찾아서(下)」, 『문명연지』 제5권 제2호, 한국문명학회, 2004년 5월.

● 김용재, 「하곡 정제두의 체용론 분석: [양지체용도]를 중심으로」, 『동양철학연구』 제40집, 동양철학연구회, 2004년 12월.

● 이상호, 「정제두 양명학의 朱王和會的 특징」, 『동양철학연구』 제40집, 동양철학연구회, 2004년 12월.

● 홍상훈, 「선비정신의 정화로서 강화학」, 『인천역사』 제2호, 인천광역시 역사자료관 역사문화연구실, 2005년.

● 이연세, 「하곡 정제두의 학문과 사상」, 『인천역사』 제2호, 인천광역시역 사사료관 역사문화연구실, 2005년.

● 최재목, 「동아시아에서 하곡 정제두의 양명학이 갖는 의미」, 『양명학』 제13호, 한국양명학회, 2005년 2월.

● 이상호, 「정제두 철학의 양명우파적 특징」, 『양명학』 제13호, 한국양명 학회, 2005년 2월.

● 吳震, 「鄭齊斗思想緒論」, 『양명학』 제13호, 한국양명학회, 2005년 2월.

● 黃俊傑, 「從東亞儒學視域論鄭齊斗對孟子」, 『양명학』 제13호, 한국양명학 회, 2005년 2월.

● 박연수, 「하곡 정제두의 도덕철학」, 『양명학』 제13호, 한국양명학회, 2005년 2월.

● 南相鎬, 「하곡 정제두의 中極論」, 『양명학』 제13호, 한국양명학회, 2005 년 2월.

● 최일범, 「하곡의 退溪 비판에 나타난 工夫論에 대한 연구」, 『양명학』 제 13호, 한국양명학회, 2005년 2월.

● Lloyd Sciban, Chung Chedu's commentary on the Great Learning, 『양명학』 제13호, 한국양명학회, 2005년 2월.

● 한정길, 「하곡 정제두의 朱子學 반성과 心本體論」, 『한국실학연구』 제9 호, 民昌社, 2005년 6월.

● 楊祖漢, 「鄭霞谷對王陽明哲學的理解」, 『양명학』 제14호, 한국양명학회,

2005년 7월.

● Lee Cheuk Yin, Exemplifying the Virtue of Substance and Function: Chung Chedu's View's on the Great Learning, 『양명학』 제14호, 한국양명학회, 2005년 7월.

● 임홍태, 「하곡 정제두의 人物性異說 연구 – 知覺說을 중심으로」, 『한국철학논집』 제17집, 한국철학사연구회, 2005년 9월.

● 이경룡, 「17세기 後陽明學과 하곡학의 정립」, 『양명학』 제15호, 한국양명학회, 2005년 12월.

● 천병돈, 「정명도 정성서에 대한 하곡의 이해」, 『양명학』 제15호, 한국양명학회, 2005년 12월.

● 이상호, 「정인보 實心論의 양명좌파적 특징」, 『양명학』 제15호, 한국양명학회, 2005년 12월.

● 김연재, 「정제두의 易圖觀에 나타난 본체론적 사유방식: 선후천도설을 중심으로」, 『양명학』 제15호, 한국양명학회, 2005년 12월.

● 최재목, 「하곡 정제두의 '치양지설의 폐' 비판에 관한 재검토」, 『양명학』 제15호, 한국양명학회, 2005년 12월.

● 민혜진, 「정제두 사상에 나타난 誠 개념의 의의」, 『대동철학』 제34집, 대동철학회, 2006년 3월.

● 최재목 · 이상훈, 「'강화 양명학' 연구를 위한 기초자료 정리」, 『양명학』 제16호, 한국양명학회, 2006년 7월.

● 박연수, 「강화 하곡학파의 實心 · 實學」, 『양명학』 제16호, 한국양명학회, 2006년 7월.

● 조남호, 「정제두의 황극론 고찰」, 『양명학』 제16호, 한국양명학회, 2006년 7월.

● 박연수, 「사회적 분열과 갈등의 양명학적 해소」, 『양명학』 제17호, 한국양명학회, 2006년 12월.

● 林月惠, 「鄭霞谷對陽明'知行合一'說的理解」, 『양명학』 제17호, 한국양명학회, 2006년 12월.

● 李明輝, 「鄭霞谷對四端七情的詮釋」, 『양명학』 제17호, 한국양명학회,

2006년 12월.

● 김연재, 「心經集義에 나타난 鄭齊斗 心學의 성격 및 특징」, 『양명학』 제17호, 한국양명학회, 2006년 12월.

● 장병한, 「하곡 정제두와 백운 심대윤의 경학 비교」, 『양명학』 제18호, 한국양명학회, 2007년 7월.

● 천병돈, 「하곡 역학의 특징」, 『양명학』 제18호, 한국양명학회, 2007년 7월.

● 최재목, 「하곡 정제두의 양명학 사상과 동아시아 근대사상」, 『인천학연구』 7호, 인천대학교 인천학연구원, 2007년 8월.

● 박연수, 「강화 하곡학파의 근대적 성향」, 『인천학연구』 7호, 인천대학교 인천학연구원, 2007년 8월.

● 김세서리아, 「강화학파의 주체의식과 한국근대여성주체」, 『인천학연구』 7호, 인천대학교 인천학연구원, 2007년 8월.

● 천병돈, 「강화학파의 형성과 사상적 계보」, 『인천학연구』 7호, 인천대학교 인천학연구원, 2007년 8월.

● 『霞谷全集』(上·下), 驪江出版社, 影印本 1988년.

● 『霞谷集』(『韓國文集叢刊』 第160輯), 민족문화추진회, 1996년.

하곡선생연보(霞谷先生年譜)[※]

하곡(霞谷) 정제두(鄭齊斗, 1649~1736)는 영일(迎日) 정씨(鄭氏)로 휘(諱)는 제두(齊斗), 자(字)는 사앙(士仰), 시호(諡號)는 문강(文康)이다. 고려 때 추밀원(樞密院) 지주사(知奏事)를 지낸 습명(襲明)의 후손이며, 문하시중(門下侍中) 문충공(文忠公) 정몽주(鄭夢周)의 11대 손이다. 부친은 성균진사(成均進士: 贈職은 의정부 좌찬성)를 지낸 정상징(鄭尙徵)이며, 조부(祖父)는 의정부 우의정(右議政) 충정공(忠貞公) 정유성(鄭維城)이고, 증조부(曾祖父)는 승문원(承文院) 박사(博士: 증직은 의정부 영의정) 정근(鄭謹)이다.

하곡의 전부인은 파평(坡平) 윤씨(尹氏)로 이천부사 홍거(鴻擧)의 따님이요, 1남 1녀를 두었는데, 아들 후일(厚一)은 부평부사를 지냈으며, 딸은 성천부사 이징성(李徵成)에게 출가하였다. 후부인 남양(南陽) 서씨(徐氏)는 안악군수 한주(漢柱)의 따님이며 선생보다 36년 앞서 졸거하였다. 두 부인은 모두 천안군에 장사하였다.

하곡의 문집은 22책본(국립중앙도서관 소장)과 11책본(서울대학교 도서관 소장), 10책본(국립중앙도서관 소장), 8책본(서울대 규장각도서관 소장) 등이 있다.

하곡의 현손(玄孫) 정문승(鄭文升, 1788~1875)이 서(序)를 쓴 22

책본의 성립과정을 보면, 하곡이 사망한 후 그의 제자 저촌(樗村) 심육(沈錥)과 둔곡(遁谷) 이진병(李震炳)이 유문을 수집하였으며, 그 뒤 완구(宛丘) 신대우(申大羽)가 다시 정리하여 35권의 목록을 작성하였으나, 정문승 당시에 보존되어 있는 것은 경설(經說), 서(書), 소(疏) 등 약간의 것이 있을 뿐이라고 하였다. 22책본은 하곡이 몰한(1736년) 후 120여 년이 지난 후에 이루어졌으니, 대체로 1856년(철종 7년) 전후에 성립된 것으로 보인다.

11책본은 난곡(蘭谷) 이건방(李建芳)의 소장본으로 하곡의 7세손 경우(景宇) 정계섭(鄭啓爕)이 1930~1935년간에 정서(淨書) 교정(校正)하였고, 다까하시(高橋亨)에 의해 당시 경성제국대학 도서관에 비치해 두었던 것이다. 11책본은 22책본을 보지 못하고 만들었던 것으로 보인다. 10책본은 11책본과 같은 내용이고, 다만 자(字)행(行) 배치만 다르다.

다음의 연보는 행장과 유사로 보완한 것이다.

■ 仁祖 27년 己丑(1649년): 한성 거주

○ 6월 을묘(乙卯, 27일) 유시(酉時)에 한성부 반석방(盤石坊) 저택에서 출생하였다.

▣ 이해 4월에 조부 정유성은 좌승지였고, 효종이 즉위하자 곧 평안감사가 되었으며, 효종 4년 형조판서가 되었다.(실록 참고)

■ 孝宗 元年 庚寅(1650)

■ 孝宗 2년 辛卯(1651)

■ 孝宗 3년 壬辰(1652)

■ 孝宗 4년 癸巳(1653) 5세

○ 9월 황고(皇考: 부친 尙徵)가 서거하여, 안산(安山) 추곡(楸谷)

에 장사하였다.

■ 孝宗 5년 甲午(1654)

■ 孝宗 6년 乙未(1655)

■ 孝宗 7년 丙申(1656)

■ 孝宗 8년 丁酉(1657)

➡ 어려서 한결같이 어른들의 가르침을 지키어 조금도 뜻을 어기거나 거역한 적이 없었으며, 세상의 남의 물건에 탐하는 일이 없었다고 한다.(行狀, 遺事 참조)

■ 孝宗 9년 戊戌(1658) 10세

○ 교관 이상익(李商翼)에게 배웠다. 동춘(同春) 송준길(宋浚吉)이 이상익에게 수학하는 아동 중 재주가 영특한 자가 있느냐고 묻자, "나로서는 정제두의 스승이 되기에 부족하다."고 하였다.

➡ 이상익 이전에 이찬한(李燦漢)에게서 배웠으며, 과거시험 공부는 어머님의 분부로 20세에 외삼촌인 춘파당(春坡堂) 이성령(李星齡)에게서 배웠다고 한다.(遺事 참조)

■ 孝宗 10년 己亥(1659)

■ 顯宗 元年 更子(1660)

■ 顯宗 2년 辛丑(1661)

■ 顯宗 3년 壬寅(1662)

■ 顯宗 4년 癸卯(1663)

■ 顯宗 5년 甲辰(1664) 16세

○ 봄에 관례(冠禮: 성년식)를 올렸다.

○ 11월 황조(皇祖: 忠貞公 鄭維城)가 서거하였다. 이듬해 정월 모갑(某甲)에 강화 진강(鎭江)에 장사하였다. 이때 백부[昌徵]와 종형[인평위 齊賢] 등이 모두 졸거(卒去)하였고, 종손(宗孫)이 어리고 약했기 때

문에 선생이 초상과 장례를 치르고 기년복(朞年服: 1년복)을 입었다.

■ 顯宗 6년 乙巳(1665) 17세

○ 겨울에 파평(坡平) 윤씨를 부인으로 맞이하였다. 부인은 윤홍거(尹鴻擧)의 딸이며, 최내길(崔來吉)의 외손녀이다.

■ 顯宗 7년 丙午(1666)

■ 顯宗 8년 丁未(1667)

■ 顯宗 9년 戊申(1668) 20세

○ 겨울에 별시(別試)로 초시(初試)에 합격하였다.

■ 顯宗 10년 己酉(1669)

■ 顯宗 11년 庚戌(1670)

■ 顯宗 12년 辛亥(1671) 23세

○ 2월 정해(丁亥) 아들 후일(厚一)이 탄생하였다. 아들 후일은 하곡이 몰(歿)한 후 5년 되던 영조17년에 졸거(卒去)하였다.

▶ 아들 후일의 아명(兒名)을 입천(立天)이라 지으며, 그 뜻을 풀이한 〈명아설〉(『하곡집』 說 拾遺)을 지었다. 그것은 다음과 같다.

> 입천(立天), 입명(立命)이란 이 마음을 천도(天道)에 세우는 것이 우리 인생의 명(命)을 세우는 것이라는 의미이다. 이 마음을 천지를 위하여 세우고 우뚝하게 우주 안의 일을 나의 일로 삼으면 무릇 이른바 공리(功利), 기욕(嗜慾), 소물(小物)과 외모(外慕)의 누(累)가 자연히 들어올 수 없게 될 것이다. 하학(下學)하여 하늘이 알도록까지 뜻을 세워서 초연히 하늘만이 아는 신묘함을 바란다면 온 세상의 시비(是非), 훼예(毀譽), 영욕(榮辱), 현회(顯晦)가 생기는 것은 돌아볼 바가 아닌 것이다. 하늘을 알고 하늘을 섬기는 데 뜻을 세워서 종신토록 마음을 간직하고 본성[性]을 기르는 공부를 게을리 아니하면 천명(天命)의 성(性)이 다시는 이지러짐이 없을 것이며 하늘은 사람에게서 벗어나지 않을 것이다. …… 아! 사람은 누군들 이 마음이 없으랴! 한 마음의 미미

한 데에 천지가 갖추어져 있으니 그 본체[體]는 크다고 할 것이다. 넓고 넓은 하늘을 내 한 마음에 간직한다는 것은 그 도(道)가 간약(簡約)하다고 할 것이다. 제 몸을 한낱 혈육의 몸뚱이로만 생각하는 것은 참으로 스스로를 작게 하는 것이니라.

○ 11월 5일 부인 윤씨가 졸거하였다. 안산 추곡에 장사하였다.

■ 顯宗 13년 壬子(1672) 24세

○ 가을에 별시(別試)로 초시(初試)에 합격했으나, 전시(殿試)에서 낙제하였다.

○ 농생 제태(齊泰)가 시험장에서 명성이 높아, 형제가 함께 이록(利祿)만을 일삼는 것은 옳지 못하다고 하여, 어머님의 허락을 받아 과거공부를 포기하였다. 문을 닫고 바깥일을 사절한 채 분적(墳籍)에 잠겨 생각하였고 육경(六經)을 정밀하게 연구하였으며, 항상 무엇을 결심하면 하고야 마는 의지를 가졌었다. 고대로부터 당대에 이르는 정치사, 백가, 음양, 성력(星曆)의 수(數), 병사(兵事), 농업, 의술, 약재, 풍수지리, 역술, 소설, 자집(子集), 전고(典故) 등 다양한 학문에 정진하였다. 뛰어난 기억력과 분석력을 지니고 있었다. 최규서(崔奎瑞)는 "제두의 가죽 속에는 제자백가의 글로 꽉 차 있으니 또한 무슨 책을 볼 것이 있겠는가?"라고 하였다.

▶ 시간이 있을 때마다 남계(南溪) 박세채(朴世采)에게 배웠다.(행장, 유사 참조)

▶ 바깥일을 모두 끊고 내 몸을 위한 학문[爲己之學]에 전심(專心)하였으므로, 학문이 쌓이고, 학을 모아서 분별하였으며, 스승과 벗에게 지식을 얻었다.(유사 참조)

▶ 하곡은 젊은 나이에도 남의 과실에 대해 말하지 않았다. 그는 자제들을 가르칠 때에도 "남의 과실(過失)을 들었다 해도 절대로 그

말을 전하여 말해서는 안 된다."고 하였다.(유사 참조)

■ 顯宗 14년 癸丑(1673)

■ 顯宗 15년 甲寅(1674) 26세

○ 봄에 남양(南陽) 서씨(徐氏) 부인을 맞이하였다.

▶ 강릉 우계(羽溪)를 유람하고 그곳의 산과 바다가 절경인 것을 사랑하여 그곳에 살고자 하는 뜻을 가졌으나, 모친의 연세가 많아 그 뜻을 이루지 못하였다.(行狀 참조)

■ 肅宗 元年 乙卯(1675)

■ 肅宗 2년 丙辰(1676)

○ 영동(嶺東) 강릉에 갔다. [10책본에는 현종 15년 2월에 갔다가 8월에 돌아왔다고 한다.]

■ 肅宗 3년 丁巳(1677) 29세

○ 강릉에 갔다. 강릉부(江陵府) 우계역(羽溪驛)에 거주하고자 하는 뜻을 가졌었다.

■ 肅宗 4년 戊午(1678)

■ 肅宗 5년 己未(1679)

■ 肅宗 6년 庚申(1680) 32세

○ 여름, 영의정 김수항(金壽恒)이 선생을 〈경명행수(經明行修)〉한 자라 하여 조정에 천거하였다.

○ 5월 사포서 별제(司圃署 別提)에 임명되었으나, 학업을 닦는 데 너무 애를 쓰다가 병을 얻어 벼슬에 나가지 못하였다.

▶ 조정에서 대간(臺諫, 臺職)을 맡기려 했으나 거절하였다.(행장)

▶ 경신대출척(庚申大黜陟) 사건으로 남인이 숙청되고, 서인이 강경파인 노론과 온건파인 소론으로 분열되었다. 남인의 윤휴(尹鑴)가 주자학설에 반대하다 사문난적(斯文亂賊)으로 낙인이 찍히고 사약(賜

藥)을 받았다.

■ 肅宗 7년 辛酉(1681)

■ 肅宗 8년 壬戌(1682) 34세

○ 12월 경자(27일), 종부시 주부(宗簿寺 主簿)에 임명되었으나 나가지 아니했다.

○ 이 해에 병이 더욱 심하여 남계(南溪) 박세채(朴世采, 1631~1695)에게 영결을 고하였다. 어머니는 탄식하기를 "하곡의 병은 실로 각고(刻苦)하며 공부하기를 숭상하다가 생겼다."고 하였다.

➡ 남계에게 올린 편지에서 양명학(陽明學)을 하는 것은 성인(聖人)의 뜻을 찾아 실지로 얻고자 함에 있다고 말하며, 양명의 학설을 지지하였다.

➡ 집안사람에게 보내는 유언과 같은 「임술유교」를 지었다.(『하곡집』遺敎) 일부를 발췌하면 다음과 같다.

"오직 왕씨(王氏: 왕양명)의 학이 주자(周子: 주렴계)와 정자(程子: 정명도)의 뒤로 거의 성인(聖人)의 참됨을 얻었기에 ……"라고 하여 양명학에 대한 우호적 태도를 공개적으로 표명함. "양지(良知)의 학은 곧 진실한 것이니 오직 나의 천성은 곧 한 개의 천리(天理)일 뿐이다. …… 인심의 양지가 스스로 알지 못함이 없는 것이 이것이니, 오직 진실로 이를 다할 뿐인 것이며 또한 반드시 세속과 더불어 서로 표방하며 끝머리에 다투어 변론하거나 밖으로 들떠서 어름거릴 것은 아니니 오직 스스로 노실(老實: 일에 익숙하고 충실함)하게 이를 행하여라."

"실학(實學)을 폐지하지 말 것"

"아동을 교육할 때는 그 기운을 꺾고 눌러서 생의(生意: 활발한 기개)를 꺾어서는 아니 된다. 오직 순순히 함으로써 이를 인도하여야 할 것이니, 양명의 『훈몽대의(訓蒙大意)』를 본받을 지니라."

"심성에서 인(仁)을 구하는 학을 성현(聖賢)의 종지(宗旨: 으뜸가는 취지)로 삼고, 그 요점은 『논어』의 구인극복(求仁·克復), 『맹자』의 존양집의(存養·集義), 『대학』의 명덕지선(明德·至善), 『중용』의 중화솔성(中和·率性), 주정(周·程)의 무욕정성(無欲·定性)의 서(書)에서 볼 수 있는 것이다. 만약 인심(仁心)과 인술(仁術)이 있고 지식이 밝으며 재주가 높아서 경계할 수 있다면 이는 지극한 데 이른 것이다. 또한 세상일을 즐기고 사공(事功)을 중심으로 삼고 힘쓰는 자는 마음이 밖으로 달리는 자이니 경계할지어다! 경계할지어다."

▣ 하곡은 평소 일찍이 자제를 훈계하여 이르기를, "사람이 세상에 태어났으면 수양심성(修養心性), 충신독행(忠信篤行)을 제일로 삼고 여기에 학문을 더하여 식견을 넉넉하게 하는 것이 더욱 아름다운 것이다. 학문을 좋아한다 하더라도 부질없이 변론만을 일삼고 만약 몸소 행하는 실(實)이 없다면 무슨 이익이 있겠는가? 문사(文詞)를 오로지 숭상하고 다음으로는 과거(科擧)에 등과하여 빨리 승진하려는 자에 이르러서는 비록 요행으로 입신한다 하더라도 이것은 뿌리도 없고 근원도 없는 인간인 것이니 어찌 말할 것이 있겠는가?" 하였다.(遺事 참조)

■ 肅宗 9년 癸亥(1683) 35세

○ 조정에서 대직(臺職)을 가지고 선생을 처우하려고 하였으나, 선생이 병이 있고 노모를 봉양해야 한다는 이유를 들어 하곡의 이종형 심유(沈濡: 應敎의 지위에 있었음)가 중지하게 하였다.

○ 딸이 이징성(李徵成: 이조참판 廷謙의 아들이며, 벼슬은 成川府使)에게 출가하였다.

▣ 하곡은 종들을 부릴 때 위엄이나 형벌로 부리지 않고, 좋은 말로 순순(諄諄)하게 가르치고 타일러서 저절로 감복하게 하였다. 그래서 집안이 화목하고 다투는 일이 없었다고 한다.(유사 참조)

■ 肅宗 10년 甲子(1684) 36세

○ 3월 갑술(8일) 공조좌랑(工曹佐郎)에 임명되어 처음으로 나갔으

나, 벼슬한 지 며칠 만에 병으로 그만두었다.

■ 肅宗 11년 乙丑(1685)

■ 肅宗 12년 丙寅(1686)

○ 아들 후일(厚一)이 부제학(副提學) 이단상(李端相)의 딸을 부인으로 취(娶)하였다.

■ 肅宗 13년 丁卯(1687)

■ 肅宗 14년 戊辰(1688) 40세

○ 4월 이조판서[呂聖齊]와 호조판서[柳尙運] 등이 선생을 조정에 추천하였다.

○ 겨울에 어머님을 모시고 동생 제태(齊泰)가 현감으로 있던 장성(長城)에 갔다.

○ 12월 병인(27일)에 평택현감에 임명되었다.

■ 肅宗 15년 己巳(1689) 41세: 안산 추곡에 거주함

○ 2월에 평택현감에 부임하였다. 노모(老母)의 분부로 임금께 사은(謝恩)하고 부임한 것이다.

○ 4월 문성공(文成公) 율곡(栗谷) 이이(李珥)와 문간공(文簡公) 우계(牛溪) 성혼(成渾) 등이 문묘(文廟)의 배향(配享)에서 쫓겨나게 되자, 벼슬을 버리고 안산(安山) 추곡(楸谷)으로 돌아왔는데 이 때문에 문초(問招)를 받았다. 7월, 죄가 용서되어 안산으로 돌아와, 추곡에 집을 짓고 살았다.

○ 겨울에 모부인을 뵈러 장성에 갔다.

■ 肅宗 16년 庚午(1690)

○ 정월에 모부인을 뵙고 돌아왔다. 어머님의 회갑을 장성 현아(縣衙)에서 차리고 왔다.

■ 肅宗 17년 辛未(1691) 43세

○ 황고(皇考: 돌아가신 부친)를 강화로 옮겨 장사하였다. 진강산(鎭江山) 조부의 묘 동쪽인데 장사지낸 달은 모른다.

○ 윤부인의 묘를 천안으로 옮겨 장사하였다. 천안군 북쪽 부토리(富土里)이다.

○ 겨울에 어머니를 뵈러 장성에 갔다.

■ 肅宗 18년 壬申(1692)

○ 어머니를 모시고 안산 추곡으로 돌아왔다. 어머님이 장성에서 돌아와서 서울 집에 계셨었다.

■ 肅宗 19년 癸酉(1693)

■ 肅宗 20년 甲戌(1694) 46세

○ 정월 무진(戊辰)에 모친 이씨[예조판서 이기조(李基祚)의 따님]가 서거하였다.

○ 4월 모갑(某甲)에 추곡에 장사 지냈다. 아우 제태가 귀양 갔으므로 그가 돌아오기를 기다려 4월에야 비로소 장사 지냈다.

■ 肅宗 21년 乙亥(1695)

○ 2월 남계(南溪) 박세채(朴世采, 1631~1695) 선생에게 조곡(弔哭)하고 시마복(緦麻服)을 입었다. 선생이 종유(從遊)하기를 가장 오래하였다. 남계의 자(字)는 화숙(和叔), 벼슬은 좌의정, 시호는 문순(文純)이다.

■ 肅宗 22년 丙子(1696) 48세

○ 6월 임진(8일) 서연관(書筵官)에 뽑혔으나, 소를 올려 사퇴하였다. 당시 서연관으로 선출된 사람은 이세필(李世弼), 이희조(李喜朝), 민이승(閔以升), 이기주(李箕疇), 박심(朴鐔), 김창흡(金昌翕), 이세귀(李世龜) 등이었다.

○ 이조판서 최석정(崔錫鼎)이 선생을 조정에 천거하였다. 그러나

소를 올리고 나가지 않았다.

○ 민이승(閔以升, 誠齋, 彥暉)에게 곡(哭)하였다. 선생과 가장 우의(友誼)가 두터웠던 친구로, 그는 선생을 "청명강수(淸明剛粹)한 자질로써 박흡(博洽) 전섬(典贍) 정약(精約)을 겸하였으며, 반궁실천(反躬實踐)으로 이를 구했던[濟之] 학자요, 자득지취(自得旨趣)에서 뒤따를 자 없다."고 평가하고, 임종할 때 자녀들에게 선생께 수학하도록 명하였다고 한다. 선생은 그의 아들들을 자식이나 조카처럼 가르쳤다고 한다. 민이승은 하곡이 평생 지향하고 흠모하였던 이는 정명도(程明道)이있으며, 명도에게서 읽은 것이 많았다고 한다.(유사 참소)

▶ 『肅宗補闕正誤實錄』卷32 24년 11월 5일에 의하면, "전(前) 좌랑(佐郎) 민이승(閔以升)이 졸하였다."고 기록하고 있다. 민이승의 자(字)는 언휘(彥暉), 호는 성재(誠齋)이다. 윤증의 문하에서 수학하였고, 육경을 암송하였다고 한다. 빈한하게 살았으나 태연하였으며, 말과 의논이 명백하고 절실하였으며, 공직자로서 청렴하고 엄격하였다고 한다.

○ 11월 계유(20일)에 경기도사(京畿都事)에 임명되었으나 사임하였다.(행장에는 숙종 24년으로 되어 있음)

■ 肅宗 23년 丁丑(1697)

○ 8월 모갑에 황비(皇妣: 돌아가신 어머니)를 진강(鎭江)으로 옮겨 장사 지냈다. 부친의 묘에 부장(附葬)하였다.

○ 남계 선생의 묘에 제사하였다.

■ 肅宗 24년 戊寅(1698) 50세

○ 3월 광주군[아우 제태(齊泰), 벼슬은 광주 부윤(廣州 府尹)]에게 곡하였다.

▶ 제태의 사위가 백하(白下) 윤순(尹淳)이다. 윤순은 하곡집의 편자의 한 사람이다.

○ 11월 세자익위사 익찬(世子翊衛司 翊贊)에 임명되었으나 사임하였다.

■ 肅宗 25년 己卯(1699)

■ 肅宗 26년 庚辰(1700) 52세

○ 정월 계해(29일)에 부인 서씨(徐氏)가 졸거하였다. 안산 추곡에 임시로 장사하였다.

○ 경자(庚子)에 삭녕(朔寧) 군수에 임명되었으나 사임하였다.

○ 10월에 여주에 갔다. 자형(姉兄) 판서(判書) 민진주(閔鎭周, 1646~1700)의 장례식에 참석하고, 동생을 지평(砥平)에 옮겨 장사하였다.

■ 肅宗 27년 辛巳(1701)

○ 8월 기사(15일) 인현왕후(仁顯王后)가 승하(昇遐)하여 분곡(奔哭)하였다.

■ 肅宗 28년 壬午(1702) 54세

○ 12월 병오(30일)에 사도시(司導寺) 주부(主簿)에 임명되었다.

■ 肅宗 29년 癸未(1703)

○ 정월 조부에게 충정공의 시호가 내려진 데 대하여 사은(謝恩)하고 주부직을 사임하였다.

➡ 이 해에 노론(老論)의 김창흡(金昌翕)이 박세당이 지은 「사변록(思辨錄)」과 이경석(李景奭)의 「삼전도비문(三田渡碑文)」을 배척하였고, 명곡(明谷) 최석정(崔錫鼎)도 논척되었다.

■ 肅宗 30년 甲申(1704)

■ 肅宗 31년 乙酉(1705) 57세

○ 2월 계사(29일) 종부시(宗簿寺) 주부에 임명되었으나 사임하였다.

■ 肅宗 32년 병술(1706) 58세

○ 봄에 판부사(判府事) 윤지완(尹趾完)의 추천으로 사헌부(司憲

府) 장령(掌令)에 임명되었으나 사임하였다. 윤지완은 선생에 대해 "인품은 금옥(金玉)과 같은 군자이고, 재주로 말하면 고금을 널리 통달하여……"라고 하였다.

○ 7월 정묘(12일)에 사헌부 장령에 임명되었으나 세 번 상소를 올려서 체직(遞職)되었다.

■ 肅宗 33년 丁亥(1707) 59세

○ 10월 무술(20일) 사복시정(司僕寺正)에 임명되었으나 사임하였다.

▶ 남들이 비문(碑文) 묘지(墓誌)를 가지고 찾아와서 지어주기를 부탁하면 반느시 사양하였다. 선소의 뇨에 대한 사실을 기록한 글에 관해서는 다만 그 사적(事績)이나 행적의 민몰(泯沒)시킬 수 없는 것만을 기록하고 역시 과장하거나 보기 좋게 꾸며서 남들의 이목(耳目)을 빛나게 하고자 아니하였다.(유사 참조)

■ 肅宗 34년 戊子(1708) 60세

○ 봄에 박지포(朴芝浦: 이름은 심(鐔), 자는 大叔)에게 시마복(緦麻服)을 입고 곡하였다. 선생이 추곡에 살 때 박공도 지포에 와서 살았다. 지포는 같은 고을이다. 선생과 우의가 매우 돈독하였다.

○ 3월 을미(乙未), 장령에 임명되었으나 세 번 소를 올려 사임하였다.

○ 4월에 죽산(竹山)에 갔다.

○ 7월 을유(11일)에 사헌부(司憲府) 집의(執義)에 임명되었으나 거듭 사임하였다.

■ 肅宗 35년 己丑(1709) 61세: 강화도 하곡으로 이주함

○ 2월 장손(長孫)이 요사(夭死)하여 심히 슬퍼하였다.

○ 7월 을미(26일) 세자익위사(世子翊衛司) 익위(翊衛)에 임명되었다.

○ 8월 강화(江華) 선조의 묘가 가까이에 있는 하곡(霞谷)으로 이거(移居)하였다.

▶ 선생은 외물(外物)에 힘쓰거나 명예(名譽)를 숭상하는 것을 경계하였으며, 학도들이 배우고자 찾아오는 것도 기쁘게 여기지 아니 하였다. 선생의 뜻은 다만 스승의 도를 자처(自處)하고자 하지 않았을 뿐만 아니라, 또한 말세(末世)에는 쉽게 높아지고 명실(名·實)은 분변하기가 어렵게 되니 세도(世道)의 폐단을 경계하지 않을 수 없었던 때문이었다.(유사 참조)

○ 9월 辛巳(14일) 집의(執義)로 천직(遷職)되었으나 사퇴하였다.

○ 10월 癸卯(6일) 대신들의 천거로 통정대부(通政大夫) 호조참의(戶曹參議)에 발탁되었다. 소(疏)를 올려 사퇴하였으나 허락되지 않았다.

■ 肅宗 36년 庚寅(1710) 62세

○ 2월에 다시 소를 올려 사퇴하였다.

○ 9월 更子(9일) 강원도 관찰사(觀察使)에 임명되었는데 상소하여 사퇴하였으나 허락되지 아니하다가, 얼마 후에 병으로 체직(遞職)되었다.

■ 肅宗 37년 辛卯(1711) 63세

○ 7월 戊子(1일) 회양(淮陽) 도호부사에 임명되어 8월에 부임하였다. 왕명이 있는데도 사양하기만 하는 것은 분수가 아니므로 애써 부임하였다.

○ 9월에 금강산을 유람하였다.

○ 10월에 벼슬을 버렸다.

○ 선생이 정사(政事)를 행한 지 3개월 만에 교화(敎化)가 크게 행해졌다. 때마침 흉년이 들어, 편의에 따라 골고루 구제하고 유망민(流亡民)을 구출하여 모두 회복하였다. 안렴사(按廉使)가 평하기를 "청백(淸白)한 것이 옥호(玉壺)와 같고, 은혜는 봄바람과 흡사하다."라고 하였다. 벼슬을 버리고 돌아갈 때 수많은 사람들이 술안주를 가지고 따라 나와 환송하였으며, 비를 세워 추모하였다.

○ 「심경집의(心經集義)」를 편찬하였다. 명(明)의 정황돈(程篁墩 敏政)의 「심경부주(心經附註)」의 번무(繁茂)함을 병통으로 여겨 지은 것이다. 『심경(心經)』은 송(宋)나라 진덕수(眞德秀)가 편찬하였다.

■ 肅宗 38년 壬辰(1712)

➡ 하곡이 강화에 있을 때, 그의 거처가 소박하고 누추하였고 음식은 변변치 못하였으나, 공의 거처하시는 것은 태연하였다고 한다. 사양하거나 받는 절차에 있어서 매우 엄격하였으므로 비록 조그만 물건이어서 소홀히 하기 쉬운 것일지라도 역시 꼭 받아야 할 것인가 돌려 줄 것인가를 살피시었다.(유사 참조)

■ 肅宗 39년 癸巳(1713)

■ 肅宗 40년 甲午(1714) 66세

○ 정문유훈(程門遺訓: 정명도의 말을 취택하여 만든 것)을 편찬하고, 정성서(定性書)를 주해하였다. 정명도를 흠모하였으며, 그의 언동에도 부합하였다.

■ 肅宗 41년 乙未(1715)

■ 肅宗 42년 丙申(1716) 68세

○ 최명곡(崔明谷, 錫鼎, 汝和, 영의정을 지냄)에게 곡하였다. 명곡은 하곡과 죽마교분을 맺었으며, 학문과 정사에 관해 물었다. 그는 "하곡으로부터 한 마디 말만 듣고서도 나도 모르게 구름이 흩어지고 안개가 걷혔으며, 나라에 큰일이 있을 때마다 반드시 글을 보내어 묻고 의논하여 그의 답변을 얻었다."고 한다. 그는 하곡의 학에 대해 "내성외왕(內聖外王)의 도(道)이며 명체(明體) 적용(適用)의 학문이다."라고 하였다.

➡ 명곡은 후일(厚一: 하곡의 아들)에게 이르기를 "어르신께서 상고하여 판단하신 것은 훤하게 밝혀져서 투명(透明)하지 않은 것이 없

었으니, 좌우로 그 근원을 만났다고 할 수 있다."고 하였으며, 그의 큰 아들에게 이르기를 "하곡이야말로 참으로 학문을 하는 선비라고 할 수 있다."고 하였다.

■ 肅宗 43년 丁酉(1717) 69세

○ 3월 무오(9일) 임금께서 온양(溫陽)에 나가자 강상(江上)에 나가 경건하게 전송하였다. 하곡은 잠실, 동호[이세필 방문], 용인[선조 문충공 묘 참배] 등을 다녔다.

○ 4월 3일, 어가(御駕)가 돌아오자 전송하였다. 5일에 고양(高陽)에 가서 백부(伯父) 찬성공 묘소에 참배하였다.

○ 5월 3일, 서울 집에 돌아왔다가 26일 서강에 나아가 있었다.

○ 7월 3일, 집으로 돌아왔다.

■ 肅宗 44년 戊戌(1718)

○ 2월 단의빈(端懿嬪)이 서거하자 시사복(視事服)과 연거복(燕居服)에 대해 의논하였다.

○ 10월 단의빈에 대한 복제에 대하여 의논하였다.

■ 肅宗 45년 己亥(1719) 71세

○ 2월 병진(13일) 가선대부(嘉善大夫)에 승진되었다. 이때 임금께서 태조(太祖)의 고사(故事)를 따라 기사(耆社)에 들게 하셨는데, 사대부는 71세 이상이면 모두 은전(恩典)을 베푸는 까닭에 이번 명령이 있었다.

○ 8월 기사(29일) 동지중추부사(同知中樞府事)에 제수되었다.

○ 11월 한성부 좌윤(左尹)에 임명되었다. 소를 올려 사퇴하였으나, 허락되지 아니하였다.

○ 12월 체직(遞職)되었다.

■ 肅宗 46년 更子(1720) 72세

○ 정월에 임금께서 미령(未寧)하여, 3일에 서울에 들어와 문안을

드리고 곧 통진(通津)으로 물러났다가 12일에 돌아왔다.

○ 3월 7일, 4월 26일, 6월 3일 왕께 문안을 드렸다.

○ 6월 8일, 왕이 승하(昇遐)하였다.

○ 10월 21일 하관할 때, 12월 3일 부(府)에 나가 곡을 하였다.

○ 「중용설(中庸說)」을 지었다.

■ 景宗 元年 辛丑(1721) 73세

○ 8월 1일, 윤부인의 묘를 천안군으로 옮겨 장사하였다.

○ 경학집요(經學集要)를 편찬하였다.

■ 景宗 2년 壬寅(1722)

○ 3월 사헌부 대사헌에 임명되었으며, 소를 올려 사퇴하였으나 허락되지 않았다.

○ 7월 세제시강원(世弟侍講院) 찬선(贊善)에 임명되었으며, 세 번 상소하여 사퇴하였으나 허락되지 않았다.

○ 9월 이조참판으로 옮겨 임명되었으며, 소를 올려 사퇴하였으나 허락되지 않았다.

■ 景宗 3년 癸卯(1723) 75세

○ 2월 외방(外方)에 있는 탓으로 체직(遞職)되었다가, 다시 임명되었는데 상소하여 사퇴하였으나 허락되지 않았다.

○ 12월에 체직되었다.

■ 景宗 4년 甲辰(1724)

○ 7월 성균관 좨주(祭酒)에 임명되었는데, 소를 올려 사퇴하였으나 허락되지 않았다.

○ 8월 을미(25일) 임금이 승하하시어, 분곡(奔哭)하였고, 복제의절(服制儀節)에 대해 의논하였다.

○ 왕대비의 복제에 대하여 의논하였다.

○ 9월 2일 돌아왔다.

○ 9월 5일 사관을 보내 불렀으나 사양하였다. 선생은 서계(書啓)로 아뢰어 감히 명령을 받지 못하겠다는 뜻을 아뢰고, 끝으로 인군(人君)이 극(極)을 세우는 도리와 성왕(聖王)의 질경(疾敬)의 덕(德)을 권면하였다.

○ 9월 7일, 10일, 17일 사관을 보내 불렀으나, 소를 올려 사관을 불러 드릴 것을 아뢰었다. 23일 사관을 철환(轍還)하라고 명령하였다.

○ 25일 통진으로부터 돌아왔다.

○ 10월 7일 궁중의 사람을 보내어 낙죽(酪粥)을 하사하시고 안부를 물었다.

○ 10월 10일 계성사(啓聖祠: 공자, 안자, 증자, 자사, 맹자 등의 아버지를 제사하는 곳)의 배례의(拜禮儀)에 대해 의대(議對)하였다.

■ 英祖 元年 乙巳(1725) 77세

■ 英祖 2년 丙午(1726) 78세

○ 7월 19일 지평(持平) 이정박(李廷樸)이 계(啓)를 올려, "정모(鄭某)는 신건(新建: 양명의 학)의 학문을 주장하므로 빈사(賓師)로서의 지위로 대우할 수 없다."고 비판하였다. 선생의 문인들이 조정에 진술하여 변무(辨誣)하려 하였는데, 선생이 말렸다. 문인 윤순(尹淳)은 "선생의 덕은 무아(無我)에 이르렀다."고 하였다. 선생은 성품이 너그러워서 남을 깎지 않았으며, 남의 과실을 말하지 아니하였고 옛사람에게 대해서도 역시 그러하였다. 비록 아언(雅言)과 시례(詩禮)일지라도 정자와 주자를 돈독하게 받들었으며, 그것은 제가(諸家)의 설에 있어서도 나쁜 것은 버리고 좋은 것은 썼을 뿐이며, 어느 것에도 항상 애증(愛憎)으로 치켜세우거나 억누르지 아니하였다. 세상에서 양명(陽明)을 배척하는 자는 그의 학설을 모두 알아보지도 못하고서 졸지에

이단(異端)이라고만 그를 지목함으로써, 이를 금지하여 말을 못하게 하였으나, 선생의 뜻은 자못 그렇지가 않았으니, 이르기를 "저들도 공자를 배운 자들이 아니겠는가? 진실로 취할 수 있으면 취할 것이고, 취할 수 없으면 취하지 않을 것이니, 그것은 오직 나의 권도(權度)에 있을 뿐이다. 어찌 전말(顚末)을 묻지 않고 세상을 따라서 뇌동(雷同)할 것인가?"라고 하였다.

▶ 『승정원일기』, 7월 16일: 이정박이 계하기를, "정제두는 정주(程·朱)의 학문에 전적으로 배치하였고 대략 육왕(陸·王)의 학설을 답습하였으며, 감히 말하기를 육씨·정주가 비록 모두 대도(大道)에 들어왔다 할지라도 육왕의 학은 숭례문(崇禮門)과 같고 정주의 학문은 돈의문(敦義門)과 같다고 하였는데, 이는 대체로 육왕학을 정도(正道)로 삼고, 정주학을 방계(傍系)로 갈라놓은 것이라 하겠으니, 그가 배우지 못하여 무식하고 두뇌가 전적으로 어두운 것은 이와 같이 심합니다."라고 하였다.

■ 英祖 3년 丁未(1727) 79세

○ 7월 17일에 이조참판, 8월 23일에 [세자의 관례를 행할 즈음에] 세자시강원 찬선(贊善)에, 10월 사헌부 대사헌에 임명되었으나 소를 올려 사양하였다.

○ 「심경집의」와 「경학집록」을 수정하였다.

■ 英祖 4년 戊申(1728) 80세

○ 1월 8일 자헌대부(資憲大夫)에 승급되었는데, 소를 올려 사양하였다.

○ 2월 3일 의정부 우참찬(右參贊)에 임명되었으나 사양하였다.

○ 3월 호남과 영남에서 역변(逆變)이 일어나자 분문(奔問)하러 서울에 들어왔는데, 3일에 다시 별유(別諭)를 내려 입대(入對)하라는 명을 받들고 대궐에 나갔다. 왕이 민심 수습책을 묻자 답하였다.

"…… 신이 근심하는 것은 문초(問招)하는 옥사(獄事)가 만연되어 수습하기가 쉽지 않고, 또 파종(播種)할 시기를 잃어 백성의 일이 염려됩니다. 대개 농사가 때를 잃지 않아야 백성이 부지될 것이요, 백성이 살게 된 후에야 나라가 나라답게 될 수 있으니, …… 문왕(文王)과 주공(周公)이 정벌할 때에도 역시 학문 가운데의 일이 아닌 것이 없었던 것입니다. 이때를 당하여 더욱 성상(聖上)의 덕망(德望)에 힘쓰셔서, 그 근본을 세우신다면 또한 어찌 어려운 근심이라 운운할 수 있겠습니까?"

○ 4월 소명을 받들어 입대(入對)하여 주자의 경자봉사(庚子封事)에 대하여 강론하였다. 선생이 나아가 아뢰었다.

"…… (주자는 정치의 도를) 기강(紀綱)이 근본이 된다는 말로 끝내었습니다. 대체로 천하의 만 가지 일이 기강이 없으면 서지 못하는 것입니다. 그러하오나 그 근본은 정심(正心: 마음을 바르게 함)에 있고, 마음을 바르게 하는 근본은 또한 홀로를 삼가는 데[愼獨]에 있습니다. 천리(天理)와 사의(私意)를 팔자(八字)로 타개하는 것은 신독(愼獨) 공부에 있고, 천덕(天德)과 왕도(王道)의 공효(功效)가 넓어지는 것도 신독 공부에서 말미암는 것이니, 『대학』의 성의(誠意)와 정심, 『중용』의 계신(戒愼)과 공구(恐懼)의 공부가 다 신독의 뜻이 아닌 것이 없습니다. 맨 처음에 손을 댈 곳이 여기에 있으며, 철두철미(徹頭徹尾)한 곳도 역시 여기에 있습니다. …… 깊은 근심은 성스러움을 열어주고 많은 혼란은 나라를 흥성하게 할 것입니다. 만약에 그 난리를 평정할 근본을 논한다면 그윽한 문왕의 덕이 계속 빛나서 공경하는 데 그친 것에서 벗어나지 않는 것입니다. ……"

연신(筵臣)들이 말하기를 "우참찬은 병가(兵家)의 일에 대해서도 또한 널리 통한다 하니, 청컨대 찾아가서 묻게 하소서." 하니, 선생은 사양하고 대답하지 아니하였다.

○ 4월 11일, 도적들이 평정되자, 소를 올려 돌아갈 것을 고하고, 도성을 떠나면서 계(戒)를 올렸다.

“…… 어진 이를 친하시고, 능한 이를 등용하시어, 공사(公事)를 열
게 하며 사사(私事)를 막으시며, 백성을 구휼(救恤)하시고, 군사를 다스
려서 맨 처음에 하시려던 정치를 이룩하시고 원자(元子)를 잘 보도(輔
導)하심으로 연익(燕翼: 조상이 자손을 도와 편안하게 함 또는 그 계
책)의 계책을 남겨주옵소서.”라고 하였다.

○ 4월 17일 소명(召命)을 받들고 입대(入對)하였다. 하곡은 홍범
(洪範)을 들어 왕께 정치에 대해, 지금은 유신(維新)할 때로 먼저 임금
이 극(極)을 세우면 모든 백성들의 음사(陰邪)한 편당이 없을 것이라
고 하니, 근본을 나스려 성인의 노를 밝세 해야 할 것을 주상하였다.

○ 24일에는 왕의 부름에 응하여 입대하여, 주자(朱子)의 무신봉사
(戊申封事)를 강(講)하였다. “주자는 먼저 임금의 본원(本源)이 되는
곳을 간곡히 주장하였고, 다음으로 궁궐의 근습(近習)에 이르기까지
각각 바르게 해야 할 도리를 말했으며, 공사(公·私)와 의리(義·利)
의 분별을 깊이 밝혔으며, 어진 신하를 친히 하고 소인을 멀리하라고
제갈량의 말을 가지고 끝맺었으니, 그 뜻이 깊고 간절하며 뚜렷하게
밝혀졌다고 말할 수 있습니다. …… 지금은 나라에 당론(黨論)의 폐단
이 극도에 이르렀으니 이와 같이 되면 화란(禍亂)이 어찌 나지 않겠
습니까? 전하께서는 항상 탕평(蕩平)하시는 데 힘쓰시니, …… 만약
탕평하고자 한다면 극(極)을 세우는 것만 같지 못합니다. 극이란 중
(中)을 말한 것이니, 시중(時中)의 의(義)는 쉽게 말할 수 없으나, 정
일(精一)의 중(中)은 천하의 대중(大中)이고, 자막(子莫)의 중(中)은
집일(執一)의 중(中)입니다.(『孟子』盡心上) 대중의 중을 강구하심을
근본으로 삼으시고 또한 반드시 제갈량이 이른바 어진 신하를 친하고
소인을 멀리하라 하던 것을 법으로 삼은 뒤에야 바야흐로 탕평(蕩平)
이라 할 것입니다.”

○ 28일 소명이 내려 입대하였다. 주자의 무신봉사를 강하면서, 정치에 있어서 경계(警戒)로 삼을 것을 말하였다. 동궁(東宮: 왕세자)을 보양(輔養)하는 도리를 아뢰고, 사대부와의 접촉은 적고, 환관 및 궁첩(宮妾)과 친한 것을 경계로 삼을 것을 청하였다.

또한 대신을 잘 임용해야 한다. 대신을 잘 임용하지 않으면 비록 어진 이를 구하는 데 힘쓰더라도 어진 이를 쓸 수 없으며 올바른 정치를 행할 수 없다. 또한 등용된 자가 용렬하고 간교한 사람이거나, 행하는 바가 모두 편사(偏私)하고 구차(苟且)한 정치라면, 기강은 위에서부터 무너지고 풍속은 아래서 허물어져서, 백성은 근심하고 병사는 원망하며 나라의 형세가 날로 기울어질 것이다. 기뻐할 것을 구하지 말고 두려워할 것을 구하며, 나의 뜻에 맞는 자를 구하지 말고 나의 덕을 도울 수 있는 자를 구하는 것이 절실하고 긴요한 것이다.

효종(孝宗)이 처음에는 정치를 도모하는 데 정력을 다했으며, 말년에는 많이 함용(含容)하는 데 힘썼으므로 시비(是非)와 곡직(曲直)을 둘 다 묻지 아니하고 그저 형평(衡平)의 도(道)만을 썼던 것이다. 주자는 자주 『주역(周易)』에서 말하는 물(物)을 칭(稱: 저울질)하여 평등하게 베푼다는 것[謙卦]과 주역에서 말하는 악(惡)을 막고 선을 드러낸다는 것[大獸卦]을 가지고 진계(陳戒)하였으니, 곡직(曲直)과 시비(是非)를 분명히 가려, 악을 막고 선을 드러내는 것이 공평한 것이다. 많은 것은 덜고, 적은 것은 보태 주어서, 물건이 적고 많음을 저울질하여 골 베풀어 주는 것이 공평한 것이다. 시비와 곡직을 묻지 않는다면 착한 자는 항시 펼 수 없으며, 악한 자는 도리어 요행으로 면할 것이니, 이것이 크게 불공평한 것이라고 하면서, 신상필벌(信賞必罰)의 정치를 말했다.

○ 5월 1일 왕께 돌아갈 것을 청하여 허락을 받았다. 다음날 사퇴

를 고하자, 왕이 술을 주시고 수찰(手札)을 하사(下賜)하였다. 왕이 학문하는 공부를 물었다. 하곡은 정치의 근본은 임금의 덕(德)에 귀결되며, 긴요한 것은 성학을 성취하는 데 있다고 하였다. 경연의 공부는 매일 매일의 과정을 두되 과정을 단순화하고 암기에 그쳐서는 안 되고 반궁실천(反躬實踐)하며, 일신우일신(日新又日新)하기를 지속적으로 해야 한다. 풀과 나무는 뿌리가 있어야 나날이 자라나듯이 배움도 근본이 있어야만 바야흐로 의거할 데가 있게 되는 것이다. 본령이 이미 서면 공부는 따라서 계속되는 것이니, 비유하면 하늘의 운행이 쉬지 않는 것과 해와 날이 늘 밝은 것과 성인(聖人)은 하늘처럼 심원하여 그치지 않는 것과 같은데 어느 곳엔들 공리(功利)와 사의(私意)가 협잡(挾雜)할 수 있겠는가? 정자는 공부를 강(講)하고 넓힐 때에는 반드시 신독(愼獨)을 주장으로 삼았는데, 이것이 곧 심원하여 그치지 않는 곳이며, 치중화(致中和)하고, 천지가 자리잡고 만물이 육성되는 것이라고 한다.

왕께서 개혁하고 변통하는 도(道)를 물으시자, 선생이 답하였다. 성학(聖學)을 본령으로 삼고, 조종(祖宗)의 옛 정치를 전적(典籍)으로 닦으며, 힘써 행한다면 능히 치평(治平)을 이룰 것이라고 하였다.

왕이 하곡의 말을 옳게 여기고 마음속에 간직할 것을 다짐하였다. 하곡에게 부를 때마다 와 줄 것을 당부하였다.

○ 9월 24일 안산에 가서 선조묘소에 성묘하였다. 과천에서 외조부[이기조]의 산소에 성묘하였다.

○ 11월 16일 왕세자가 훙거(薨去)하매, 분곡(奔哭)하였다.

○ 11월 18일 소명을 받고 입대하였다가, 양전(兩殿)의 복제를 의논하였다. 왕이 선생의 의견을 따랐다.

○ 11월 26일 사헌부 대사헌으로 옮겨졌는데, 소를 올려 사양하고

끝내 돌아왔다.

○ 12월 여러 의례(儀禮)에 대한 물음에 답하였다. 5일 왕께서 어의(御醫)를 보내 약을 내리고 병을 물었다.

■ 英祖 5년 己酉(1729) 81세

○ 정월 6일에 전화(錢貨)의 편의 여부에 대해 대답하였다. "우리 나라에서는 옛날에 돈 대신 곡포(穀布)를 가지고 물건을 교환하였으나 심히 일을 해치지는 않았으나 돈이 나돌면서부터 인심이 날로 간교하여지고 민생은 날로 시들어져서 백 가지 폐단이 일어났다."

○ 정월 26일 효장세자(孝章世子)의 하관식에 달려가서 반에서 곡하였다.

■ 英祖 6년 庚戌(1730)

○ 3월 3일 소를 올려 겸직을 사양하였다. 좨주(祭酒)와 찬선(贊善)을 겸하였는데, 이것들을 사양하였다.

○ 경서집(經書集: 經學集錄을 지칭함)을 이루었다.

○ 6월 29일 선의대비(宣懿大妃)가 승하하시어 곡하였다. 7월 4일 명을 받고 입대하였다. 9일에 서강(西江)에서 자고 다음날 돌아왔다.

○ 10월 뇌변(雷變)으로 인해 별유(別諭)로 불러 이에 대한 말을 구했는데, 선생은 서계(書啓)를 올려 진계(陳戒)하여 아뢰기를 "전하께서 한 가지 생각으로 경계하시고 조심하시는 마음은 곧 나에게 있는 하늘인 것이니 이로 인하여 게을리 아니하시고 항시 천지신명(天地神明)에게 대하여 극진히 받들기를 흠모하고 높이는 도리와 같이 하옵소서." 하니, 상께서 이를 좋게 받아들이셨다.(행장 참조)

○ 천원설(天元說)을 저작하였다.

■ 英祖 7년 辛亥(1731) 83세

○ 2월 20일 안산에 갔다.

○ 3월 장릉(長陵)을 옮겼으며, 13일에 능에 갔다가 21일에 돌아왔다.

■ 英祖 8년 壬子(1732)

○ 2월 14일 쌀과 고기를 하사하였는데, 소를 올려 사양하였다. 궁인을 보내 낙죽을 하사하고 안부를 물었다.

■ 英祖 9년 癸丑(1733) 85세

○ 2월에 임금이 장차 태학관(太學館)에 오셔서 선사(先師)에게 석채(釋菜: 희생을 생략하고 蔬菜 따위로 간소하게 제사드리는 것)를 올리고 시학(視學)하고자 하여, 별유(別諭)를 내리시어 선소(宣召)하였다.

■ 英祖 10년 甲寅(1734) 86세

○ 1월 간재(艮齋) 최규서(崔奎瑞: 영의정이며, 선생보다 한 살 아래로 交誼가 두터웠다)에게 곡하였다.

○ 3월 3일 지중추부사(知中樞府事)에 임명되었으나 소를 올려 사양하였다. 20일에 숭정대부(崇政大夫) 의정부 우찬성(右贊成)에 진배(進拜)되고 사관을 보내 선소(宣召)하였는데, 계속 소를 올려 사양하였으나 허락되지 않았다. 왕이 이르기를 "이제 발탁하여 승급시키는 것은 하나는 어진 이를 높이는 것이요[尊賢], 하나는 늙은이를 공경하는 것[敬老]이니 …… "라고 하였으며, 선생은 퇴직할 나이[70세]가 이미 지난 지 16년이라고 하면서 사양하였다.

■ 英祖 11년 乙卯(1735) 87세

○ 7월 원자(元子)의 보양관(輔養官)에 임명되었는데 사양하였으나 허락되지 않았다.

○ 8월 25일 소명을 받고 통진(通津)에 갔으며, 27일 임금이 반찬을 하사하고 안부를 물었다. 30일 서강촌(西江村)에 머물러 소를 올려 찬성의 직을 사양하였는데, 허락하지 않고 조정에 나올 것을 명하였다.

○ 9월에 입대하였다. 선생은 아버지의 도리를 다한 후에 아들을

가르칠 수 있다고 하였다. 자손을 위한 법에는 모두 전수하는 데가 있다. 아버지의 음덕이 아들에게 돌아간다고 말하였다. 왕께서 실덕(實德)을 쌓음으로써 원자가 이어받게 된다고 하였다.

▷ 왕을 뵙고 시서(詩·書)의 뜻을 가지고 아뢰고, 요순(堯·舜)의 도를 말했다.(유사 참조)

▷ 원자 보양관의 임명을 받고서 나가는 것을 이상히 여기는 사람이 있자, 말하기를,

"우리는 대대로 국록(國祿)을 먹는 신하이지 〈고고(孤高)함을 자처하는〉 고사(高士)는 아니었던 것이니, 만약 나라에서 큰일을 당하였을 때에는 오직 한결같이 몸을 바쳐야 할 뿐이요, 만약 다 죽어가는 목숨이 세상에서 들뜬 명성(名聲)을 탐낸다면 〈후세에〉 이름이 있고 없거나 〈벼슬에〉 나가고 안 나가는 것을 어찌 털끝만큼이라도 가슴속에다 계교(計較)할 것이 있겠는가?"라고 하였다.(유사 참조)

돌아오면서, 선생이 모든 사람에게 말하기를, "원량(元良: 원자)은 참으로 하늘이 내린 사람이더군! 이러한 천품에 만약 보양(輔養)할 수 있는 올바른 사람만 얻는다면 어찌 성왕(聖王)에 미치지 못하겠는가? 나는 비록 만나볼 수 없으나 온 세상의 모든 공들에게 바라는 바가 매우 적지 않은 바입니다. 다만 누가 이 소원을 맞출는지는 알 수 없구나!"라는 말씀을 거듭하셨는데, 그 정성어린 뜻은 지성에서 나왔던 것이다. 그런 말씀을 끝마치자 눈물이 글썽거렸다. 또 이르기를 "내 다시는 이런 출행을 할 수 없겠구나." 하고 한탄하자, 이때 모여 앉아 있던 이들은 감동하지 않은 사람이 없었던 것이다. 아아! 여기에서 대군자가 임금을 사랑하고 나라를 걱정하는 뜻을 볼 수 있도다.(행장 참조. 행장의 기록자인 심육이 당시 자리에 함께 있었다.)

○ 겨울에 두 번 소를 올려 모든 직책을 해직할 것을 빌었는데 허락되지 않았다.

■ 英祖 12년 丙辰(1736) 88세

○ 정월 1일 세자이사(世子貳師: 시강원의 한 벼슬)를 겸하여 배명되었다.

○ 3월 소를 올려 모든 직책을 해직할 것을 빌었는데 허락되지 않았다.

○ 3월 왕세자의 책봉례(册封禮)가 끝나자 소를 올려 진계(陳戒)하고, 모든 직책을 해직할 것을 빌었는데 허락되지 않았다. 소를 올려, "천지의 신명(神明)을 하늘에 두시고 정일(精一)로써 중(中)을 잡고, 백성의 극(極)을 세워 만세토록 터선을 낚아누신다면 세자께서 이어받으시고 대효(大孝)를 이룩하실 것입니다."라고 하였다.

○ 3월 21일 숭록대부(崇祿大夫)에 승급되었다.

○ 8월 3일 초정(草亭)으로 옮겨 머물렀다.

○ 8월 11일 단정하게 앉아 자식과 조카에게 거울이 되고 경계될 만한 말과 자신의 뒷일에 대한 말씀을 한 뒤, 밤이 되어 침소에 들어가 남쪽으로 머리를 둔 채 바르게 누운 후 단묵(端默)하더니 조금 후 졸거하였다. 그날따라 해가 저물자 흰 기운이 무지개처럼 집 전후에 뻗쳐 있었고 구름이 또 옥상을 덮더니 이튿날 아침이 되자 말끔히 없어지니, 사람들은 모두 이상한 징조라고 하였다.

▶ 『영조실록』(영조 12년 8월 11일)에는 다음과 같이 기록되어 있다.

"…… 임금이 몹시 애도하여 슬퍼하는 윤음(綸音)을 내리고, 장제(葬祭)의 비용을 하사(下賜)하였으며, 시장(諡狀)을 기다리지 않고 문강(文康)이라는 시호를 내렸다. ……자질이 영위(英偉)하고 명수(明粹)하였다. 일찍이 도(道)에 뜻을 두었으므로 과거(科擧) 공부를 폐기하고 정도(正道)와 진리를 지켰다. 그의 학문은 간이(簡易)하고 독실(篤實)함을 주로 하고 있는데, 정사(政事)에 미루어 치란(治亂)의 연혁(沿革)

을 손바닥을 가리키듯이 환하였으며, 갑병(甲兵)과 전곡(錢穀), 백가(百家)의 술수(術數)까지도 널리 통달하였다. …… 간혹 군읍(郡邑)에 부임한 적이 있는데, 그때마다 특이한 치적(治績)을 남겼다. …… 사림(士林)에서 존숭(尊崇)하고 흠앙(欽仰)하였다. …… 젊어서 왕양명의 학문을 좋아했으나 선배와 사우(師友)들이 서찰(書札)을 보내 규책(規責)한 탓으로 정주(程朱)의 학으로 돌아왔다. 평생 강학을 일삼지 않고 논술을 즐겨하지 않았다."

○ 10월 5일 제(祭)를 하사하였다.

○ 문인 윤순(尹淳)과 심육(沈錥)이 글을 지어 제사하였다.

◆ 윤순(尹淳)의 제문(祭文)

슬프다! 이 마음을 간직하여[存] 온갖 이치[萬理]를 정밀하게[精]하고, 이 마음을 실(實)하게 하여, 만사에 응하는 것은 선생의 학문이 밝게 통하고[明通] 연색(淵塞)하여 마침내 탄태(坦泰)하고 안이(安履)한 데에 이른 것이다. 그리하여 처신할 때에 침묵하면서 이루고 그 본연의 하늘을 즐기되, 말이 많거나[辨博] 꾸미고 과장하여서 남에게 잘 보이려고 하지도 않았다. 세상에서 나아가서는 예(禮)로써 행동하고, 세신(世臣)으로서 절의(節義)를 지키는 데 공손하여서, 도덕과 빈사(賓師)로 그 몸을 높게 하지 않았다. ……

◆ 심육(沈錥)의 제문

선생은 천성(天性)이 세상에 뛰어났고, 충양(充養)하는 데에는 도(道)가 있어서, 맑고 통하고[淸通], 꿋꿋하고 큰[剛大] 기질을 받았으며, 이를 박약(博約)과 정미(精微)의 학문으로 이루었다. …… 이미 황왕제패(皇·王·帝·伯)를 가리는 데 깊었으며, 또한 고금의 치란(治亂)의 자취를 연구하여 체용(體用)이 모두 갖추어졌고, 품조(品條)가

자세하고 정밀하였다. 이를 요약하면 시위(施爲)하는 데 발단할 수 있고
사업에서 볼 수 있었는데 선생은 돌이켜보건대 뜻이 없었으니 이것이 어
찌 선생이 과연 세상을 잊어버려서 그렇게 된 것입니까? 그 몸을 나타
내어 도(道)가 행하지 못한 것보다는 차라리 본심을 지키며 살아가려
했던 것이었을까? ……

■ 英祖 13년 丁巳(1737)

○ 모월(某月) 모갑(某甲)에 선생을 선조의 묘소 동쪽에 개장하였
다. 황고(皇考)의 묘소 동쪽에서 두어 걸음이다.

■ 英祖 19년 壬戌(1743) 사후 7년

○ 모월(某月) 계해(癸亥)에 문강공(文康公)의 시호를 내렸다. 도
덕(道德)이 넓게 퍼지는 것을 문(文)이라 하고, 연원(淵源)이 쉬지 않
고 통한 것을 강(康)이라 한다.

• 저자 •

박연수   •약 력•
(朴連洙)   육군사관학교 졸업(1972)
서울대학교 철학과 졸업(1977)
서울대학교 대학원 졸업(1980)
성균관대학교 대학원 철학박사(1990)
현재: 육군사관학교 철학 교수

•주요 논저•
「하곡 정제두에 있어서 인간이해에 관한 연구」(1990, 박사학위논문)
「하곡 정제두의 지행일체관」(1991)
「유가의 전쟁과 평화사상 연구」(1994)
「양명학에 대한 조선 유학자들의 비판」(1995)
「유가의 공직자윤리」(1995)
「육상산의 심철학」(1996)
「왕양명의 대동사회 사상」(1997)
「왕양명의 군사사상」(1997)
「중국 전통의 장수상」(1998)
「왕양명의 심철학」(1998)
「군사력의 건설과 운용」(1999)
「21세기와 왕양명의 인간관」(2000)
「하곡 정제두의 인간관」(2001)
「왕양명의 윤리사상」(2002)
「문무를 겸한 군사지휘자로서 왕양명」(2003)
「하곡 정제두의 도덕철학」(2005)
「이순신장군의 지휘통솔원칙의 근거」(2006)
「강화 하곡학파의 실심 · 실학」(2006)
「사회적 분열과 갈등의 양명학적 해소」(2006)
『철학개론』(1986, 공저)
『국민윤리』(1987, 공저)
『군대윤리』(1995, 공저)
『인간과 도덕』(1996, 공저)
『인성교육의 지침』(1997)
『양명학의 이해』(1999)
『한국인의 지혜』(2003)
외 다수

하곡 정제두의 사상

• 초판 인쇄	2007년 8월 31일
• 초판 발행	2007년 8월 31일
• 지 은 이	박연수
• 펴 낸 이	채종준
• 펴 낸 곳	한국학술정보㈜
	경기도 파주시 교하읍 문발리 526-2
	파주출판문화정보산업단지
	전화 031) 908-3181(대표) · 팩스 031) 908-3189
	홈페이지 http://www.kstudy.com
	e-mail(출판사업부) publish@kstudy.com
• 등 록	제일산-115호(2000. 6. 19.)
• 가 격	30,000원

ISBN   978-89-534-7419-2 93150 (Paper Book)
        978-89-534-7420-8 98150 (e-Book)

본 저서는 육군사관학교 화랑대연구소의 2007년도 저술활동 지원비를 받아 출간하였음